De Menino a Homem

Gilberto Freyre

De Menino a Homem

De mais de trinta e de quarenta, de sessenta e mais anos

Diário íntimo seguido de recordações pessoais em
tom confidencial semelhante ao de diários

Apresentação de Fátima Quintas
Biobibliografia de Edson Nery da Fonseca
Notas e índice onomástico elaborados por Gustavo Henrique Tuna

São Paulo
2010

copyright © by Fundação Gilberto Freyre 2005/Recife-Pernambuco-Brasil

1ª Edição, Global Editora, São Paulo 2010

Diretor-Editorial
Jefferson L. Alves

Editor-Assistente
Gustavo Henrique Tuna

Gerente de Produção
Flávio Samuel

Coordenadora-Editorial
Dida Bessana

Assistente-Editorial
João Reynaldo de Paiva

Criação de Texto
Maria de Fátima Andrade Quintas

Revisão
Tatiana Y. Tanaka

Pesquisa Iconográfica
Jamille Cabral Pereira Barbosa

Ilustrações de Capa e Quarta Capa
Desenhos de Gilberto Freyre

Capa, Projeto Gráfico e Editoração Eletrônica
Eduardo Okuno

A Global Editora agradece a gentil cessão do material iconográfico pela Fundação Gilberto Freyre

Dados Internacionais de Catalogação na Publicação (CIP)
(Câmara Brasileira do Livro, SP, Brasil)

Freyre, Gilberto, 1900-1987.
  De menino a homem : de mais de trinta e de quarenta, de sessenta e mais anos: diário íntimo seguido de recordações pessoais em tom confidencial semelhante ao de diários. / Fátima Quintas (apresentação); Edson Nery da Fonseca (biobibliografia); Gustavo Henrique Tuna (notas e índice onomástico). – 1. ed. – São Paulo : Global, 2010.

Bibliografia.
ISBN 978-85-260-1077-2

1. Autores brasileiros – Biografia. 2. Memórias autobiográficas. 3. Freyre, Gilberto, 1900-1987. 4. Freyre, Gilberto, 1900-1987 – Diários. I. Título.

10-03981   CDD-869.98

Índices para catálogo sistemático:
1. Autores brasileiros : Memórias : Literatura brasileira   869.98
2. Autores brasileiros : Reminiscências : Literatura brasileira 869.98

Direitos Reservados

Global Editora e Distribuidora Ltda.
Rua Pirapitingui, 111 – Liberdade
CEP 01508-020 – São Paulo – SP
Tel.: (11) 3277-7999 – Fax: (11) 3277-8141
e-mail: global@globaleditora.com.br
www.globaleditora.com.br

Obra atualizada conforme o
Novo Acordo Ortográfico da Língua Portuguesa

Colabore com a produção científica e cultural.
Proibida a reprodução total ou parcial desta obra sem a autorização do editor.

Nº DE CATÁLOGO: **2721**

Gilberto Freyre, fotografado por Pierre Verger, 1945.
Acervo da Fundação Gilberto Freyre.

SUMÁRIO

Nota explicativa 9

Em tom de confissão – *Fátima Quintas* 11

Advertência a uma nova edição de *Tempo morto e outros tempos* 27

Início de recomeços de Vida: Stanford 31

Recomeços de vida despedaçada: depois de Stanford 47

De volta à família 59

Comentários quase equivalentes de um diário 69

Continua o registro de recomeços de um homem
quase de repente destruído 71

O mistério que se tornou minha mãe 79

Meu pai: como o afetou 1930? 87

O primeiro grande amor 91

Ulysses, meu irmão 93

A década quarenta: acontecimentos decisivos
na vida de um brasileiro reajustado 99

Da década cinquenta a sessenta e às seguintes:
um homem de todo recuperado após ter sido quase destruído 127

Anexos 145

A morte de um velho mestre 147

Assis Chateaubriand, menino eterno..................................... 151

O Villa-Lobos que eu conheci.. 155

José Lins do Rego 159

Meu querido Lula Cardoso Ayres 163

Manuel Bandeira 167

Nel de Apipucos 171

Amizade com Oliveira Lima.. 173

Um professor de Stanford 177

Prudente 181

Meu irmão Ulysses 185

Biobibliografia de Gilberto Freyre 191

Índice onomástico 219

Nota explicativa

A edição de um livro como *De menino a homem* marca um novo estágio no conhecimento do pensamento freyriano. Podendo ser considerado uma continuação de *Tempo morto e outros tempos: trechos de um diário de adolescência e primeira mocidade, 1915-1930*, dele diferencia-se por seu tom marcadamente reflexivo. Manuscrito do sociólogo localizado no Centro de Documentação da Fundação Gilberto Freyre, no Recife, *De menino a homem* configura-se num testemunho de imenso significado para a compreensão da gestação de suas principais ideias. O texto de Freyre permite que o leitor acompanhe não só suas experiências intelectuais, mas também fornece a ele um fino retrato das redes de sociabilidade nas quais o sociólogo esteve inserido, sempre nelas exercendo posição destacada.

Faz-se essencial ressaltar que esta edição primou pela fidedignidade em relação ao manuscrito deixado por Freyre, procedendo-se sua necessária atualização ortográfica. A antropóloga Fátima Quintas, na apresentação do livro, desnuda a riqueza das contradições do pensador social que rememora, em *De menino a homem*, instantes, pessoas e sensações marcantes em sua vida. Como observa com propriedade a professora Fátima Quintas em sua reflexão, em *De menino a homem* "percebe-se um autor decidido, crítico, afirmativo, embora preocupado com a sua própria história, a passar a limpo uma vivência depurada pelo tempo".

Com o intuito de auxiliar o leitor a deslindar o relato que Freyre realiza em torno de sua trajetória, foram elaboradas notas que informam acerca de alguns pontos do texto. As notas escritas pelo historiador Gustavo Henrique Tuna que acompanham *De menino a homem* têm como objetivo localizar o leitor especialmente a respeito das pessoas citadas, de passagens da carreira acadêmica do sociólogo, da alegre convivência familiar, de momentos políticos nos quais esteve envolvido e de conceitos por ele abordados. Procurou-se, apesar da dificuldade em alguns casos não ter permitido o total cumprimento do desejo inicial, fornecer informações sobre todas as pessoas mencionadas no livro.

A fim de oferecer uma amostra ainda mais saborosa das confissões intelectuais e pessoais de Freyre, esta edição reúne um anexo com alguns artigos de sua autoria publicados em jornais, revistas e livros, nos quais versa sobre mestres e amigos fraternos que cultivou ao longo de sua vida e que estão presentes em *De menino a homem*.

Os Editores

Em tom de confissão

Gilberto Freyre precisava apenas de avistar um cálice de cristal, repousado sobre a prateleira do aparador, ou uma caneta solitária em cima da mesa de papéis para, à maneira de Proust, deixar que a memória desencadeasse o fio de Ariadne. Excedia-se em subjetivações; arpejos intimistas emergiam; vibrações desabrochavam ao embalo de acordes contínuos, cumulativos. Albergava um ânimo voltado para as coisas simples do cotidiano. De suas obras explodem confissões inexcedíveis. Nunca negou esse lado apolíneo, introvertido, discreto, elegante, mas seguramente denunciador de uma personalidade que sabia louvar os segredos do inconsciente como um meio de proteger o inesgotável manancial que nele germinava. Apolíneo, sim; sem abandonar toques dionisíacos. "Sucede que nunca me extremei em dionisíaco. Tenho um tanto, em mim, dessa tendência. Mas esse tanto neutralizado pela tendência oposta: a apolínea."[1]

A mistura do dionisíaco com o apolíneo revela o pluralismo de suas pulsações e ressalta a potencialidade para harmonizar

---

1   Gilberto Freyre, *De menino a homem:* de mais de trinta e de quarenta, de sessenta e mais anos, São Paulo, Global, 2010, p. 45.

contrários. Tal pendor usa-o na direção da ciência e no construto da pessoalidade. Um misto de introspecção e boêmia, a dosar com eficácia a variedade de elementos que o circundavam. Não se destaca apenas como conciliador de opostos, mas sobressai-se na qualidade de artífice da própria imagem produzida na literatura. Aí o viés da singularidade prevalece.

Considero Gilberto Freyre um escritor confessional, apto a remexer nas reentrâncias mais profundas, quando estimulado pela isca da compreensão da humanidade. Então o *eu* se dilui numa multidão de figurantes, entre os quais seu personagem está sempre presente. Digo isso porque, ao debruçar-me sobre o livro póstumo, *De menino a homem:* de mais de trinta e de quarenta, de sessenta e mais anos, o autor se permite enredar por uma teia imbricada, apoiando-se na memória como fonte-matriz da revelação, o que não me parece, entretanto, um traço distintivo deste texto. Como ignorar o apego ao método da saudade – tão bem exaltado por Franklin de Oliveira – nas suas interpretações socioantropológicas em períodos declaradamente positivistas?

Ao contrário de Ernesto Sabato,[2] que atribui ao deslembrar uma dádiva salvacionista, uma vez que ameniza a dor da recordação ao acalentar um esquecimento seletivo – recordar apenas o que se deve –, Freyre reacende as lembranças sem receio de arranhar os enredos da vida. A memória, para mim, assemelha-se às antigas mesas de costura. Possui gavetas pequeninas e secretas, algumas fechadas durante tantos anos que se tornam perras e difíceis de abrir. Contém flores secas que, com o tempo, formam uma poeira de pétalas. Retroses embaraçados, carretéis vazios, agulhas enferrujadas e alguns alfinetes podem ferir mãos pouco avisadas. Essa memória, trajada de escaninhos abandonados, estimula Freyre a frenéticos revolvimentos: sacoleja-a para clarear os lampiões quase apagados da lembrança; aviva vestígios esmaecidos, ilumina zonas obscuras, insti-

---

2   Cf. Ernesto Sabato, *Antes do fim,* São Paulo, Companhia das Letras, 2000.

ga bosquejos que têm palpitações íntimas e, por que não dizer?, proibidas. Envolve-se com revivescências que se despem paulatinamente num processo perene de desvelamento. Mistérios, sigilos, segredos. Verdadeiro baú de fetiches. Tesouro de preciosidades nubladas pelas travas do inconsciente.

A madrilenha Rosa Montero[3] classifica os escritores em *memoriosos* e *amnésicos*. Os primeiros são aqueles que se apegam à memória, seres nostálgicos do passado, quer dizer, da infância que é o passado primordial, dos anos mais longínquos da intrínseca história – épocas transformadas em grutas de granito, inabaláveis; apresentam um estilo literário reminiscente, porque se referem a coisas reais petreamente instaladas na lembrança. Os segundos não querem nem podem recordar. Sua memória é como um quadro-negro mal apagado, cheio de manchas nebulosas e de duendes não decifrados. Freyre se encaixa comodamente entre os memoriosos.

Em *Tempo morto e outros tempos*, reprodução de *insights* de adolescência e primeira mocidade – entre quinze e trinta anos –, revitaliza o passado usando a forma clássica de diário, um gênero que lhe seduz. Convém frisar que no livro *Aventura e rotina*, elaborado em 1951, relato de uma viagem de sete meses pelas províncias de Portugal continental e suas colônias ultramarinas da África e da Índia, o autor entregou-se ao mesmo gênero, de diário, com afinco e entusiasmo, a ponto de alertar os leitores mais ortodoxos: "As notas de viagem que recolhi quase taquigraficamente tomam aqui forma menos impressionista que expressionista. Chegam algumas a ser reação crítica e não apenas lírica – ao que observei. Outras a servir de pretexto a comentários às vezes abstratos. Até a devaneios especulativos. A expansões autobiográficas de que peço perdão aos sociólogos que às vezes me supõem preso a eles por votos, que nunca fiz, de castidade sociológica".[4]

---

3 Cf. Rosa Montero, *A louca da casa*, Rio de Janeiro, Ediouro, 2004.

4 Gilberto Freyre, *Aventura e rotina*, Rio de Janeiro, Livraria José Olympio, 1953, p. 9.

Trata-se de um escrito datado, mês a mês, prenhe de comentários objetivos e de divagações subjetivas, em que a percepção sintetizou o extraordinário veículo de mensuração. E não se pode olvidar a força metafórica da expressão "castidade sociológica". Tal castidade foi completamente desdenhada por Freyre. E a infidelidade metodológica – assim denomino, sem tergiversações, seu jeito anárquico-construtivo de análise – transcende a abordagem do social para alçar o voo da narrativa exclusiva, sua, única. Há um alguém que fala, que silencia, que concorda, que discorda. Há um alguém que se manifesta. Há um alguém que não é ausência; é presença, é participação, é voz ativa. Nada lhe é indiferente.

Não é à toa que Gabriel García Márquez, na sua autobiografia *Viver para contar,* registra a sugestiva epígrafe: "A vida não é a que a gente viveu, e sim a que a gente recorda, e como recorda para contá-la".[5] Encontra-se, exatamente na maneira de contar, o fértil poço de invenções e reinvenções que oferta ao texto uma identidade pensada e repensada. De que serviria uma narrativa desprovida dos recursos da imaginação, absolutamente seca, adstrita à rigorosa objetividade? A lembrança tem a virtude de ressignificar o fato sem deixá-lo dissolver em matéria arrogantemente erigida em blocos de concreto armado, dura, hirta, congelada. Quando Gilberto se recria entre gravuras por vezes alegóricas, pretende alongar-se num plano preconcebido em que o escritor-sujeito carrega o propósito de desvelar uma inescapável intimidade; os traços do inconsciente nem sempre são tão irreais quanto pretendem aparentar. Existem veredas tortuosas que vão e que vêm numa esfera mandálica. Mas o círculo se fecha na transparência do penetrável, do que se pode fisgar.

De menino a homem não é apenas uma autobiografia com princípio, meio e fim, tradicionalmente estruturada em modelos as-

---

5   Gabriel García Márquez, *Viver para contar,* Rio de Janeiro, Record, 2003, epígrafe.

sentes e aclamados, com anuências timbradas ou concessões permitidas; é muito mais do que isso: equivale a uma evocação memorialista, sob a égide de um jorro coloquial, não datado, sem rupturas, a acompanhar a cadência da letra, dos sons, da musicalidade – vírgulas, interrogações, exclamações. A chancela é do próprio autor, da sua autonomia invocada e evocada. Entre um ritmo e outro, espocam frases de uma veracidade fantasiosa. Por acaso os sopros ficcionais interferem na explanação egoica? Não. Não. Desde quando o *eu* se enfraquece em um parágrafo inconcluso? Ou na aversão ao definitivo? Ainda que esta autobiografia póstuma tenha sido encontrada em lugar secreto, escondido por trás das chaves da Vivenda de Santo Antônio de Apipucos, nela repousam intimidades submersas que afloram ao longo de uma narrativa aparentemente inconclusa e auspiciosamente atemporal. Pois, em Gilberto, não há nada definitivo, muito menos na esfera do humano. Não se cansava de repetir: "O humano só pode ser compreendido pelo humano – até onde pode ser compreendido; e compreensão importa em maior ou menor sacrifício da objetividade à subjetividade. Pois tratando-se do passado humano, há que deixar-se espaço para a dúvida e até para o mistério".[6]

Aí está o verdadeiro memorialista, aquele que compreende a atemporalidade do humano, logo, o afastamento do que há de definitivo; uma apreensão *de um passado que se estuda tocando em nervos*,[7] antecipadamente fragilizado, mas genuíno enquanto possível ficção de uma memória que se quer transfigurada, revisitada em tempos vários, em momentos vários, em circunstâncias várias, a lembrar Ortega y Gasset   *eu sou eu e minhas circunstâncias.*

Se em *Tempo morto e outros tempos* coexiste uma "meditação" aparentemente temporal com os fatos – entenda-se que o texto foi publicado somente em 1975 (Gilberto, então, com 75) e

---

6   Gilberto Freyre, *Sobrados e mucambos,* Rio de Janeiro, Livraria José Olympio, 1977, p. L, LI.

7   Idem, *Casa-grande & senzala:* formação da família brasileira sob o regime de economia patriarcal, 14ª edição, Recife, Imprensa Oficial, 1966, p. 56.

aprimorado sobre notas rascunhadas na adolescência – numa clara demonstração de revisão dos sentimentos e de exacerbação de uns e minimização de outros, no livro *De menino a homem* constata-se uma atemporalidade explícita mediante uma madureza consolidada, num período em que as versões ganham novas perspectivas, às vezes mais consistentes, às vezes mais oníricas. Concebido em idade madura, provavelmente aos oitenta anos ou mais, faz-se verbo na linguagem retrospectiva. Percebe-se um autor decidido, crítico, afirmativo, embora preocupado com a sua própria história, a passar a limpo uma vivência depurada pelo tempo, agora munido de recursos voluntariamente escolhidos: por exemplo, a figura da mãe lhe é cristalina, uma mãe conselheira, cúmplice, calada na sua prestimosa observação; um Gilberto místico, mais do que religioso sem, contudo, desprezar os arroubos evangélicos de uma adolescência teológica, a descrever as conversas com Deus, conversas líricas, amistosas, sem tratamentos solenes, um Deus próximo, a ouvi-lo e a dialogar com um quê de sem-cerimônias. E o pai? O latinista que fabulava prosaicamente em latim, homem de cultura vasta, de ética irrepreensível. Aliás, não poupa elogios ao espírito ético da família, dos ascendentes e dos descendentes.

Creio oportuno transcrever palavras de Freyre em entrevista concedida à escritora Élide Rugai Bastos, em março de 1985 – ele, Freyre, já com 85 anos, dois anos antes de sua morte, ocorrida em 18 de julho de 1987: "Meu pai era correto sem excesso de corretismo. Nele o que não havia era imaginação. Nem sensibilidade à beleza da natureza e das criações da arte. Sou de uma família inteira de gente de pouca imaginação. Mãe, neste particular, um tanto acima da média, embora não muito acima. Avós, neste particular, medíocres. Bisavós, antepassados, colaterais, todos medíocres, embora homens e mulheres de caráter: alguns dos homens, bravos".[8] Palavras realistas que denotam perspicácia, agudeza e coragem. Afinal, sempre sentenciou: "Sou francamente paradoxal".

---

8   Élide Rugai Bastos, *As criaturas de Prometeu*, São Paulo, Global, 2006, p. 23.

A relação de Freyre com a mãe merece um parêntese. Sentia por ela uma admiração que o enfeitiçou pela vida adentro. As lembranças maternas são secundadas por um valor afetivo incomum. Em *Tempo morto e outros tempos,* não economiza palavras para declarar a emoção quando da partida do Recife para os Estados Unidos a bordo do navio Curvelo, em 1918. "Dói-me e muito a separação de minha Mãe. Não me sai da memória o seu rosto triste dizendo-me adeus. E o diabo do vapor só saiu do Recife à noite. [...] E ali – naquela distância próxima: cruelmente próxima – estava minha mãe. Separação estúpida. E afinal, para quê?".[9] As recordações maternas se acumulam, cada vez mais tocantes, no gesto evocativo; e se acentuam ao ponderar a afinidade literária; a mãe demonstrava uma incrível sensibilidade para com os seus escritos e embalava, entusiasticamente, as pretensões de escritor. Ela lia os textos, opinava, estabelecia a reciprocidade através de uma intuição epidérmica. A imagem da mãe esteve sempre cravada na sua biografia, um elo que se consubstanciava, uma saudade que o circundava por inteiro. Em razão de tudo isso, dedica-lhe um grande espaço nessas memórias, ora apresentadas ao leitor, buriladas numa fase de vida em que a reflexão exige maiores refinamentos, um modo peculiar de peneirar as reminiscências. O homem, experiente e apegado aos longes, pactuado à gênese que sempre o cativou.

As preocupações com a Mãe ocupam, portanto, páginas inteiras neste livro, desde o saque à casa dos pais, na Madalena, década de 30 do novecentos – desolação, tristeza, destroços, afirma inclusive ser um homem destruído pelo lamentável fato – até a sua morte em começos da década de 1940. Os olhos de Freyre estiveram sempre abertos para o que na Mãe se passava. Descreveu em minúcias o mistério que dela se apoderou após o episódio de 1930: "Ela é das pessoas que se contraem quando as suas dores são maiores.

---

9   Gilberto Freyre, *Tempo morto e outros tempos,* Rio de Janeiro, Livraria José Olympio, 1975, p. 25.

Ela sofre. Ela é fidalgamente sóbria. De pouco choro. Preocupa-me e muito".[10]

Do que se infere que, da escritura realista a uma narrativa sentimental, um pulo. O ato de escrever lhe conferia o exercício confessional ao qual tenho me referido. Brincava com as palavras no uso de uma linguagem extraordinariamente excepcional, estilo que lhe garantiu a originalidade de um texto revelador, autêntico, inconfundível. Mas o seu confessionalismo não se limitou a registros memorialistas. *Casa-grande & senzala* é obra autobiográfica, como ele asseverou, uma *autobiografia coletiva*. O autor-personagem perpassa suas páginas subliminarmente, sem que isso lhe subtraia o valor socioantropológico. O peso de um "protagonista-fantasma" carimba-lhe a presença humana num contexto impessoal, entrementes pincelado por alguns heretismos, responsáveis pela intensidade da palavra escrita, toada ou melodiosa. E quantas vezes forte, dorida, sofrida! Não que não gostasse Freyre de metáforas lúdicas. Gostava. E como gostava! Sabia como ninguém intercalar virtude e pecado, de modo a temperar o sabor para mais ou para menos de acordo com a dosagem da acidez ou da doçura.

O confessionalismo de Gilberto é claro. Não sem razão, nesta autobiografia, remete a George Gissing, realçando o texto *The private papers of Henry Ryecroft,* um diário tradicional a que o inglês recorre "para se tornar vivente e convivente com o leitor, a um amigo imaginário, tendo sido, ou sendo, entretanto, ele próprio. No decorrer dessa tentativa quem emerge é ele próprio. É o autor. Ele através de várias identificações do seu próprio eu físico".[11] No excerto, observa-se a aliança a um confessionalismo, talvez advindo das inúmeras leituras de escritores ingleses – apaixonados por diários ou por *ego-documents*[12] –, ele, Freyre,

---

10   Idem, *De menino a homem,* op. cit., p.79.

11   Ibidem, p. 135.

12   Cf. Maria Lúcia Garcia Pallares-Burke, *Gilberto Freyre:* um vitoriano dos trópicos, São Paulo, Editora Unesp, 2005; prefácio ao livro *Tempo morto e outros tempos.*

um anglófilo declarado, amante de Oxford, por onde deixou e recebeu marcas numa mútua influência. Em *Tempo morto e outros tempos,* proclama o amor à cidade inglesa: "Tudo mais, depois de Oxford, me parecerá mesquinho. Aqui, encontrei o prolongamento daquele estímulo e daquela compreensão que, menino, só encontrei num inglês, Mr. Williams. Ou nele mais do que em ninguém. [...] Agora, entre esses ingleses de Oxford, eu me sinto valorizado como em nenhum outro lugar. Como por nenhuma outra gente".[13] Diga-se que Mr. Williams foi seu preceptor, quem o alfabetizou, já com a idade de sete anos e tido como retardado mental pela avó materna, Dona Francisca Barradas da Cunha Teixeira de Mello. Freyre alfabetizou-se em inglês e somente Mr. Williams conseguiu, a partir dos seus desenhos, interessá-lo pela leitura e grafia das palavras. Antes, preenchia os cadernos com garatujas, conforme frisava.

Desde 1922, no seu ensaio *Vida social no Brasil nos meados do século XIX,* "trabalho universitário de adolescência, escrito em língua inglesa e à sombra da Universidade de Colúmbia",[14] expõe a sua preocupação com pesquisas voltadas para os aspectos da vida íntima – inspirado no *romain vrai* que os franceses Edouard e Jules de Goncourt (os irmãos Goncourt) publicaram. O conceito de *História Íntima,* tão felinamente empregado pelo autor pernambucano, já sugere o interesse por um *approach* direcionado "ao quase secreto viver das alcovas, das cozinhas, das relações entre iaiás e mucamas, entre mucamas e ioiozinhos, entre pais e filhos já estudantes – dos brasileiros daquela época, ainda de esplendor patriarcal".[15] Um antecipador

---

13   Gilberto Freyre, *Tempo morto e outros tempos,* op. cit., p. 101.

14   Idem, *Vida social no Brasil nos meados do século XIX,* Rio de Janeiro, ArteNova; Recife, Instituto Joaquim Nabuco, 1977, p. 16.

15   Ibidem.

na concepção de intimidade antropológica, o que naturalmente evidencia um alongamento de si para os estudos que lhe despertaram a atenção. Uma certa bisbilhotice o atiçava – mistérios depreendidos pelo buraco da fechadura. Entre a obra e o homem moram analogias de todo pertinentes.

Os primeiros contatos com o pensador Gilberto Freyre se deram na minha adolescência, em sua casa do Recife, no belo sítio de Apipucos, amplo, bucólico, ensombrado por mangueiras, oitizeiros, pitangueiras, jambeiros, paus-brasis e uma extensa variedades de plantas. O escritor adorava passear pelo nicho florestal; acompanhava de perto o desenvolvimento das árvores e o deambular lento, atento, demonstrava a necessidade de tocar os frutos que por lá rebentavam. Um oásis que o inspirava diuturnamente. Oxigênio de ideias, aquele arvoredo bendito. A descoberta precoce do escritor ocorreu porque os nossos pais eram amigos, viabilizando, assim, um convívio prematuro e espontâneo. Conheci primeiro o homem; depois, a obra. Por incrível que pareça, ambos, o homem e a obra, irmanam-se em apegos siameses, um e outro se pertencem, uma espécie de pacto existencialista da escrita com as apetências ontológicas.

Não se pode desmerecer a vocação confessional do autor, aproximando-o de Proust no impulso de vascular arcas pretéritas – *à la recherche du temps perdu*. Uma atração visceral pelos antepassados, olhar permanente na origem, empatia com aqueles que o antecederam, como se a evolução dos anseios dependesse das avoengas genealogias. De tal maneira reverenciou o passado que formulou o conceito de Sociologia Genética para enaltecer o caráter contínuo da cultura nas interrrelações geracionais. *No Caminho de Swann*, o autor proustianamente se fez escritor. Elaborou o pensamento numa dimensão côncava, na qual os indícios do mundo privado se manifestavam com mais vigor.

Apesar de utilizar sempre a terceira pessoa na narrativa literária, não há como escamotear o personagem de si mesmo, a adejar sobre um *eu* oculto. A ipseidade ancora-se em altares respeitosos. A meu ver, o emprego da terceira pessoa tem um propósito bem definido: espelhar uma interioridade que só pode ser analisada para trás, na busca dos fragmentos migrados de algum lugar, alhures, nenhures, redundando na colagem de uma moldura assiduamente talhada e retalhada. Ou seja, espelhar-se, porém guarnecido de refúgios enganadores. Engenhosamente. A afeiçoar-se a mecanismos de proteção. Talvez a máscara que quis apegada ao rosto venha a ser o distanciamento deliberado. Um autor que se pronuncia acondicionado pelas cortinas de *voile* das grossas janelas das salas de jantar, em vez de expor um *eu* consumado em explicitudes. A aplicação da terceira pessoa conforta a sua deliberada exibição. Seria esquisito imaginá-lo desagregado do texto. Não. Não. O que acontece é um afastamento intencional para melhor presentificá-lo na realidade. São *eus* em profundo entrosamento que ensejam a necessidade de artifícios literários. O *eu* de si e o *eu* dos outros. Não importa o outro. O escritor procurou sempre aproximações e reaproximações. Encontros permanentes que clarificavam as ideias ou os sentimentos. Na verdade, o interesse recai no sentir. Plagiando Fernando Pessoa, é a *mania de sentir* que outorga vida vivida a páginas e páginas e páginas de sua obra. Veias abertas que arquejam o sangue corrente. Não adianta tentar fugir do epicentro dos sentimentos, aí reside a escolha maior. Foi ele, ninguém esqueça, que trouxe a palavra empatia para a linguagem socioantropológica. Não só a palavra, mas o sentido mais estrito da significação. Além de compreender, como já apontava Max Weber, empatizar, sentir o outro, estar no lugar do outro, ser o outro, sem abdicar da mesmidade.

Gilberto, sensual. Devotado aos fantasmas do excitante cromatismo: a tonalidade sensual aparece em todos os escritos, a percorrer as partituras silenciosas ou ruidosas, ora sussurrantes, ora estridentes, nunca isentas de relevos picantes. Um tímido, um galanteador, um apaixonado pelo prazer de estar vivo. Inclinado à descoberta de novas experiências, placidamente a acatar os apelos do corpo, entregue às pulsões da libido. Sem preconceitos. E não temeu em publicar os desejos, ainda que venham a chocar os mais puritanos. Apanho um pequeno fragmento encontrado no livro. Não posso deixar de mencioná-lo, pois é fustigante e tentador: "No apartamento de Copacabana, rompante efusivo, de sua parte: levou minhas mãos aos seus seios, dizendo em tom triunfante que visse como eram duros, eretos e jovens. Eram incisivamente provocantes. Sua feminilidade a afirmar-se de modo o mais decisivo".[16] A baronesa de Estrela seria o personagem em pauta.

Uma observação: seus dois livros de memória, o primeiro em forma de diário – *Tempo morto e outros tempos* – e o segundo em forma de jorro coloquial – *De menino a homem* –, foram construídos na maturidade como resultado de uma imersão na cronologia da vida. Melhor dizendo: uma contemplação quase de eremita de um passado só seu. Volteios que circulam o imo em busca de brechas redentoras que drenem o fenômeno catártico, libertador. E as inflexões adquirem o sumo da essência em idade propensa a fecundas reavaliações. Um Gilberto capaz de redimensionar cenários e sensações, porque enriquecido pela voracidade de anos e anos. Quase pronto na condição existencial.

A travessia freyriana pelos sentimentos explode em suntuosas evidências. *De menino a homem* exibe esse périplo indomado. Não subtrai o que nele palpita. Que os latejamentos alimentem os pendores introspectivos; que as erupções aconteçam numa efervescência vulcânica; que os retratos em sépia irrompam sem recatos; que as ressonâncias atinjam o âmago de cada um. Vale o grito de alerta da memória. Assim, poder-se-á alcançar o que de interdito se retrai na vigilância do inconsciente. Uma ressalva: a representação

---

16   Gilberto Freyre, *De menino a homem*, op. cit., p. 144.

de um *eu* invoca o manuseio de prudentes pincéis ficcionais. Por maior que seja o desnudamento e o compromisso com uma realidade vivenciada, há uma película simbólica a encobrir o estado puro da lembrança. Toda exibição em carne-viva reclama cautelas quase sagradas, tanto do homem anônimo quanto do público. Impossível redimesionar-se livre de conceitos anteriormente sedimentados. Agregam-se ao humano fortalezas e fragilidades, a repetir Nietzsche, *Humano, demasiado humano*. E a índole preservadora do ego se supera na reivindicação de uma nudez que inspira pudores sociológicos.

Na reinvenção de si, Gilberto gilbertiza-se. E cria o mito. Um mito que se respalda no diálogo entre os *eus* freyrianos e a representação na sociedade. Há, pois, um debate nessa construção. Não é feita solitariamente, o verso e o reverso se tocam na medida em que a invenção predispõe a aceitação. Seria inviável administrar o mito sem um compasso muito bem orquestrado. De um lado, o ideal de um eu inventado; de outro, a ressonância das configurações possíveis. Nesse embate, nem sempre tão pacífico quanto se possa desejar, situa-se a habilidade do criador para com a criatura. E entre fibrilações e ondulações, o mito Freyre persevera, a ampliar-se sob os holofotes da própria obra. Se o mito nasce de um lastro consolidado, ele, o mito, possibilita belas confabulações em torno de uma escritura memorialista, real-imaginária e harmonizada em tempos similares. Não há do que duvidar nem tampouco criticar. A capacidade de Gilberto gilbertizar-se responde a mais uma das suas aptidões. Sobretudo porque, ao ocorrer tal mimetismo – entre o mito e o *eu* –, já não há como apartar uma perspectiva da outra. Ambas se solidarizam numa única identidade. É provável que nem o próprio Gilberto, se quisesse libertar-se da fotografia exposta sob um jogo de luz artesanalmente trabalhado, conseguisse lograr tamanha façanha, uma vez que o mito já se inoculara à pele, à estrutura psicológica, à formação da identidade. Um Gilberto gilbertizado.

23

Por último, uma indagação: o que teria levado Freyre a falar disto e não daquilo num livro de memórias? A resposta parece simples, mas nem tanto. A construção do mito? A irradiação da "memória involuntária" de que fala Proust? A maturidade seletiva de quem já se libertou de antigas amarras? O desejo de fortalecer a imagem cultuada? A insistência de todo transbordante de recordações imperecíveis que o tempo não apaga, ainda que as reformule? Ou tudo isso e nada disso?

Que os leitores se deliciem com os segredos e as confidências do escritor pernambucano, imberbes de compromissos preconcebidos, apenas aliados ao diletantismo e à curiosidade inerentes a cada um deles. À leitura, portanto.

Fátima Quintas
Antropóloga, pesquisadora da Fundação Gilberto Freyre, ensaísta, escritora, autora da obra *Sexo à moda patriarcal*, da Global Editora, professora universitária, membro das Academias Recifense e Pernambucana de Letras.

De Menino a Homem

DE MAIS DE TRINTA E DE QUARENTA,
DE SESSENTA E MAIS ANOS

Diário íntimo seguido de recordações pessoais em
tom confidencial semelhante ao de diários

ADVERTÊNCIA A UMA NOVA EDIÇÃO DE *TEMPO MORTO E OUTROS TEMPOS*

Daniel Pereira[1] e Antônio Tupy[2] sugerem que eu traga o meu diário, parado em 1930, em Lisboa – e intitulado, em sua primeira edição, *Tempo Morto e Outros Tempos*[3] – a dias mais próximos dos nossos. Pois é o que não poucos leitores dessas minhas confidências vêm pedindo.

Quase impossível. Pois, desde então, perdi o hábito de anotar quase religiosamente meus cotidianos. Meu dia a dia.

O que posso tentar, com relação ao tempo que se seguiu imediatamente ao do exato diário, é evocar, um tanto à vontade, cotidianos da década trinta e da quarenta, e possíveis transbordamentos dessas décadas na cinquenta e até, por vezes, na sessenta e na setenta.

---

1   Daniel Pereira era irmão de José Olympio, o qual foi fundador e proprietário da José Olympio Editora, casa editorial que publicou vários livros de Gilberto Freyre.

2   Antônio Tupy trabalhou na José Olympio Editora.

3   Em 1975, a Livraria José Olympio Editora publicou *Tempo morto* e *outros tempos*: trechos de um diário de adolescência e primeira mocidade: 1915-1930.

Décadas de algum interesse, por terem assinalado, as primeiras das recordações, uma espécie de novo começo de vida para quem tanto perdeu com o que o 1930 brasileiro teve de destruidor tanto para certas pessoas como para certas coisas.[4] E que só encontrou, ao voltar ao Recife, destroços do que foi o velho sobrado da família na Madalena: saqueado a caminhão, por ladrões fantasiados de patriotas.[5] Ladrões que se apoderaram de tudo que era mais estimado por meus Pais: jacarandás – inclusive a talvez mais bela conversadeira existente no Brasil – retratos de família, quer daguerreótipos, quer de uma técnica imediatamente posterior, de fotografias coloridas (raridade absoluta), porcelanas, joias guardadas com o maior zelo desde os seus dias de sinhazinha – a meus olhos, linda – afilhada do segundo grande proprietário do *Diário de Pernambuco*,[6] Figueirôa,[7] que tantos presentes lhe deu; piano de cauda em que ela, de boa educação musical, se deliciava em tocar e em iniciar as filhas em música clássica, papéis (inclusive meus desenhos de menino, por ela considerados preciosidades), cartas, os livros da preferência de Meu Pai latinista.[8]

Das décadas trinta, quarenta e cinquenta podem ser recordados episódios talvez esclarecedores do que foram, na vida de um

---

4   A Revolução de 1930 alterou o cenário político em Pernambuco. Acusado pela Aliança Liberal de envolvimento no assassinato de João Pessoa ocorrido no Recife em 24 de julho de 1930, o governador de Pernambuco Estácio Coimbra foi forçado a exilar-se na Europa. Gilberto Freyre, que desde 1927 assumira o cargo de oficial de gabinete de Estácio Coimbra, seguiu com ele num navio para Lisboa, com escala em Dacar.

5   A casa dos pais de Freyre foi assaltada e queimada em 1930 por membros da Aliança Liberal, após ele ter saído do Recife em companhia de Estácio Coimbra com destino a Lisboa. A notícia da tragédia chegou aos ouvidos de Freyre quando ele estava ainda no Brasil, em Salvador.

6   O primeiro número do *Diário de Pernambuco* veio a lume em 7 de novembro de 1825. É considerado o diário mais antigo em circulação na América Latina. Durante seu período de estudante nos Estados Unidos, Gilberto Freyre escreveu uma série de artigos para o referido jornal que formaram a série *Da outra América*.

7   Freyre refere-se ao comendador Manuel Figueirôa de Faria, que assumiu o controle do *Diário de Pernambuco* em 1835.

8   O pai de Gilberto Freyre, Alfredo Alves da Silva Freyre, nasceu no Recife em 1874. Bacharel em Direito pela Faculdade de Direito do Recife, foi juiz de direito e, em 1934, tornou-se catedrático de Economia Política da Faculdade. Era grande conhecedor do latim. Faleceu no Recife, em 1961. Gilberto Freyre foi autor da introdução e de anotações em *Dos 8 aos 80 e tantos*, livro de memórias de seu pai publicado em 1970 pela Universidade Federal de Pernambuco.

ainda jovem brasileiro com pretensões a escritor e a *scholar*, seus recomeços difíceis e, até, dolorosos, nessas atividades, para ele, essenciais; e de começos, tão felizes. Com o recém-graduado de universidades ilustres ganhando, de certa altura em diante, o bastante para adquirir livros importantes para consolidações de saberes iniciados em cursos universitários, nos quais – modéstia à parte – brilhara, como talvez nenhum brasileiro de sua geração, dentre os educados no estrangeiro. Certo, desses livros, que quase todos se salvaram do saque à casa da família, por estarem em *garçonnière* dos dois jovens Freyres fraternamente solteiros. Mas foi preciso esforço heroico, da parte de um Freyre, mais despedaçado que o outro, no sentido de dar início àqueles recomeços de vida mutilada. Uma falta de ânimo avassaladora a tirar-lhe, de tal modo, a vontade de recomeçar que era como se fosse uma doença insuperável. E não um simples desânimo.

GILBERTO FREYRE, 1984

INÍCIO DE RECOMEÇOS
DE VIDA: STANFORD

Recorde-se que, ao despedir-se de Estácio Coimbra[9] em Lisboa – ao seguir para os Estados Unidos, atendendo a convite magnífico da universidade, eu, então jovem de 30 anos, faz *"Visiting Scholar"* da Universidade de Stanford – o bom Estácio Coimbra que, a seu pedido, eu acompanhara ao exílio na Europa – abracei-o com a maior emoção. Eu deixava a Europa, onde conhecera exílio do mais amargo e, até, fome, para, do cais subir a um transatlântico italiano de luxo. Honra insigne para um jovem do ano de 1931, o convite recebido dos Estados Unidos. Altos honorários.

A que devia convite tão inesperado? À minha tese de *Magister Artium*, na Universidade de Colúmbia sobre "Social Life in Brazil in the Middle of the 19th Century".[10] Lida por professor ilustre de

---

9   Estácio de Albuquerque Coimbra nasceu no município Pernambucano de Barreiros em 1872. Formou-se bacharel em Direito no Recife em 1892. Foi governador de Pernambuco, eleito em 1926. Exilou-se na Europa devido às acusações de envolvimento no assassinato de João Pessoa, então governador da Paraíba. Faleceu no Recife, em 1937.

10   Para obtenção do título de *Master of Arts* da Faculdade de Ciências Políticas, Jurídicas e Sociais da Universidade de Colúmbia, Freyre apresentou em 1922 o texto "Social life in Brazil in the middle of the 19th century", publicado no mesmo ano no volume cinco da revista *Hispanic American Historical Review*. Foi publicada em 1964 uma tradução em português do texto feita por Waldemar Valente, revista e ampliada pelo autor, intitulada *Vida social no Brasil nos meados do século XIX*. Atualmente, o livro está em sua quarta edição e é publicado pela Global Editora.

Stanford, Percy Alvin Martin,[11] tal foi o seu entusiasmo pelo texto que propôs à Congregação da Universidade da mesma e notável Stanford que, estando em exílio, na Europa, o autor de uma, para ele, obra-prima, fosse imediatamente convocado para a maior honra que Stanford estendia a intelectuais de fora. O encargo incluiria a regência de dois cursos: um, de Bacharelado, outro de Doutorado, ou pós-graduação,[12] com o convidado dispondo, em Stanford, da maior Brasiliana nos Estados Unidos: a que fora, por algum tempo, do Reitor John Casper Branner,[13] sábio geólogo e também humanista eminente, de profundos contactos com o Brasil.

Um golpe para Estácio Coimbra. Fidalgo, como era, deu-me seu relógio: verdadeira joia rara. Tão fino que era quase como uma folha de papel. Platina.

Ainda numa Lisboa onde, por vezes, passara fome, vi-me, de repente, um quase nababo. Passagem em transatlântico de luxo. Luxo italiano do mais suntuoso. Felizmente, ao convite, acompanhara cheque para despesas de viagem que, de New York, se prolongaria em percurso transcontinental em vagão de trem, também de luxo. Pelo que teria despesas consideráveis de viagem.

Uma vez instalado em camarote quase de príncipe, veio-me uma angústia difícil de ser vencida. A angústia de pensar quanto,

---

11   O historiador Percy Alvin Martin nasceu em 1879 em Jameston, Nova York (Estados Unidos), e foi professor de História Latino-americana na Universidade de Stanford. Foi o responsável pela publicação do texto de mestrado de Freyre na *Hispanic American Historical Review*, da qual foi um dos fundadores e também pela estada de Freyre como professor visitante em Stanford na primavera de 1931. Faleceu em 1942.

12   Em *Antecipações*, coletânea de textos do sociólogo reunidos, anotados e prefaciados por Edson Nery da Fonseca publicada na Coleção Nordestina pela Editora da Universidade de Pernambuco, em 2001, foi incluída "Conferência em Stanford", texto de uma das conferências que Gilberto Freyre proferiu nesse período em que esteve na universidade californiana.

13   Nascido em New Markets, no Tenessee (Estados Unidos), o geógrafo e geólogo John Casper Branner teve sua carreira dedicada primordialmente ao estudo do território brasileiro. Esteve diversas vezes no Brasil, como na ocasião em que fez parte da Comissão da Carta Geológica do Império, chefiada por Charles F. Hartt, em 1875. Elaborou um importante mapa geológico do Brasil em 1918. Foi reitor da Universidade de Stanford, onde organizou uma biblioteca com livros raros sobre o Brasil, conservada até hoje pela Universidade. Tal acervo foi intensamente consultado por Freyre para a elaboração de *Casa-grande & senzala*. Branner faleceu em Palo Alto, Califórnia (Estados Unidos), em 1922.

naquela hora, meus pais estavam ainda curtindo, no Recife, a dor das perdas que haviam sofrido de modo o mais brutal. Os dois quase sem roupa. Roubados seus objetos mais queridos. Embora, ignorando quanto fora duro meu exílio europeu, preocupados com meu futuro. Sabendo-me alvo de perseguições as mais mesquinhas de alguns dos novos donos do poder político no Brasil.[14] Imediatamente fui destituído das funções de pioneiro professor de Sociologia na Escola Normal de Pernambuco.[15] Nenhum desgosto para mim: só me interessara dar início a esse professorado acompanhado – inovação absoluta no País – de pesquisa de campo. Não me seduzia continuar na cátedra.

A Stanford que me recebeu não era uma universidade igual às outras mas, talvez, a mais aristocrática dos Estados Unidos de então. Com *fraternities* de estudantes ricos que eram verdadeiros clubes magnificamente fechados, onde eu seria acolhido festivamente. Contava, entre seus alunos, filhos incógnitos de famílias nobres da Europa. Inclusive, jovem da família imperial brasileira do ramo ligado à família real sueca. Bom brasileiro, logo me procurou. Um encanto de jovem. Iniciou-me em tremores de terra. Bebia certa noite em meu apartamento um drinque quando o tremor de terra se fez sutilmente sentir. Ele, já veterano no assunto, portou-se com a maior dignidade. Mas me advertiu que era preciso, em Stanford, não falar em tremor de terra. Tabu. A recordação do grande terremoto de San Francisco – tão perto de Stanford – permanecia um terror secreto, escondido, dissimulado, para californianos.

Mas que encanto, o *campus* da Universidade! Estilo colonial espanhol. Arcadas. E palmeiras tão verdes como se fossem as

---

14 Após a queda de Estácio Coimbra, Getúlio Vargas nomeou como interventor federal em Pernambuco o bacharel em Direito e jornalista Carlos de Lima Cavalcanti.

15 Na Escola Normal de Pernambuco foi criada, durante a gestão de Estácio Coimbra como governador, a cadeira de Sociologia, em 1928. O nome indicado por Carneiro Leão para assumir a cadeira foi o de Gilberto Freyre. Com a deposição de Estácio Coimbra, Gilberto Freyre foi exonerado do cargo por meio de nota no *Diário Oficial* de 17 de outubro de 1930.

STANFORD UNIVERSITY

DEPARTMENT OF HISTORY

16 de Abril
1931

STANFORD UNIVERSITY, CALIFORNIA

Minha querida Olympia:

Não quero demorar um instante a resposta á sua carta intante de 28 de Fevereiro agora mesmo recebida, um grande atrazo como vê. Pensei que já me tinha esquecido — tão longo silencio. Me escreva sempre; me escreva sempre que tiver um vagar, em qualquer papel, e mesmo a lapis, pois uma carta sua, um simples bilhete por mais ligeiro é uma grande alegria, é uma festa para mim. Não me deixe outra vez sem uma palavra. Não me deixe outra vez sem uma carta sua, sem uma palavra. Você que me venha lindamente le Você que me venha lindamente le Você por tanto tempo. Fiquei muito contente por saber que todos vão bem na casa nova; que esta tem vantagens para todos e é alegre por os pequenos. A proposito: a brevidade, sendo possível dela não digo; pois sendo minha estimaria encontral-a na minha volta; mas a machina, novinha, porque eu deixei, nova, novinha, porque não a vendem para com ella comprar a bicycleta que o Gilberto tanto deseja tanto? Peço que faça iso.

16 Abril

Carta de Gilberto Freyre para Francisca de Mello Freyre. Stanford, 16 de abril de 1931.

do Brasil. As da "minha terra tem palmeiras!"[16] do poema saudosista. Universidade de ricos. De jovens ricos. Ricos, eugênicos, belos. Que espécie de estudante me esperava?

Tomei logo conhecimento da Biblioteca. Riquíssima. Uma Brasiliana repita-se que sem igual. Documentos raros. Preciosidades. Eu seria seu verdadeiro desvirginador.

Já em Lisboa, eu começara a pensar num livro sobre o Brasil que fosse diferente de todos os já existentes. Revelador. Que descobrisse a verdadeira gente brasileira para o próprio autor. Rascunhara notas.[17]

A ideia desse livro, foi em Stanford que tomou corpo. Os programas que comecei a elaborar para os dois cursos que iria professar se tornariam os primeiros esboços desse futuro livro. Um livro que me tornou conhecedor íntimo da Brasiliana do velho Branner.

Uma palavra sobre o velho Branner. Nos meus dias de professor de Stanford, já não era Reitor. Mas sua figura permanecia a de um grande inspirador de estudiosos de coisas brasileiras.

Nos meus dias de estudante da Universidade de Baylor,[18] recebi dele o encargo de ler o texto, em português, de sua geologia do Brasil. Um clássico. Mas daí desenvolveu-se uma correspondência de um adolescente brasileiro com um sábio de renome mundial. E o sábio, por vezes, consultando o adolescente sobre coisas do Brasil e palavras em língua portuguesa. Sobre a palavra "sertão", por exemplo. Qual sua origem? Sobre essa origem eu já tivera informe exato do meu Pai, o velho Freyre. Sertão era aumentativo de deserto. Branner ficou encantado com a descoberta: verdadeiro "ovo de Colombo".

---

16 O sociólogo pernambucano faz referência aqui ao célebre poema "Canção do Exílio" do poeta Antonio Gonçalves Dias, publicado pela primeira vez em 1846.

17 Freyre refere-se a *Casa-grande & senzala*.

18 Freyre graduou-se na Universidade de Baylor, na cidade de Waco, Texas (Estados Unidos), fundada em 1845. Ingressou em Baylor em 1918 e obteve o título de *Bachelor of Arts*, tendo feito nesse período muitos cursos de literatura oferecidos pela Universidade, sendo que o professor que mais o impressionou foi A. J. Armstrong, de literatura inglesa.

Nosso relacionamento desses dias foi além. Dirigia eu uma revista para estudantes latino-americanos, publicada em New York em língua espanhola, *El Estudiante*: promoção de um órgão cultural intitulado *Comittee of Friendly Relations With Foreign Students*.[19] Para essa revista já conseguira colaboração de Oliveira Lima.[20] Decidi solicitar a de John Casper Branner, dando-lhe o assunto: "o que eu faria se fosse estudante brasileiro nos Estados Unidos". Inteligentíssima a maneira por que o velho sábio desenvolveu o assunto. Várias suas sugestões valiosas. Mas no que mais se fixou foi em acentuar, para jovens brasileiros, o fato de possuir o Brasil uma nada insignificante culinária. Assunto que já me interessava. Teve esse meu interesse, reforço da parte de quem como Branner, no Brasil, se tornara apreciador de aferventados, peixes, carurus, vatapás. Fiquei a dever a Branner, desde adolescente, um testemunho valioso para meus estudos sociais em início acerca do homem brasileiro: sua confiança na capacidade do mestiço. Para ele, até em assuntos de mecânica ferroviária – salientou no artigo escrito por sugestão minha – esse mestiço podia rivalizar com anglo-saxões. Ensinamento valioso pela procedência ilustre. Citei-o nos dois cursos que professei na Universidade de Stanford.

Devo acentuar que fui festejadíssimo pelos jovens ricos de Stanford, nas suas *fraternities*. Clubes opulentos. Elitismo do mais simpático nas suas expressões de hospitalidade. Mas fazendo o observador, atento a aspectos sociais do ensino universitário, perguntar:

---

19 Gilberto Freyre foi editor-associado dessa revista cujo título completo era *El estudiante latinoamericano*. O artigo de Branner ao qual Freyre faz referência intitula-se "O que eu faria se eu fosse um estudante brasileiro nos Estados Unidos" e foi publicado no periódico em janeiro de 1921.

20 Manuel de Oliveira Lima nasceu no Recife em 1867. Além de historiador, Oliveira Lima exerceu a carreira diplomática na Europa e nos Estados Unidos. Foi autor de obras fundamentais da historiografia brasileira, como *Pernambuco e seu desenvolvimento histórico* (1894), e *D. João VI no Brasil* (1908). Gilberto Freyre manteve intenso contato com Oliveira Lima e nutriu grande admiração por ele. O diplomata e sua mulher ajudaram imensamente o jovem Freyre na sua adaptação como estudante universitário nos Estados Unidos. Oliveira Lima faleceu em Washington, em 1928. Seu acervo particular encontra-se disponível para pesquisa na Catholic University of America, em Washington.

será justo que uma Universidade se apure nas suas qualidades, nos seus equipamentos, na competência dos seus mestres, em exclusivo proveito de jovens ricos?

Nas jovens californianas não tardei a descobrir competirem com as de New York em elegância de porte e de trajo, algumas como que parecendo ter assimilado encantos do Pacífico que contrapunham os do Atlântico. A cidade de San Francisco, da qual Stanford está tão próxima, vi que primava por uma expressão de arte culinária que lhe dava atraente feminilidade. E como que acentuava, nas californianas, seu *"sex appeal"*. Sexo e paladar andam, por vezes, juntos.[21] Mulher que não se interessa por culinária dá ideia de não ser de todo *"sexy"*.

Lembro-me de ter recebido a visita de linda californiana que, dona de carro também lindo – lindo e moderníssimo – quis que eu conhecesse, guiado por ela, encantos de San Francisco. Guia encantadora. Inteligente e *sexy*. Viria a casar-se com ianque de grande fortuna e a tornar-se Mrs. R.

San Francisco é, na verdade, uma cidade moderníssima tocada por certo mistério além de latino, oriental. Fez-me a californiana um elogio sensibilizador: que, como latino, eu sabia agradar mulheres, um modo, para ela, nem sempre dos jovens anglo-saxões. Creio que um desses modos o de interessar-me por coisas do paladar nas quais essa californiana era mestra. Título – o de mestra no assunto – que pode ser dado à Cidade de San Francisco.

---

21 A associação entre sexo e comida foi apontada anteriormente pelo sociólogo William Thomas em um artigo publicado em 1896 no *American Journal of Sociology*, volume 1, nº 4, intitulado "The Scope and method of folk psicology", em que ele relaciona os dois elementos: *"A statement of life in terms of food and sex is as crass, when applied to cultural conditions, as the chemical definition of man as forty pounds of carbon and nitrogen scattered through five paifuls of water. But it is important to recognize that food and sex are the irreducible factors of social life; and beggining with these, we may hope to understand the meaning of the different variables of society: ideas, institutions, beliefs, sentiments, language, arts, literature – and to trace the 'red thread' of consciousness through them"*. É bem possível que Freyre tenha tido acesso a esse artigo. Em *Tempo morto e outros tempos*, Freyre declara sua admiração pelo sociólogo William Thomas, um dos expoentes da chamada Escola de Chicago: "Thomas é para mim, o maior – depois de Weber, é claro, dos sociólogos modernos não só dos Estados Unidos como da Europa." (Gilberto Freyre, *Tempo morto e outros tempos*: trechos de um diário de adolescência e primeira mocidade 1915-1930, 2ª edição, São Paulo, Global, 2006, p. 309).

É curioso que, na realidade, o tipo que dominava entre os estudantes de Stanford era o mais castiçamente anglo-saxônico. O eugênico, atlético, sadio, saudavelmente, anglo-saxônico. Vários positivos a favor desse tipo. Mas sem que lhe faltem negativos. Talvez um machismo simplistamente arrogante fosse, então, um dos negativos.

Surgiu-me, entre os inscritos para seguirem meus cursos, um jovem nada desse tipo. Quase exótico. Saudou-me em português de Portugal. Na verdade, em português açoriano. À Califórnia não vem faltando presença portuguesa, parte da qual já a caminho de tornar-se californianamente gente rica. Para ser aluno de Stanford, esse meu futuro aluno já era descendente de português a caminho de tornar-se californianamente rico. Seu nome Manuel da Silveira Soares Cardozo.[22] Iniciado por mim no conhecimento de Portugal e do Brasil, estava destinado – diga-se retrospectivamente – a ser um lusófilo ilustre. Inclusive como diretor da Biblioteca Oliveira Lima da Universidade Católica de Washington.

Não sei se possa dizer dos meus alunos, quer de Bacharelado, quer de Doutorado, ter algum deles se destacado por superior inteligência ou por extremo entusiasmo pelo estudo. Mas na média, acompanharam inteligente e, até, entusiasticamente os conhecimentos que lhe foram transmitidos em voz mais de conversa de igual para igual do que convencionalmente doutoral. Eu era, talvez, o professor mais jovem que Stanford já tivera. Sempre atentos, os estudantes a um quase companheiro de geração. Sempre com boas perguntas. E sempre corteses. Ricos bem educados.

Examinei, como me competia, um candidato, a grau de doutor: sua defesa de tese. Suponho que já quase da minha idade.

---

22 O historiador Manoel da Silveira Soares Cardozo nasceu em Picos, no arquipélago dos Açores, em 1911. Foi aluno de Freyre na Universidade de Stanford em 1931. Em 1940, tornou-se professor de História da Catholic University of America, em Washington, onde foi curador da Oliveira Lima Library, chegando a produzir um catálogo do acervo particular do diplomata pernambucano.

Saiu-se bem nas respostas às perguntas que lhe fiz. Creio que bem orientado, quanto à América Latina, pelo Professor Percy Alvin Martin.

Boa figura humana além de bom intelectual, o Professor Martin. Um dos maiores entusiastas de *Casa-Grande & Senzala* como já fora de *Social Life in the Middle of the 19th Century*. Compreende-se ter sido dele a proposta para que a Universidade de Stanford fizesse de mim seu "*Visiting Professor*" – honra insigne – para o ano de 1931.

A Brasiliana Branner tornou possível o que seria o início da rápida elaboração de *Casa-Grande & Senzala*. Ao deixar Stanford já o livro estava, nas suas bases, estruturado, com a utilização de material valiosíssimo que só me poderia ter sido fornecido pela mais que opulenta Brasiliana reunida pelo Reitor John Casper Branner.

Costumo dizer que, na minha vida de intelectual, não me tem faltado a presença inesperada, coincidente, oportuna, de um como Anjo da Guarda a abrir-me ou a facilitar-me caminhos decisivos. O convite para Stanford que sirva de exemplo. O velho Branner, ao reunir, nessa Universidade, a maior Brasiliana da época em qualquer parte dos Estados Unidos ou, talvez, do mundo, foi como se procedesse como um avô magnífico a favor de um neto como que quase esperado por ele. Nem no Brasil nem em Portugal, o futuro autor de *Casa-Grande & Senzala* poderia ter encontrado tanto material de importância para a elaboração de um livro sobre o Brasil, dentro de perspectiva de todo nova ou inovadora do que fosse a análise e, da análise, se estendesse a uma interpretação, de uma nação. De uma nação, como o Brasil, ainda mal estudada, segundo novas perspectivas de análise social. De um passado nacional, ainda quase ignorado, segundo essas perspectivas. De possibilidades de uma civilização em começos de desenvolvimento independente com seus positivos e seus negativos, ainda por ser considerado nos seus equilíbrios de contrários.[23] E essa nova análise seguida de nova interpretação, por um nativo dessa nação que, à condição de nativo, juntava uma formação universitária – graduada e pós-graduada – no estrangeiro que podia o ter afastado lamentavelmente da sua própria gente. Um experimento de todo novo. Pois o livro tinha que ser, no essencial, a própria autobiografia de um autor quase desconhecido na sua língua. Com estreia intelectual na língua inglesa em tese restritamente universitária.

Esse futuro livro, o autor começara a imaginá-lo em Lisboa, onde muito frequentou a Biblioteca Nacional e conviveu com dois sábios: João Lúcio de Azevedo[24] e o diretor do Museu Etnológico.[25] Chegou, em Lisboa, a rascunhar notas.

Encontrou ainda quentes, em Stanford, os ecos da grande, monumental, famosa pesquisa, aí realizada por Lewis Madison Terman,[26] sobre genialidade, na qual culminou uma, a princípio, apenas revisão dos Testes de Inteligência Binet-Simon, empreendida por psicólogo tão abrangente. Terman chegara à conclusão de que as pessoas de gênio tendiam a se anunciar ou a se fazer

---

23 No capítulo I de *Casa-grande & senzala*, Gilberto Freyre define a noção de "antagonismos em equilíbrio", que para ele é um traço constitutivo da gênese da sociedade brasileira: "Considerada de modo geral, a formação brasileira tem sido, na verdade, como já salientamos às primeiras páginas deste ensaio, um processo de equilíbrio de antagonismos. Antagonismos de economia e de cultura. A cultura europeia e a indígena. A europeia e a africana. A africana e a indígena. A economia agrária e a pastoril. A agrária e a mineira. O católico e o herege. O jesuíta e o fazendeiro. O bandeirante e o senhor de engenho. O paulista e o emboaba. O pernambucano e o mascate. O grande proprietário e o pária. O bacharel e o analfabeto. Mas predominando sobre todos os antagonismos, o mais geral e o mais profundo: o senhor e o escravo" (Gilberto Freyre, *Casa grande & senzala*, 51ª edição, São Paulo, Global, 2006, p. 116).

24 Historiador português nascido em Sintra, em 1855, João Lúcio de Azevedo produziu uma obra relacionada à história religiosa e econômica. Foi autor de obras importantes, dentre elas *O marquês de Pombal e sua época* (1909), *História do padre Vieira* (1918-1920), *História dos cristãos-novos portugueses* (1921-1922) e *Épocas de Portugal econômico* (1929). Faleceu em Lisboa, em 1933.

25 O diretor do Museu Etnológico de Lisboa aqui mencionado é João Leite de Vasconcelos.

26 O psicólogo norte-americano Lewis Madison Terman, nascido no estado de Indiana, tornou-se professor de Stanford em 1916, ano em que publicou *The measurement of intelligence*. O estudo procurava fazer a revisão da escala de inteligência Binet-Simon. Terman morreu em Palo Alto, Califórnia, em 1956.

notar, exteriormente, por um brilho especial dos olhos. De onde ter se tornado característico da gente mais dada a atitudes psicológicas, de Stanford, certa maneira, entre séria e humorística, de julgar adventícios, considerados ilustres, pelos olhos. Quando excepcionalmente brilhantes podiam ser olhos de gênio. Ou de indivíduo genial.

Não escapei – que me seja desculpado falar autobiograficamente – dessa espécie de psicologia de Terman aplicada a adventícios, tanto mais quando, logo ao chegar à Universidade, fui presenteado pelo bom do Professor Martin, com a obra monumental de Terman, que passei a ler com o maior interesse. Como o Professor Armstrong,[27] na Universidade de Baylor, e posteriormente, em Paris, Roland Barthes[28] – quando ainda futuro professor do Colégio de França – Martin, em Stanford, estava inclinado a acreditar em sinais de gênio, possíveis, para ele, de ser surpreendidos nas minhas primeiras intuições em estudos sociais: as da minha tese de *Magister Artium* da Universidade de Colúmbia. Muito versado na extensa análise psicológica de Terman, a esse respeito, ao conhecer-me pessoalmente, confessou-me Martin ter se impressionado com o brilho dos meus olhos. Confirmavam suas suspeitas. Repito literalmente julgamento talvez arbitrário de um mestre de Stanford.

À futura Mrs. R., o que impressionou, em mim, foi um, para ela, olhar romântico, que associou à minha condição de la-

---

27 Andrew Joseph Armstrong nasceu em Louisville, no estado norte-americano de Kentucky, em 1873. Faleceu em 1954 em Waco, Texas. Comentários importantes de Freyre sobre A. J. Armstrong estão presentes em seu *Tempo morto e outros tempos:* trechos de um diário de adolescência e primeira mocidade 1915-1930, 2ª edição, São Paulo, Global, 2006, p. 70-71. A. J. Armstrong foi professor de Literatura Comparada na Universidade de Baylor, em Waco, Texas e exerceu grande influência sobre Freyre. Foi no contato com Armstrong que Freyre moldou seu gosto pela literatura inglesa, especialidade do professor.

28 Escritor francês nascido em Cherbourg em 1915, Roland Barthes percorreu um caminho inovador na crítica de seu tempo, ao escrever com igual habilidade sobre o comportamento humano e sobre os usos da linguagem. Dentre seus livros mais célebres estão *Mythologies* (1957), *Éléments de sémiologie* (1964), *Le plaisir du texte* (1973) e *Fragments d'un discours amoureux* (1977). Faleceu em Paris, em 1980.

tino, em Stanford, a destacar-se de homens predominantemente anglo-saxões, porventura menos românticos. Um equívoco, talvez, de sua parte. Lembrei-me de, em época anterior a meus dias de Stanford, ter sabido haver Isadora Duncan[29] – tão experiente no assunto – considerado erro supor-se o anglo-saxão menos ardente, no amor físico, que latinos ou eslavos. Minha pura observação – não pretendo ostentar experiência decisiva, que não cheguei a ter, nesse particular – de comportamentos amorosos, vinha me levando a acreditar, quando ainda jovem, não serem os românticos destituídos de ardores físicos nos seus modos de amar. Observei das californianas que, quase sempre, tendiam a ser, em Stanford – ótimo laboratório: quanta jovem bonita! – a seu modo, jovens românticas, como que em harmonia com a paisagem atraentemente romântica do talvez mais romântico *campus* universitário dos Estados Unidos.

Devo recordar que, por um triz, deixei de ainda encontrar em Stanford, no esplendor de sua atividade, parece que efêmera, de mestre universitário, o, para mim, grande por suas audácias de criatividade, Thorstein Veblen.[30] Compreendo que os Sorokins[31] não encontrem base, de todo lógica ou racional, para a obra-prima de Veblen que é *The Instinct of Workmanship and the State of Industrial*

---

29 Isadora Duncan nasceu em San Francisco, Estados Unidos, em 1878 e formou-se em dança clássica. O estilo por ela praticado ficou relacionado à origem da dança moderna. Descalça e vestida com uma simples túnica, dançava ao som de músicas que não haviam sido compostas especialmente para a dança. Faleceu em Nice, França, em 1927. Em *Tempo morto e outros tempos*, Freyre declara ter encontrado e conversado com o irmão de Isadora Duncan, em Paris, em 1922.

30 Thorstein Bunde Veblen, economista e sociólogo norte-americano, nasceu em Valders, Wisconsin, nos Estados Unidos, em 1857, e foi um grande crítico do capitalismo. Doutorou-se em Filosofia pela Universidade de Yale. Escreveu obras relevantes na área de economia, como *The theory of the leisure class* (1899), *The theory of business enterprise* (1904) e *The engineers and the price system* (1921). Faleceu na Califórnia, em 1929.

31 Freyre faz referência a Pitirim Sorokin, sociólogo norte-americano de origem russa, nascido em 1899. Fundou em 1930 o Departamento de Sociologia de Harvard e interessou-se pelo fenômeno da mobilidade social e pela formação de uma tipologia histórica das culturas. Faleceu em Winchester, Massachusetts, em 1968.

Arts[32] (N.Y. 1914). Ao aparecer audaciosamente esse livro, as próprias concepções instintivistas estavam sob o fogo de um concentrado anti-instintivismo. Mas não tardou uma retomada de atenções científico-sociais, senão por instintos, por tendências instintivas. Reabilitação presente na perspectiva de Veblen.

Parece que Stanford, como Universidade rica – riquíssima, até – não hesitou, nos seus grandes dias, em que passou a competir com Havards e Yales, Colúmbias e Princetons, em atrair, para suas cátedras, mestres com alguma coisa de genial a destacá-los. Stanford e genialidade parece terem constituído uma aliança que tornou possível, nesses dias, a presença, no seu *campus*, de tantas notabilidades. Veblen foi uma delas. Desde ainda jovem, tornou-se um mito. Olhos brilhantíssimos – foi a recordação dele que encontrei em Stanford – a confirmarem a generalização de Terman sobre indivíduos de gênio.

Mas Veblen não foi somente uma suprema inteligência criativa. Foi, também, expressão de personalidade do tipo que brilhante discípula de Boas[33], Ruth Benedict[34] – minha colega, como tal, na Universidade de Colúmbia – foi o próprio Boas quem nos aproximou – denominou, em sistemática que se tornou clássica,

---

32 Neste livro, Veblen procura mostrar que o trabalho nas empresas não proporcionava aos empregados o desenvolvimento pleno de suas capacidades.

33 Franz Boas, antropólogo alemão nascido em 1858, foi professor na Universidade de Colúmbia durante o período no qual Freyre lá seguia o curso de mestrado na Faculdade de Ciências Políticas, Jurídicas e Sociais. Como antropólogo, foi um pioneiro nas pesquisas de campo e o maior representante da Antropologia Cultural no cenário acadêmico internacional. Exerceu enorme influência sobre Freyre, principalmente no que diz respeito à diferenciação entre raça e cultura propagada por Freyre em *Casa-grande & senzala*. Ao longo de seus textos, Freyre sempre quis ratificar sua dívida intelectual com Franz Boas. No prefácio à primeira edição de *Casa-grande & senzala*, o pernambucano afirma que Boas "foi a figura de mestre de que me ficou até hoje a maior impressão".

34 Nascida em Nova York em 1887, a antropóloga Ruth Benedict foi colega de Freyre em Colúmbia e discípula de Franz Boas. É autora de um clássico na antropologia cultural norte-americana intitulado *Patterns of culture* (1934), no qual trabalha com os conceitos de apolíneo e dionisíaco pensados por Nietzsche na análise dos índios Pueblo e outras populações primitivas norte-americanas. Foi presidente da *American Anthropological Association*. Faleceu em Nova York, em 1948.

tipo dionisíaco, em contraste com o apolíneo.[35] Violentamente dionisíaca a personalidade de Veblen.

Compreende-se, assim, que tenha deixado em Stanford, não só a marca de sua superior inteligência, como a recordação de sua personalidade de misto de criativo e de boêmio. O boêmio dado a excessos que parecem ter escandalizado alguns dos anglo-saxões predominantes na opulenta universidade de ricos. Encontrei ecos de um escândalo que lhe envolveu a figura de mestre supremamente criativo. Um seu caso, demasiadamente ostensivo, com uma linda ouvinte de suas conferências. Excesso de dionisíaco romântico.

Logo depois de ter dado início às minhas atividades de "*Visiting Professor*" em Stanford, voz amiga me advertiu com "*sense of humour*": "cuidado para não tornar-se outro Veblen!" Sucede que nunca me extremei em dionisíaco. Tenho um tanto, em mim, dessa tendência. Mas esse tanto neutralizado pela tendência oposta: a apolínea.

Venho sendo, e continuo a ser, um tímido. Nunca me tornaria, por audácias de amoroso, um donjuan. Nem um donjuan conquistador de mulheres nem um conquistador de glórias ou de títulos acadêmicos. Foi como um tímido que convivi com Stanford, como conviveria, depois, com outras universidades, das que, seguindo o exemplo de Stanford, passaram a me convocar, de modo, por vezes, tão honroso para o Brasil quanto para mim, como brasileiro.

De onde não se ajustar de todo a mim o rótulo de brasileiro ostensivamente vaidoso de triunfos intelectuais alcançados no estrangeiro. O que tem se verificado, da minha parte, é a necessidade de, por vezes, eu próprio ter precisado de confirmar consagrações estrangeiras a ideias e a criações minhas, sem repercussão

---

35   Tal contraste foi primeiramente pensado pelo filósofo alemão Friedrich Nietzsche no seu livro *Die Geburt der Tragodie aus dem Geiste der Musik* (1872), cuja tradução para o português intitulou-se *O nascimento da tragédia*, no qual ele contrapõe o espírito da racionalidade e da harmonia intelectual, representado pela figura de Apolo, e o espírito do desejo de viver de forma espontânea, representado por Dionísio.

no Brasil. Ação, contra mim, do chamado "patrulheirismo". Ação contra o qual foi tão veemente o clamor de Nelson Rodrigues.[36] E que muito tem agido, não através de agressões intelectuais, mas de silêncios como que articulados, coordenados, sistemáticos em semanários e jornais.

---

36 Nelson Rodrigues nasceu no Recife, em 1912. Autor de peças teatrais consagradas, como *Bonitinha mas ordinária*, e colunista diário de jornais cariocas, mostrava em suas crônicas sua grande capacidade de observação do comportamento humano. Em artigo publicado no *Correio da Manhã*, no Rio de Janeiro, Nelson Rodrigues alertou para o complô organizado por intelectuais brasileiros que visava abafar a obra de Gilberto Freyre. Cf. Nelson Rodrigues, "Silêncio na Senzala", in: *O reacionário:* memórias e confissões, São Paulo, Companhia das Letras, 1996. Faleceu no Rio de Janeiro, em 1980.

RECOMEÇOS DE VIDA DESPEDAÇADA: DEPOIS DE STANFORD

Depois de Stanford, uns poucos dias em New York. E de New York, projetei um contacto com a Alemanha já a serviço do preparo de um livro, talvez mais que livro, autobiográfico. Socioantropológico. Pois, além de autobiográfico, na primeira fase de sua elaboração, talvez terapêutico para quem precisava de todo o ânimo criativo de que fosse capaz.

Em New York, revi os Bilden, Rüdiger[37] e Jane,[38] como de volta de Stanford, revira na Carolina do Sul, Francis Butler Simkins.[39] Fizeram esses outros colegas da Universidade de Colúmbia, que ficasse com eles em Greenwich Village.[40] Ela, mais bela do que a Jane

---

37 Rüdiger Bilden foi colega de mestrado de Freyre na Universidade de Colúmbia, em Nova York. Assim como Freyre, contraiu muitas dívidas intelectuais em relação ao culturalismo de Franz Boas.

38 Esposa de Rüdiger Bilden.

39 Colega de mestrado de Freyre em Colúmbia, o historiador Francis Butler Simkins dedicou a maioria de seus trabalhos ao sistema escravista do sul dos Estados Unidos, mais especificamente da Carolina do Sul. Dentre suas obras está *The Tillman movement in South Carolina* (1926) (ao qual Freyre fez referência em artigo no *Diário de Pernambuco*, em 4 de julho de 1926) e *South Carolina during Reconstruction* (1932), escrito com o historiador Robert Hilliard Woody.

40 Bairro nova-iorquino, reduto da boemia estudantil.

que conheci ainda estudante. Ele, mais amargo. Terrivelmente amargo. Ao contrário de Simkins, tão efusivo, aparentou regozijo comigo pelo convite para *"Visiting Professor"* de Stanford. Mas, no íntimo, sentindo-se preterido. Por que eu e não ele? Foi o que me pareceu ser a sua reflexão.

Ele deixara de lembrar-se que seu interesse de alemão pelo Brasil, ele o adquirira no convívio, na Universidade de Colúmbia, comigo. Na minha tese. Na minha própria identificação como que volutuosamente sensual com o Brasil, como tema de estudo. Tema de estudo para ele rigorosamente racional. Adotado por opção de todo intelectual. Mas do que isto: intelectualista.

Resolvi, estando em New York de passagem, ter um contacto pessoal com H. L. Mencken.[41] Mencken continuava a ser, na língua inglesa, figura dominante de crítico tanto social como de ideias. Eu, quando ainda na Universidade de Colúmbia, lhe dera a conhecer minha tese de *Master of Arts*. Leu-a com a maior simpatia. Aconselhou-me a expandir, não em dissertação doutoral, mas em livro. Livro independente de compromissos acadêmicos. Como dissertação doutoral seria de início prejudicada.

Tendo, depois de apresentada a tese, aprovada de modo o mais honroso pela Universidade, seguido para a Europa, daí e de volta ao Brasil, continuara a ter contacto com Mencken. Natural que, de passagem por New York, procurasse vê-lo. Telegrafei-lhe. E como estivesse nos Estados Unidos, meu conterrâneo e jornalista, Austregésilo de Athayde,[42] quando Mencken convidou-me para um almoço com

---

41 Jornalista e crítico norte-americano, Henry L. Mencken foi uma das vozes mais ácidas da crítica literária, tendo iniciado sua carreira nos anos 1920. Mencken chegou a ler o texto de mestrado de Freyre, *Social life in Brazil in the middle of the 19th century,* recomendou-lhe a prolongar a pesquisa e publicar um livro em inglês de maior fôlego. Chegou a recomendar a Freyre o editor Alfred Knopf para publicar o livro. Knopf publicaria posteriormente, em 1946, a tradução em inglês de *Casa-grande & senzala, The masters and the slaves.*

42 Austregésilo de Athayde (1898-1993) nasceu em Caruaru, Pernambuco. Foi jornalista, tendo assumido a direção de *O Jornal,* a convite de Assis Chateaubriand. Recebeu o Prêmio Moors Cabotm da Universidade de Colúmbia, por sua profícua atividade jornalística. Foi presidente da Academia Brasileira de Letras. Morreu no Rio de Janeiro.

ele e com George Jean Nathan,[43] pedi-lhe que convidasse também o jornalista, meu brilhante conterrâneo. Dei o nome. O endereço. Destaquei, a Mencken, sua ligação com uma cadeia importante de jornais brasileiros. Apenas adverti-o de que esse bom jornalista era um nativista inveterado: apresentava-se sempre de sandálias rústicas. Mas poderia dar cobertura brasileiramente jornalística, da melhor, ao nosso encontro. O que veio a suceder. Só que a entrevista solicitada a Mencken por Austregésilo e concedida do modo mais generoso, em que cada palavra sua, impressa, custava potencialmente uma pequena fortuna, não foi publicada. Motivo: criticava asperamente as relações dos Estados Unidos com a América Latina.

Athayde é claro que se envaideceu com um convite de Mencken – por ele muito admirado – no qual supôs haver o reconhecimento, por figura tão internacionalmente famosa, de sua qualidade de jornalista latino-americano: homenagem magnífica. Capaz de causar inveja no Brasil.

Mas o convite foi puramente gilbertiano. Mencken só fez obedecer, de maneira a mais fidalga, o amigo brasileiro, a quem vinha escrevendo cartas de extrema admiração e insistindo para que colaborasse, não mais em *Smart Set*[44] – sua primeira e brilhante revista – mas em *The American Mercury*:[45] seu novo e logo triunfante arrojo. Grande Mencken.

Esplêndido o artigo de Austregésilo de Athayde contando o seu triunfo "à mesa de um grande demônio". O "grande demônio" esteve, na verdade, demoníaco. Completou-o George Jean Nathan numa maneira muito sua de ser mais irônico do que mordaz. Mais

---

43 O escritor norte-americano George Jean Nathan nasceu em Fort Wayne, no estado de Indiana, em 1882. Foi coeditor da revista *The Smart Set* entre 1914 e 1923 com H. L. Mencken e com ele também fundou em 1924 *The American Mercury*. Faleceu na cidade de Nova York, em 1958.

44 *The Smart Set* foi uma revista literária fundada em 1900 em Nova York e desempenhou um papel revolucionário de divulgação de obras de literatos norte-americanos até 1924.

45 Fundada em 1924 por H. L. Mencken e George Jean Nathan, a revista literária mensal *The American Mercury* ficou conhecida por seus comentários ácidos sobre a vida e a política norte-americanas.

sutil que estabanado. Ou retórico. Pois, diga-se de Mencken ter sido um mestre de uma retórica que ele próprio criou.

E Rüdiger? Furioso ao saber que eu levara a um almoço, oferecido a mim por Mencken, não a ele mas a um inexpressivo jornalista latino-americano. Ciúme de Athayde.

É claro que convidado a esse almoço com Mencken e Nathan, eu não podia levar dois amigos. E, no caso, convinha, por vários motivos, uma cobertura brasileiramente jornalística da minha presença em New York. Era preciso que os novos donos brasileiros do poder vissem meu prestígio intelectual em New York. Que Athayde levasse, de volta ao Brasil, a notícia desse prestígio, junto com minha resposta a uma generosidade amiga, mas a meu ver, inoportuna, de José Américo de Almeida.[46] Resposta de que fiz portador o jornalista ilustre, segunda pessoa de Assis Chateaubriand.[47] Portador Confidencial. Que guardasse José Américo sua generosidade para pobres diabos. A generosidade consistia num posto honroso, no Ministério da Viação, à revelia do Presidente da República.

Encontrei em Greenwich Village, Bilden mais ciumento do que nunca. E com alguma razão. Pois Jane me pareceu, mais do que nunca, desdenhosa dele. Surpreendendo-me só, a escrever cartas, apareceu-me provocantemente nua. Mantive-me castamente respeitoso da esposa de amigo, sob tantos aspectos, respeitável.

No nosso último encontro no Sul dos Estados Unidos – a terra da muito sulista família de Jane – o esposo explodira violentamente contra mim, não por causa da esposa, mas por ter sido eu

---

46 José Américo de Almeida nasceu em Areia, na Paraíba, em 1887. É autor de *A bagaceira* (1928), romance que é considerado o marco inicial do ciclo regionalista nordestino do Modernismo. Formado em Direito, foi promotor, procurador-geral, deputado federal em 1929 e governador da Paraíba em 1950. Faleceu, em João Pessoa, na Paraíba em 1980.

47 Francisco de Assis Chateaubriand Bandeira de Melo nasceu em Umbuzeiro, Paraíba, em 1892. Embora formado em Direito, foi como jornalista que se consagrou. Foi figura marcante na história da imprensa brasileira, tendo sido o proprietário do *Diários e Emissoras Associados*, um grupo poderoso da área de comunicação que chegou a ser composto de 28 jornais, dezesseis estações de rádio, cinco revistas e um agência telegráfica. Foi senador da República, embaixador em Londres e organizou o Museu de Arte de São Paulo. Faleceu em São Paulo, em 1968.

surpreendido aos beijos, na verdade efusivos, com a provocante irmã mais jovem de Jane: uma suprema beleza de sulista. Tomara-se de entusiasmo por mim.

Creio poder dizer-se de Rüdiger não ter tido atração para mulheres. Era o puro intelectual abstrato. Notável intelectual abstrato. Notabilíssimo. Discorria sobre um assunto com a maior erudição. Mas monotonamente. Faltava-lhe de todo *"sense of humour"*. Pena não ter conseguido realizar-se. Seus últimos anos, abandonado por Jane, seriam de um inveterado bebedor de bebidas fortes. Era como se bebesse para que a bebida o matasse. Seu rosto tornou-se dolorosamente trágico. Soube de um amor de Jane por certo pintor eslavo. Creio que foi a conta. O ciúme juntou-se à bebida para lhe encurtar o resto de vida.

Entretanto, ainda se sentiu capaz de me levar a bordo do navio alemão que me levaria a Hamburgo. A viagem à Alemanha era parte da elaboração do meu livro. De viagem anterior, eu guardara grande impressão dos museus alemães de Antropologia Social.[48] Os da predileção de Boas. Senti precisar de novo contacto com eles que me avivasse, no visual que sempre fui, percepções de caráter socio-antropológico aplicáveis a uma mais permanente análise da gente brasileira situada em espaço tropical. Não me enganei. Chegaria, dessa vez, a ver, em museu alemão, esta perfeição de ciência germânica: uma tribo afronegra inteira, em espaço não pequeno, a viver seus cotidianos com inteira à vontade. Despreocupada de curiosos. Alheia a olhares indiscretos sobre suas intimidades.

Bom esse meu contacto com museu alemão tão superiormente sociocientífico. Pareceu me lição germânica para o modo de apresentar, em livro que desde Stanford eu começara a escrever, inti-

---

48 Ao narrar sua primeira passagem por Berlim em seu diário de adolescência e primeira mocidade, Freyre destaca: "Paris e agora Berlim – nos seus museus etnológicos ou etnográficos – como aqui se diz – ou do Homem, isto é, antropológicos, tenho cumprido o meu programa de estudos, a seu modo pós-graduado e segundo sugestões do europeu Boas. Pois na Europa, pedi a orientação do grande Boas para esses meus contactos com museus vivos como são os da Alemanha, os ingleses e franceses." (Gilberto Freyre, *Tempo morto e outros tempos*: trechos de um diário de adolescência e primeira mocidade 1915-1930, 2ª edição, São Paulo, Global, 2006, p. 138-139).

midades de vivências brasileiras. Que os pudicos se escandalizassem. Meu compromisso era com aquele "mais real que o real" de que me advertia Cocteau.[49] Isto mesmo: um pouco de Expressionismo não faria mal a um livro com pretensões de revelador de cotidianos íntimos e significativos.

Em contacto anterior com a Alemanha – antes daquele outubro de 30 que me obrigaria a nascer de novo – não vira eu, nas ruas de Berlim, velhos de botas cambadas e paletós esfarrapados parecendo desafiar demônios? Jovens ou adolescentes dos dois sexos oferecendo-se a turistas que os desejassem? Eu próprio, diante de lindo efebo louro, não resistira aos seus encantos. Deixara-me masturbar por ele, com Vicente do Rego Monteiro[50] servindo de tapume. E fiz – talvez sadicamente – subir a uma bela vitória com cocheiro de cartola, a meu serviço: isto em 1922, recebendo do velho Freyre 100 dólares por mês, fui, por curtos dias, um quase milionário na Alemanha quase de todo vencida – uma linda adolescente também germanicamente loura. Não me excedi. Acariciei-a quase como a uma irmã. Dei-lhe dólares. Ela é que levou minhas mãos a seu sexo. Recusei-me a servir-me desse encanto de adolescente. Rodei com ela o bastante, por ruas menos movimentadas, para não dar na vista. Vi-a afofar com as lindas mãos de unhas sujas, o veludo azul do acolchoado do carro quase de luxo que rodava conosco. Lembrei-me desses horrores ao voltar à Alemanha, quase diretamente de uma Stanford, onde comecei a quase nascer de novo.

---

49 Jean Maurice Eugène Cocteau nasceu em Maisons-Laffitte em 1889 e faleceu em Milly-la-Forêt, em Paris, em 1963. Foi um artista de várias faces, tendo sido poeta, dramaturgo e cineasta. Seu primeiro livro de poemas, *La lampe D'Aladin*, veio a lume em 1909. Escreveu peças para o teatro, como *Orphée* (1926). O primeiro filme dirigido por Cocteau foi *Lê sang d'um poete* (1930). Dirigiu também *La bélle et la bête* (1946). Foi membro da Academia Francesa.

50 Nascido no Recife em 1899, Vicente do Rego Monteiro foi importante pintor envolvido no movimento regionalista nordestino. Irmão de Joaquim do Rego Monteiro, fixou residência em Paris em 1911, onde estudou pintura, desenho e escultura. Na Semana de Arte Moderna de 1922, expôs oito telas de inspiração futurista e cubista. Comandou entre 1947 e 1956 a editora La Presse à Bras. Retornando ao Brasil, foi professor catedrático da Escola de Belas-Artes de Pernambuco entre 1957 e 1966. Morreu no Recife, em 1970.

Depois de bom novo contacto em 1931 com uma Alemanha renascida, o regresso ao Brasil, em vapor alemão, tocando em Lisboa. Viagem sem maior interesse. Companheiros inexpressivos. De notável, só uma menina de seus nove anos, terrivelmente exibicionista. Foi não foi, vestido levantado e sexo ostentado. A mãe aflita. Conversou comigo. Lembrei-lhe ir, no Rio, ao Dr. Silva Mello.[51] Medicina psicológica.

Chegada ao Rio. Ninguém informado por mim dessa chegada. Eu é que procuraria os amigos, um por um. O primeiro, Rodrigo Mello Franco de Andrade.[52] Sabia ele estar quase pronto o livro em elaboração.

Precisava, porém, o autor, de contactos com a Biblioteca Nacional que lhe permitissem completar o texto. E talvez contactos com o Arquivo. Confiava poder obter da velha Faculdade de Medicina, como quem recolhesse apenas lixo, preciosas teses doutorais – já lera três delas – que me pareciam fontes preciosas e de todo ignoradas de informação. Permitiam-me constatar tendências médico-sociais no Brasil ainda patriarcal. Assuntos como raça, alimentação, habitação. No que acertei de todo. Material virgem à minha espera. Encontrei um zelador magnífico: facilitou-me levar para a casa aquele monturo de papel desprezado. Evitou-me pleitos burocráticos.

---

51 Antônio da Silva Mello, nascido em 1886 na cidade de Juiz de Fora, Minas Gerais, foi médico e ensaísta. Ingressou na Faculdade de Medicina no Rio de Janeiro, mas concluiu seu curso na Alemanha, em 1914. Após temporada na Suíça, trabalhando em hospitais de Lausanne e Genebra, atuou no sanatório Valmont. Retornou ao Brasil em 1918, tornando-se professor catedrático da Faculdade de Medicina do Rio de Janeiro. Fundou a *Revista Brasileira de Medicina*, da qual foi diretor-científico até seu falecimento no Rio de Janeiro, em 1973.

52 Rodrigo Mello Franco de Andrade (1898-1969) foi jornalista e escritor. Mineiro de Belo Horizonte, foi redator-chefe e diretor da *Revista do Brasil*. Chefiou o Serviço do Patrimônio Histórico e Artístico Nacional (SPHAN), desde a fundação do órgão, em 1937, até 1968. Rodrigo foi autor da introdução ao livro *Mucambos do Nordeste* (1937), de Gilberto Freyre, publicado pelo SPHAN. Pelo mesmo órgão, Freyre prefaciou e anotou o *Diário íntimo do engenheiro Vauthier*, publicado em 1940. Foi grande amigo de Freyre. Faleceu no Rio de Janeiro.

Na Biblioteca Nacional é que só encontrei entraves. O bom diretor, Rodolfo Garcia,[53] revelou-se impotente para auxiliar-me. Pedi seu auxílio para localizar manuscritos que deviam existir em porões nauseabundos. Ele próprio me disse já ter tocado nesses manuscritos. Insisti com um dos auxiliares para que os encontrasse e os levasse para a banca que passei a ocupar. Dia de chuva, chovia livremente no interior dessa casa, outrora ilustre.

Parece que Garcia contentava-se em ser, como diretor da majestosa Biblioteca Nacional, um intelectual privilegiado pelo seu posto e sempre cercado de intelectuais ilustres. Encontro que se verificava todas as tardes. Sua nobre sala de Diretor enchia-se de letrados de renome. Ele, simpático e afável, sempre a fumar um cachimbo britânico, mais a ouvir e a sorrir, do que a falar. Quando falava, era escutado respeitosamente. Mas deliciava-se em ouvir diálogos. Ou disputas entre *causeurs* em torno do direito de se fazerem ouvir e admirar. De uma dessas disputas, fui vítima inerme. Novo na sala, despertei a atenção de dois *causeurs* verdadeiramente encantadores: o General Tasso Fragoso[54] e o acadêmico Afrânio Peixoto.[55] Cada qual mais empenhado em

---

53 Rodolfo Augusto de Amorim Garcia nasceu em Ceará-Mirim, Rio Grande do Norte, no ano de 1873. Formou-se em Direito no Recife, em 1908. Seu trabalho de maior repercussão foi a edição anotada da *História geral do Brasil* (1927), de Varnhagen. Escreveu o prefácio para a *Primeira visitação do Santo Ofício às partes do Brasil (denunciações de Pernambuco)*, publicado em 1929, e foi autor da nota preliminar dos *Diálogos das grandezas do Brasil*, numa edição que veio a lume em 1930. Foi nomeado em 1930 diretor do Museu Histórico Nacional e, dois anos depois, diretor da Biblioteca Nacional do Rio de Janeiro, onde permaneceu até 1945. Faleceu no Rio de Janeiro, em 1949.

54 Augusto Tasso Fragoso nasceu em São Luís do Maranhão em 1869. Em 1885, sentou praça na Escola Militar da Praia Vermelha no Rio de Janeiro. Foi presidente da Junta Governativa Provisória em 1930, composta também por Menna Barreto e José Isaías de Noronha. Foi chefe do Estado-Maior do Exército entre 1931 e 1932 e ministro do Supremo Tribunal Militar entre os anos de 1933 a 1938, quando aposentou-se compulsoriamente. Faleceu no Rio de Janeiro, em 1945.

55 Nascido em Lençóis, Bahia, em 1876, Júlio Afrânio Peixoto foi médico de formação e um escritor contumaz. Foi deputado federal pela Bahia (1924-1930) e reitor da Universidade do Distrito Federal em 1935. Seu livro de estreia foi *Rosa mística* (1900), um drama em cinco atos, livro que o levou a ser eleito à revelia para a Academia Brasileira de Letras. Teve atuação intensa na Academia, tendo sido seu presidente em 1923. Promoveu, junto ao embaixador da França, Alexandre Conty, a doação pelo governo francês do palácio Petit Trianon para a Academia Brasileira de Letras, construído para a Exposição da França no Centenário da Independência do Brasil. Além de escritor de grande prestígio popular no começo do século XX, Afrânio Peixoto consagrou-se como um grande conferencista. Faleceu no Rio de Janeiro, em 1947.

ganhar-me a atenção, ambos recorreram à estratégia de puxarem-me botões do paletó. Até que um desses botões, ficou numa das mãos de Afrânio. De botão em punho, ele como que tomou a atitude de quem pousasse, triunfantemente, para fotógrafo. Senti-me pesaroso com a derrota de Tasso Fragoso: um encanto de pessoa. Um intelectual e tanto. Mas em disputas, um tem que vencer, outro que ser vencido.

Ao referir-me, algum tempo depois, à atitude de Rodolfo Garcia, de quase indiferença pela minha pesquisa na Biblioteca sob seu comando, Meu Pai, de quem Garcia foi contemporâneo, no Recife, informou-me que a indiferença talvez significasse certo desapreço. No Recife, ele se fizera notar por seu desapreço por Alfredo de Carvalho.[56] Um Alfredo de Carvalho, superior aos demais historiadores brasileiros da época, pelo seu conhecimento de línguas: da inglesa, da francesa, da alemã e, até um pouco, da holandesa. Conhecedor de bons livreiros europeus nos quais – rico como era – se supria de livros valiosos e, até raros. Para Alfredo Freyre, Garcia talvez sentisse, em mim, cheiro de um novo Alfredo de Carvalho. Eram amicíssimos, Alfredo de Carvalho e Meu Pai. O que torna seu depoimento acerca de Rodolfo Garcia um tanto suspeito.

Pessoalmente, pareceu-me Garcia extremamente simpático e inteligente. Se é certo não me ter auxiliado em pesquisa de biblioteca, esse auxílio, tão evidente nas bibliotecas europeias e dos Estados Unidos, ainda não se tornara hábito brasileiro. No Recife, entretanto, viria eu a encontrá-lo na Biblioteca Pública do Estado, da parte de

---

56 Alfredo de Carvalho nasceu no Recife, em 1870. Iniciou estudos de Engenharia Civil em Hamburgo, na Alemanha, mas veio a concluir seu curso nos Estados Unidos, na Escola Politécnica da Filadélfia. Participou como auxiliar-técnico nas obras de construção da estrada de ferro de Caruaru, em 1888. Apesar de sua bem-sucedida carreira de engenheiro, consagrou-se também como um brilhante historiador. É autor, dentre outros, dos seguintes livros: *Estudos pernambucanos* (1907), *O Tupi na corografia pernambucana:* elucidário etimológico (1907) *e Anais da imprensa periódica pernambucana de 1821-1908* (1908). Morreu no Recife, em 1916.

seus funcionários atuantes e bons, a começar por Costa,[57] o diretor. Devo particularmente a um deles, facilidades angélicas no meu uso de espaço na mesma Biblioteca, na qual cheguei a criar, entre jovens, futuros pesquisadores. Entre esses jovens, os dois excelentes filhos de Ulysses Pernambucano,[58] José Antônio[59] e Jarbas,[60] os dois Valadares baianos, José[61] e Clarival,[62] Diegues Júnior,[63] Amaro Quintas,[64] Diogo de Mello Menezes,[65] Ivan Seixas.[66]

---

57 Olimpio Costa foi diretor da Biblioteca Pública do estado de Pernambuco.

58 O médico e psiquiatra Ulysses Pernambucano de Mello Sobrinho, primo de Gilberto Freyre, nasceu no Recife em 1892. Ulysses sempre atuou em defesa das minorias marginalizadas, tais como crianças excepcionais, doentes mentais e negros. Fundou a Escola de Psiquiatria Social do Nordeste. Faleceu no Rio de Janeiro, em 1943.

59 Nascido no Recife em 1916, José Antônio Gonsalves de Mello licenciou-se em Direito em 1937. Dirigiu o Instituto Arqueológico, Histórico e Geográfico Pernambucano por 35 anos (1965-2000). Foi presidente do Instituto Joaquim Nabuco (1949-1950), hoje Fundação Joaquim Nabuco. Foi professor de História da Universidade Federal de Pernambuco, aposentando-se em 1977. Sob a influência do seu primo e amigo Gilberto Freyre, esmerou-se no estudo da língua neerlandesa e na investigação da presença holandesa no Brasil. Desses esforços resultou *Tempo dos flamengos* (1947), livro que se tornou um clássico no estudo do tema. Faleceu no Recife, em 2002.

60 Jarbas Pernambucano de Mello seguiu a carreira do pai, formando-se em Medicina e, por meio de concurso, sucedeu-o na cadeira de clínica neurológica da Faculdade de Medicina do Recife, mas faleceu prematuramente.

61 José Antônio do Prado Valadares nasceu em Salvador, Bahia, em 1917 e faleceu no Rio de Janeiro em 1959. Foi jornalista, museólogo, crítico e historiador da arte. É autor de *Museus para o povo* (1946), *Arte brasileira* (1955) e *Estudos de arte brasileira* (1960).

62 Clarival do Prado Valadares nasceu em Salvador, Bahia, em 1918 e faleceu no Rio de Janeiro em 1983. Formado em Medicina, foi poeta, crítico de arte e ensaísta. Publicou em 1967 o ensaio *Riscadores de milagres*. Colaborou na obra coletiva *Gilberto Freyre: sua ciência, sua filosofia, sua arte* com o artigo "Gilberto Freyre: sua influência sobre a formação de médicos brasileiros".

63 O sociólogo Manuel Diegues Júnior nasceu em Maceió, Alagoas, em 1912. Diplomado em Direito, foi autor do estudo *O banguê nas Alagoas*, publicado em 1949 com prefácio de Gilberto Freyre. Foi presidente do Incra e dirigiu o Centro Latino-Americano de Pesquisas em Ciências Sociais. Faleceu no Rio de Janeiro, em 1991.

64 Renomado historiador pernambucano nascido no Recife em 1911, Amaro Quintas foi membro da Academia Pernambucana de Letras e do Instituto Arqueológico, Histórico e Geográfico de Pernambuco. Publicou *O sentido da revolução praieira* (1948) e *Notícias e anúncios de jornal* (1953), este prefaciado por Gilberto Freyre. Faleceu no Recife, em 1998.

65 Diogo de Mello Menezes nasceu no Recife em 1913. Formou-se em Direito pela Faculdade de Direito do Recife e radicou-se no Rio de Janeiro desde 1950. Cunhado de Ulysses Freyre, irmão de Gilberto Freyre, publicou em 1944 o livro *Gilberto Freyre (notas biográficas com ilustrações, inclusive desenhos e caricaturas)*.

66 Ivan Seixas foi um jornalista de enorme expressão no Recife e amigo de Gilberto Freyre.

Mas ao chegar ao Rio, vindo da Alemanha, minha principal preocupação tinha que ser tratar com amigos fraterníssimos – Manuel Bandeira,[67] Rodrigo Mello Franco de Andrade, Prudente de Moraes, neto,[68] Gastão Cruls[69] – de editor que se interessasse pela publicação e edição de um livro quase concluído. A Rodrigo Mello Franco de Andrade, coube, como intelectual e, ao mesmo tempo, como advogado, a precisa articulação no sentido dessa edição. Até que, fui levado pelo incomparável Rodrigo à presença do editor Augusto Frederico Schmidt.[70] Um poeta dentre os mais notavelmente novos do Brasil. Protegido por um padrinho de algum dinheiro, tornara-se o poeta também livreiro e editor. E, além de poeta, de livreiro, de editor, recorde-se que Católico.

Já admirador do poeta, comecei a tomar o pulso do quase certo meu futuro editor. Confiava eu, como autor, em Rodrigo. Quem mais lúcido, mais honesto, mais intelectual do que ele? Foi-me trans-

---

67 O poeta Manuel Carneiro de Souza Bandeira Filho, nascido no Recife em 1886, foi grande amigo de Gilberto Freyre. A pedido do sociólogo, Bandeira escreveu em 1925 o poema "Evocação do Recife", que seria publicado no *Livro do Nordeste*, organizado por Freyre para as comemorações do centenário do *Diário de Pernambuco*. No cinquentenário do nascimento do poeta, em 1936, publica-se o livro *Homenagem a Manuel Bandeira*, no qual aparece o texto "Manuel Bandeira e o Recife". Bandeira é autor de um poema famoso que tem como tema *Casa-grande & senzala*. Em suas idas ao Rio de Janeiro, Freyre se hospedava na casa do poeta, na Rua do Curvelo, em Santa Teresa. Morreu no Rio de Janeiro, em 1968.

68 Prudente de Moraes, neto, nasceu no Rio de Janeiro em 1904. Estudou no Colégio Pedro II e formou-se pela Faculdade de Direito da Universidade do Brasil em 1926. Participou da Semana de Arte Moderna de 1922 e foi um dos fundadores da revista *Estética*, ao lado de Sérgio Buarque de Holanda. Exerceu a atividade de crítico literário em vários jornais. A ele, Gilberto Freyre dedicou o livro *O mundo que o português criou* (1940). Colaborou com o artigo "Ato de presença" na obra coletiva *Gilberto Freyre:* sua ciência, sua filosofia, sua arte. Faleceu no Rio de Janeiro, em 1977.

69 Nascido no Rio de Janeiro em 1888, Gastão Cruls foi grande amigo de Gilberto Freyre. Antropólogo, contista e romancista, foi autor do livro *A hiléia amazônica*. Gilberto Freyre dedica a Cruls a conferência "Uma cultura ameaçada: a luso-brasileira", publicada em livro. Freyre também prefaciou seu livro *Aparência do Rio de Janeiro* (1949). Cruls colaborou na obra coletiva *Gilberto Freyre:* sua ciência, sua filosofia, sua arte com o estudo "Gilberto Freyre e seus guias de cidades brasileiras". Faleceu no Rio de Janeiro, em 1959.

70 O escritor e editor Augusto Frederico Schmidt nasceu no Rio de Janeiro em 1906. Foi crítico literário do *Diário de Notícias*. Adquiriu, por volta dos anos 1930, a Livraria Católica, que pertencia a Jackson de Figueiredo. Em 1931, nos fundos da Livraria Católica, criou a Schmidt Editora. Nela, publicou livros de Afonso Arinos de Melo Franco, Alcindo Sodré, Plínio Salgado, Jorge Amado, Rachel de Queiroz, Gustavo Barroso, Miguel Reale e Gilberto Freyre. Foi assessor de Juscelino Kubitschek quando este foi presidente da República, ficando no comando da Operação Pan-Americana (OPA), que buscava captar investimentos norte-americanos para a América Latina. Morreu no Rio de Janeiro, em 1965.

mitida a proposta. O editor, pelo que lhe pareceu o excepcional valor do livro, propunha-se a ser extremamente rápido em fazê-lo aparecer. Já havia, nos meios intelectuais do Rio, um não pequeno zum-zum sobre o que, publicado, o livro passaria a representar para a cultura em língua portuguesa: nada menos que um impacto de forte originalidade. O autor receberia, durante um ano, uma mensalidade de quinhentos mil-réis. A entrega dos originais devia ser imediata.

O começo de uma dura batalha. Dura e humilhante. O autor passou a apresentar-se, cada vez, ao editor, intelectual, de fato, inteligente, com uma personalidade marcante, uma aparência inconfundível. Gordo. Risonho. Mas, às vezes, fechando a cara como se fosse outra pessoa. Um teste severo para um pernambucano sem vocação de pedinte de favores. O que eu entendia era haver um contrato. Que esse contrato me dava direitos. Mais de uma vez, entretanto, ao ir à Livraria do editor, notei que Schmidt procurava esconder o vasto corpanzil atrás de um não de todo pequeno cofre, com o caixeiro dizendo-me estar o Sr. Schmidt ausente. Fui a Rodrigo. O admirável Rodrigo creio ter sido um tanto áspero com o editor flutuante. Mas já agora lhe estavam sendo entregues originais que impressionaram a inteligência do poeta admirável.

DE VOLTA À FAMÍLIA

Pois, assinado o contrato e já obtido na Biblioteca Nacional parte do material que aí procurei e do zelador dos restos da antiga Faculdade de Medicina do Rio de Janeiro o aparente lixo por mim estranhamente desejado, segui para o Recife. Revi o Recife que deixara em dias trágicos. Masoquistamente, fui ver o que restava da casa da família na Madalena: destroços. Mais uma vez, contive o ódio a vencedores tão mesquinhos. Era preciso que minha atitude fosse a de superação de puro ódio. Acolheu-me a casa vazia do meu irmão, Ulysses,[71] agora casado e em viagem de núpcias. Querido Ulysses. A casa sem ele: só com os móveis que nos havia dado a Mãe[72] sempre tão materna. E o negro nascido ainda na escravidão Manuel Santana.[73] Pessoa da família. Mas da família, a figura máxima, para ele, era a do Doutor. O Doutor, para ele, era eu.

Vi a que chegava, em extensão, o livro por mim elaborado. Excedia os limites previstos. Haveria matéria não para um, mas para dois livros. Tratei de dar ordem imediata a que se in-

---

71   Ulysses Freyre, nascido no Recife em 1899, era irmão de Gilberto Freyre. Ambos moraram juntos na Estrada do Encanamento, onde o jovem sociólogo concluiu a redação de *Casa-grande & senzala*. Faleceu em 1962.

72   A mãe de Gilberto, Francisca de Mello Freyre, nasceu no Recife em 1875. Há um belo texto do sociólogo sobre ela publicado no livro *Dos 8 aos 80 e tantos*, de Alfredo Freyre. Faleceu na capital pernambucana, em 1942.

73   Manuel Santana foi empregado da família Freyre desde os tempos em que Gilberto Freyre morava na casa do Carrapicho até a morte do sociólogo, em 1987.

titulasse *Casa-Grande & Senzala*. Era preciso ser datilografado rapidamente. Foi quando me surgiu o auxílio de um amigo romântico que, na minha ausência, se tornara, pelo casamento, repentinamente rico e da riqueza vinha voltando a ser pobre. Ele e Alice, a esposa, formando um casal absurdo, de tão romântico. Foi esse romântico que passou a datilografar o livro a ser entregue a Schmidt. Revelou-se eficiente. Competente. Rápido. E, ao mesmo tempo, entusiástico. Tanto que, ao findar a tarefa de datilógrafo mágico, começou a escrever uma novela, a base do que aprendera inteligentemente no livro. Inteligentíssimo, esse datilógrafo: Luís Jardim.[74] Não tardaria, aliás, em se afirmar, como ficcionista, um dos maiores escritores novos do Brasil. Outro José Lins do Rego.[75] Outro, embora diferente. Acentue-se não me ter reencontrado com o fraterno Lins no Recife. Estava em Minas Gerais.

Resolvido o problema do datilógrafo da melhor maneira, começaram a chegar ao Rio os originais de *Casa-Grande & Senzala*, sendo entregues, antes de chegarem ao editor, a dois amigos que de início se mostraram de todo identificados com a obra para eles originalíssima: Manuel Bandeira e Rodrigo Mello Franco de Andrade. Foram os primeiros leitores de *Casa-Grande & Senzala* depois de Luís Jardim.

---

74 O pintor Luís Jardim nasceu em Garanhuns, Pernambuco, em 1901. Ilustrou o poema *Bahia*. Acompanhou a elaboração da primeira edição de 105 exemplares do *Guia prático, histórico e sentimental da cidade do Recife* (1934), para a qual fez desenhos. Ilustrou, selecionou e prefaciou *Artigos de jornal* (1935), terceiro livro publicado por Freyre. Na Livraria José Olympio Editora, acabou se tornando o principal capista e ilustrador, inclusive de livros de Gilberto Freyre. Faleceu no Rio de Janeiro, em 1987.

75 José Lins do Rego foi um dos maiores amigos de Gilberto Freyre. O romancista e ensaísta paraibano, nascido no município de Pilar em 1901, iniciou sua carreira de escritor aos 22 anos, publicando artigos em suplementos literários. Conheceu Gilberto Freyre em 1923. Seu primeiro livro, *Menino de engenho* (1932) recebeu Prêmio da Fundação Graça Aranha. Prefaciou o livro *Região e tradição* (1941), de Freyre, no qual afirmou ter sido fortemente influenciado pelo amigo pernambucano em sua escrita ficcional. Em 1935, passou a residir no Rio de Janeiro, onde exerceria o cargo de fiscal do imposto de consumo. Morreu no Rio de Janeiro, em 1957.

Note-se que parte importante dos originais, levada do Recife ao Rio pela Professora Paes Barreto,[76] que viajaria em vapor, ao passar ela ao vapor, encostado no cais, caiu no mar. Não havia cópia. Recuperou esses originais um bom marinheiro.

O que veio a ser a publicação de *Casa-Grande & Senzala*, em dezembro de 1933 é fato escancaradamente público. Jornalístico. Está em noticiários. Em crônicas. Em pronunciamentos de críticos da importância decisiva de Roquette-Pinto[77] e de João Ribeiro.

Aqui o que toca ao autor é, à maneira do que se faz nos diários, extrair alguma coisa de pessoal, de íntimo e, até, de confidencial à margem de acontecimento tão público. O acontecimento público que se cuide como acontecimento público. O íntimo coexiste com o público de maneira de todo pessoal e quase independente do público.

Ao autor surpreendeu o êxito imediato do livro. Não que não confiasse na sua criação. Confiava. Mas a receptividade brasileira a arrojos, a audácias, a antecipações do autor poderia não ter sido, como foi, tão imediata e generalizada.

Inclusive quanto à abordagem da presença do sexo na formação brasileira. Quanto à importância atribuída à família pa-

---

76 Anita Paes Barreto nasceu no Recife em 1907. Concluiu o Curso Normal em 1924. Foi nomeada no ano seguinte professora primária do estado de Pernambuco, recebendo a tarefa espinhosa de ministrar a disciplina "Educação de crianças anormais". Foi chamada por Ulysses Pernambucano para trabalhar no Instituto de Psicologia de Pernambuco, criado por ele em 1925. Foi secretária de Educação do estado de Pernambuco no governo de Miguel Arraes (1963-1964).

77 O antropólogo Edgard Roquette-Pinto nasceu no Rio de Janeiro em 1844. Formou-se em Medicina pela Universidade do Brasil em 1905. Foi professor-assistente de Antropologia, do Museu Nacional. Lecionou História Natural na Escola Normal do Rio de Janeiro e Fisiologia na Universidade Nacional do Paraguai. Foi membro do Instituto Histórico Geográfico Brasileiro e da Academia Brasileira de Letras. Escreveu várias obras de grande importância para a compreensão das sociedades indígenas, como *Guia de antropologia* (1915), *Rondônia* (1916) e *Ensaio de antropologia brasileira* (1933). Roquete-Pinto escreveu o artigo "Casa-grande & senzala" no *Boletim de Ariel,* ano 3, nº 05, de fevereiro de 1934. O mesmo artigo foi reproduzido em *O Jornal*, no Rio de Janeiro, no dia 18 do mesmo mês daquele ano. O crítico João Ribeiro publicou sua resenha de *Casa-grande & senzala* no *Jornal do Brasil* de 31 de janeiro de 1934. Ambos os textos estão presentes na obra *Casa-grande & senzala e a crítica brasileira de 1933 a 1944,* livro organizado por Edson Nery da Fonseca e publicado em 1985 pela Companhia Editora de Pernambuco. Faleceu no Rio de Janeiro, em 1954.

triarcal nessa formação. No destaque do seu modo de ter sido de tal modo endogâmica que chegou a ser, por vezes, quase incestuosa. Na sua assimilação de contribuições afronegras, indígenas, primitivistas ao complexo familial inovadoramente brasileiro e inovadoramente luso-cristão que desenvolveu.

Claro que viriam agressões violentas em torno de tais reinterpretações. Acusação de livro obsceno e, até, pornográfico. Estranhezas quanto à linguagem franca, por vezes crua, por vezes, nada convencionalmente erudita de tão cheia de primitivismo, de plebeísmos, de infantilismos, de intimismos. Chula, considerou-a crítico ilustre: Afonso Arinos de Mello Franco.[78]

Se me pedirem para resumir do surto inovador, o que me parece ter sido mais característico na aplicação de ciência social como que total à análise e a interpretação também como que totais, de um passado social nacional – no caso o brasileiro – representado pelo livro *Casa-Grande & Senzala*, direi que esse característico me parece ter residido na sua maneira de ter procurado ser análise, interpretação, síntese muito mais de intimidades quase ocultas que de aparências ostensivas. Intimidades representadas por primitividades, infantilidades, feminilida des até então sufocadas, em estudos psicossociais, em torno de sociedades nacionais, por machismos, adultosismos, civilizacionismos intolerantes dessas outras expressões de vida, mais instintivas que racionais. O relevo dado a essas intimidades submersas foi, talvez, antecipação absoluta de *Casa-Grande & Senzala*.

---

78 Nascido em Belo Horizonte em 1905, Afonso Arinos de Mello Franco foi jurista, político, crítico e historiador. Escreveu um artigo sobre *Casa-grande & senzala* que foi republicado em *Casa--grande & senzala e a crítica brasileira de 1933 a 1944*. Afonso Arinos foi professor de História da Civilização Brasileira na Universidade do Distrito Federal, entre 1936 e 1937. Lecionou também em Buenos Aires e na renomada Universidade de Sorbonne, na França. Foi também professor de História do Instituto Rio Branco, preparatório para a carreira diplomática. Foi deputado federal por Minas Gerais ao longo de três legislaturas (1947-1958) e também senador da República, eleito em 1958. Fez parte do governo do presidente Jânio Quadros. Seria eleito senador novamente em 1988, tomando parte ativa na elaboração do projeto da Constituição Federal aprovada naquele ano. Escreveu, dentre outras obras históricas e políticas, *História das ideias políticas no Brasil* (1972). Faleceu no Rio de Janeiro, em 1990.

Cartaz do 1º Congresso Afro-Brasileiro realizado em 1934, no Teatro Santa Isabel, no Recife.

Agora mesmo, ao ler recentemente número de Daedalus,[79] o do Verão de 84 – daquela Academia Americana de Artes e Ciências de Boston, da qual muito me envaideço de ter sido aclamado membro brasileiro ao lado de Oscar Niemeyer,[80] vejo que o tema escolhido para esse número foi principalmente este: antecipações. E constato que entre as antecipações estão equivalentes psicossocialmente exatas das que fizeram do livro brasileiro, agora cinquentenário, uma como que antecipação total no universo de ciência social aplicada. Por exemplo: quanto a reconhecer-se na figura de um *Adultlike Child*" completada pela de um *Childlike Adult*" um complexo digno de estudo. Outros exemplos: quanto a "Variable Literacies". Quanto a "the Cosquistador and the Dark Continent: Reflexions on the Psychology of Love" parece consagrar outra antecipação que distinguiu *Casa-Grande & Senzala*.[81]

Se, como sugere o prefaciador desse excelente grupo de ensaios, há, na cultura contemporânea, um "overall Merging of childhood and adulthood", o Brasil pode ser considerado como tendo sido, como o apresenta *Casa-Grande & Senzala*, antecipação desse, como de outros mistos. Primitividade e civilidade. Unidade nacional e diversidade regional. A atual voga de regionalismos, como desejáveis, quando criativos, o Brasil também

---

79 A revista *Daedalus* é um prestigioso periódico científico fundado em 1955 pela Academia Americana de Artes e Ciências.

80 O arquiteto Oscar Niemeyer Soares Filho nasceu em 1907 no Rio de Janeiro. Formou-se pela antiga Escola Nacional de Belas Artes. Fez parte do grupo liderado por Lúcio Costa que, sob a orientação do arquiteto franco-suíço Le Corbusier, projetou a sede do Ministério da Educação e Saúde (atual Palácio Gustavo Capanema). A convite de Juscelino Kubitschek, então prefeito de Belo Horizonte, Niemeyer projetou um conjunto arquitetônico para o bairro da Pampulha. Em 1956, começou a projetar edifícios públicos para Brasília, a nova capital federal ansiada por Juscelino Kubitschek. Em 1972 abriu um escritório em Paris. Realizou grande número de projetos fora do Brasil, como a sede do Partido Comunista Francês, em Paris, em 1967, e no ano seguinte a sede da Editora Mondadori, em Milão.

81 Freyre refere-se aqui aos artigos "The adultlike child and the childlike adult: socialization in an eletronic age", por Joshua Meyrowitz, "Interpretive commmunities and variable literacies: the functions of romance reading", escrito por Janice Radway, e "The conquistador and the dark continent: reflexions on the psychology of love", de Carol Gilligan, todos publicados na revista *Daedalus* do verão de 1984.

a precedeu.[82] É outra das antecipações do livro *Casa-Grande & Senzala*.

Lembra-se o autor desse livro que dele muito se insinuou, no Brasil, ao surgir de modo impetuoso, que o ímpeto era apenas em termos brasileiros. Pois, em termos universais, já havia livros noutras línguas, que teriam sido, seus modelos. Seria simples aplicação ao Brasil de um desses métodos. Aplicação de um objetivo e aplicação de um método já em voga fora do Brasil. Entre os críticos brasileiros do livro, o próprio Gilberto Amado[83] foi o que destacou: que *Casa-Grande & Senzala*, fazia-se notar por método, em voga no estrangeiro, que o autor teria tido o mérito de introduzir no Brasil.

Nada menos exato. As mais idôneas reações estrangeiras ao livro, como, na Europa, a do francês Roland Barthes[84] e a do Inglês Lord Asa Briggs,[85] e nos Estados Unidos, a de Waldo Frank[86]

---

82 Em 1923, ao voltar ao Recife após temporada de estudos nos Estados Unidos e ter feito o périplo europeu, Freyre se deparou em sua terra natal com uma série de práticas e costumes regionais que, segundo ele, encontravam-se em decadência e cediam lugar a modos de vida "estrangeirados". Como reação, Freyre escreveu no *Diário de Pernambuco* vários artigos apontando o declínio das tradições que seriam características do Nordeste brasileiro. Fundou no Recife, em 1924, o Centro Regionalista do Nordeste, na rua do Paissandu, número 382, onde morava seu amigo Odilon Nestor. Em 1926, Gilberto Freyre organizou na capital pernambucana o Congresso Brasileiro de Regionalismo. É de autoria de Freyre o *Manifesto regionalista*, um texto que teria sido lido por ele durante o Congresso, mas que somente foi publicado em 1952.

83 Grande amigo de Gilberto Freyre, o escritor Gilberto Amado nasceu no município sergipano de Estância em 1887 e foi um homem de vários talentos e atividades. Formado em Direito no Recife, em 1909, Amado foi diplomata, político, jornalista, ensaísta, memorialista, romancista, poeta e professor. Prefaciou a obra coletiva *Gilberto Freyre: sua ciência, sua filosofia e sua arte*. *Ordem e progresso*, obra de Gilberto Freyre de 1959 que compõe a sua trilogia da história da sociedade patriarcal no Brasil, traz uma dedicatória a Amado. Faleceu no Rio de Janeiro, em 1969.

84 Roland Barthes escreveu a respeito da obra-mestra de Freyre o artigo "Maîtres et esclaves", publicado em *Lettres Nouvelles*, Paris, 1953. Esse texto foi republicado numa edição das obras completas de Barthes, em 1993.

85 Nascido em 1921 em Yorkshire, norte da Inglaterra, o historiador Asa Briggs foi professor nas Universidades de Oxford e Leeds e reitor da Universidade de Sussex. Escreveu diversos trabalhos sobre a história da Inglaterra da época vitoriana. É autor do artigo "Gilberto Freyre e o estudo da História Social", publicado na obra coletiva *Gilberto Freyre na UnB* (1981).

86 O escritor e historiador norte-americano Waldo Frank nasceu em 1889 em Long Branch, New Jersey. Foi colaborador do *New Yorker* nos anos 1920 sob o pseudônimo "Search-light". Morreu no estado de Nova York em 1967.

e a de Frank Tannenbaum,[87] foi o que tornaram claro: não ter *Casa-Grande & Senzala*, nenhum precedente europeu ou estadunidense sob qualquer aspecto. Seu método, uma nada ortodoxa mistura de métodos aplicados, em conjuntos inter-relacionados, criativamente ao Brasil. Sua linguagem, uma nada ortodoxa repulsa a jargões acadêmicos em qualquer especialidade científico-social. Nenhum purismo científico. Constante expressão literária. E uma também constante adoção de termos infantis, femininos, cotidianos, primitivos, a quebrar o nada seguido exclusivismo da expressão acadêmica. Ao contrário: a expressão acadêmica muito mais superada do que seguida. Nada passivamente adotada. Originalidades que não poderiam deixar de ser reconhecidas.

Daí poder estranhar-se que recente prêmio por originalidade ou criatividade em Ciências Sociais em conjunto, ter sido recentemente dado, tendo por base, estranho parecer do Professor Daniel Bell,[88] a europeu ianquizado de algum contacto com o Brasil, exatamente pelo fato de não seguir ele um método científico-social exclusivo, porém uma mistura deles e por exprimir-se, não em jargão acadêmico, mas em linguagem atraentemente literária.

O que representou usurpação de direito que de todo cabia ao autor de *Casa-Grande & Senzala*. Nunca ao mestre respeitável que é Daniel Bell faltou, de modo tão grave, a consideração abrangente de um assunto para o efeito de decisão sobre uma láurea acadêmica estadunidense. Devido a tais falhas é que julgamentos nes-

---

87 Nascido na Áustria em 1893, Frank Tannenbaum foi professor de História da América Latina na Universidade de Colúmbia entre 1935 e 1942. É autor do livro *Slave and citizen*: the negro in the Americas, publicado em 1947. Escreveu a introdução à edição norte-americana de *Casa-grande & senzala* (*The masters and the slaves*) e criou os seminários interdisciplinares da Universidade de Colúmbia, os quais serviram como modelo para o Seminário de Tropicologia organizado por Freyre na Fundação Joaquim Nabuco, atualmente realizado na Fundação Gilberto Freyre. Morreu em Nova York, em 1969.

88 O sociólogo norte-americano Daniel Bell nasceu em Nova York em 1919. Foi professor de Sociologia da Universidade de Colúmbia entre os anos de 1959 e 1969. Dedicou-se à análise das contradições do capitalismo. Entre seus livros, destacam-se *Marxian Socialism in America* (1952) e *The cultural contradictions of capitalism* (1976). Recebeu o título de professor emérito da Universidade de Harvard.

se setor estão crescentemente desacreditados. O exemplo supremo talvez seja o do Nobel de Literatura. O de suecos tão paroquialmente subeuropeus, em suas perspectivas de panoramas culturais contemporâneos. O Brasil sucessivamente inexistente, para eles, a despeito de escritores brasileiros de vigor criativo, nos últimos trinta anos, de um Nelson Rodrigues, de um Manuel Bandeira, de um Carlos Drummond de Andrade,[89] de um José Lins do Rego, de um Guimarães Rosa.[90]

---

[89] Poeta e prosador, Carlos Drummond de Andrade foi autor de obras que tratam de temas do cotidiano e que são marcadas por humor, ironia e ceticismo. Dentre sua obra poética, destacam-se *Sentimento do mundo* (1940), *José* (1942), *A rosa do povo* (1945), *Claro enigma* (1951) e *Fazendeiro do ar* (1955). Compôs um singelo poema intitulado "A Gilberto Freyre", incluído na atual edição de *Casa-grande & senzala* publicada pela Global. A ele, Freyre dedicou seu livro *Talvez poesia* (1962). Morreu no Rio de Janeiro, em 1987.

[90] João Guimarães Rosa nasceu em Cordisburgo, Minas Gerais, em 1908, e faleceu no Rio de Janeiro, em 1967. É um dos maiores escritores da literatura brasileira. Formado em Medicina, exerceu inicialmente a profissão na zona rural de seu estado, mas acabou abraçando a carreira diplomática. Sua estreia literária ocorreu em 1946 com *Sagarana* e surpreendeu a crítica com uma linguagem particular. Dez anos depois, publicaria *Corpo de baile* e, logo em seguida, *Grande Sertão: Veredas*. Em 1962, publicou *Primeiras estórias* e no ano seguinte foi eleito membro da Academia Brasileira de Letras.

COMENTÁRIOS QUASE EQUIVALENTES DE UM DIÁRIO

O que está nestes comentários é, decerto, muito mais pessoal que impessoal. Quase equivalentes de um diário. Mas sem deixar de ter alguma coisa de objetivo que contém extremos de personalização.

Um alguma coisa de objetivo que poderia estender-se à consideração do que o autor de *Casa-Grande & Senzala* poderia confessar, como se falasse confidencialmente a um diário, do que tem sido alvo de discriminação, como escritor, como intelectual, como possível pensador brasileiro, de desapreço, de desatenção e, até, de hostilidade, da parte do Itamarati.

Um Itamarati, com relação ao grande Villa-Lobos,[91] dos nossos dias, tão diferente do que foi, o dos dias magníficos do

---

91 Heitor Villa-Lobos foi um dos compositores mais originais do século XX. Iniciou sua produção musical em 1913 e, no ano seguinte, compôs a *Suíte floral* e *Danças africanas*, obras que impressionaram pela sua originalidade. Teve atuação destacada na Semana de Arte Moderna de 1922. Mudou-se em 1923 para Paris, onde alcançou considerável sucesso. As *Bachianas* e os *Choros* são composições singulares de sua produção e constituem as partes mais conhecidas de sua obra. Morreu no Rio de Janeiro, em 1959.

Barão do Rio Branco,[92] para com Santos Dumont,[93] Rui Barbosa,[94] Joaquim Nabuco.[95] Para com o próprio e difícil Euclides da Cunha.[96] Para com o próprio e difícil Oliveira Lima. Um Itamarati atento à diplomacia cultural. Atento à promoção cultural de personalidades brasileiras de expressão literária por parte, menos diretamente, de poderes oficiais, do que possa ser ação indireta desses poderes em momentos favoráveis a essa espécie de ação.

---

92 José Maria da Silva Paranhos Júnior, o barão do Rio Branco, nasceu no Rio de Janeiro, em 1845. Estudou no Imperial Colégio de D. Pedro II e bacharelou-se em Direito no Recife, em 1866. Em 1876, assumiu o cargo de cônsul em Liverpool, Inglaterra. No governo Rodrigues Alves, assumiu a pasta das Relações Exteriores, na qual permaneceu até seu falecimento. Presidente perpétuo do Instituto Histórico e Geográfico Brasileiro e membro da Academia Brasileira de Letras, o barão do Rio Branco morreu no Rio de Janeiro, em 1912.

93 Alberto Santos Dumont nasceu em 1873 na fazenda de Cabangu, perto de Palmira, atual Santos Dumont, Minas Gerais. Foi o pioneiro da navegação aérea com veículos mais pesados que o ar. Realizou o primeiro voo mecânico do mundo com o *14-Bis*, no Campo de Bagatelle, em Paris, no dia 23 de outubro de 1906. Por decreto de 19 de outubro de 1971, foi proclamado patrono da Força Aérea Brasileira. Suicidou-se no Guarujá, em 23 de julho de 1932.

94 Político e jurisconsulto, Rui Barbosa nasceu em Salvador, em 1849, e formou-se pela Faculdade de Direito de São Paulo em 1870. Com a proclamação da República em 1889, ocupou a pasta da Fazenda. Estabeleceu uma política financeira marcadamente industrialista, programa que foi interrompido pela demissão coletiva do Ministério, em 1981. Foi eleito senador no mesmo ano pelo estado da Bahia, cargo que ocupou até o seu falecimento em Petrópolis, em 1923. Foi nomeado pelo presidente Afonso Pena para ser o chefe da delegação brasileira da II Conferência da Paz, reunida em Haia, em 1907, ocasião em defendeu arduamente o princípio da igualdade das nações.

95 Joaquim Nabuco nasceu no Recife, em 1849, tendo feito as humanidades no Colégio Pedro II, no Rio de Janeiro. Iniciou o curso de Direito em São Paulo, mas concluiu-o no Recife. Em 1876, ingressou na carreira diplomática, tendo sido nomeado adido à Legação brasileira em Washington. Como deputado federal por sua terra natal, procurou intensamente trabalhar pela abolição da escravatura no Brasil. Escreveu uma biografia de seu pai, o conselheiro José Tomás Nabuco de Araújo, *Um estadista do Império* (1896). Seu livro de memórias, *Minha formação* (1900), notabilizou-se pelo retrato pormenorizado da história social do período por ele abordado. No centenário de seu nascimento, Gilberto Freyre, na época deputado federal por Pernambuco, apresentou projeto de lei que deu origem ao Instituto Joaquim Nabuco de Pesquisas Sociais, hoje Fundação Joaquim Nabuco. Freyre escreveu dois prefácios para a edição de *Minha formação*, publicada pela editora da Universidade de Brasília. O sociólogo também é autor do prefácio de *Iconografia de Joaquim Nabuco* (1975). Joaquim Nabuco faleceu em Washington, em 1910.

96 Euclides da Cunha nasceu no município carioca de Santa Rita do Rio Negro, em 1866. Diplomou-se em Engenharia Civil, mas foi o trabalho como jornalista que lhe deu destaque. Foi encarregado pelo jornal *O Estado de S. Paulo* de acompanhar como observador o movimento chefiado por Antônio Conselheiro no Arraial de Canudos, no sertão baiano. Dessa atividade de "correspondente" resultou seu livro *Os sertões* (1902). Foi membro da Academia Brasileira de Letras. Foi assassinado no subúrbio carioca de Piedade, no Rio de Janeiro, em 1909. Sobre Euclides da Cunha, Gilberto Freyre escreveu o livro *Perfil de Euclydes e outros perfis* (1944).

CONTINUA O REGISTRO DE RECOMEÇOS DE UM HOMEM QUASE DE REPENTE DESTRUÍDO

A década trinta, tendo sido a da publicação do livro *Casa--Grande & Senzala*, constituiu, para o seu autor, um não pequeno triunfo para um seu recomeço como escritor, depois de quase destruído. Nesse livro estava projetado esse homem quase destruído. Livro autobiográfico é livro quase pessoa.

Casa-Grande & Senzala foi como se afirmou: como uma quase pessoa a afirmar-se sob aspecto novo. Essa quase pessoa, a animar, de tal modo, um livro que o impediu de ser livresco, ou abstrato. Ou convencionalmente hipócrita.

Nestas páginas de um equivalente de diário que continue o que, até 30, foi ortodoxamente um diário, cabe ao autor exprimir-se um tanto como se estivesse confiando a um diário reflexões pessoais. As confidências que um autor pode transmitir a um equivalente de diário como se conversasse com alguém de sua maior intimidade. O equivalente de um diário permite, a quem o escreve, conversar com um seu outro eu como se fosse outro eu que pudesse consolá-lo de um desapontamento, aliviá-lo de uma angústia, reorientá-lo sobre um assunto dramático.

Creio que devo minha inclinação a esse desdobramento do meu eu e a um convívio com ele, ao fato de, a certa altura da minha formação religiosa, essa formação ter deixado de ser a convencionalmente católica romana, para tomar aspectos individualmente protestantes ou evangélicos. Parte do que, na minha formação geral, foi anglo-saxonização a superar a latinidade absoluta do seu início.

Aprendi, de minha curta aventura protestante, a conversar com Deus e com Cristo e, fora do protestantismo e conservando-me católico em ponto essencial, com Maria, Mãe de Deus, em voz de conversa e em improvisos os mais espontâneos. Deixei de rezar repetindo rezas tradicionais. E usando palavras da minha própria escolha. Palavras de cristão em conversa, a mais íntima, com Deus.

Penso que não faria o mesmo se as Escrituras em português fossem o que são em língua inglesa: expressão literária da melhor. E não traduzidas em português inexpressivamente medíocre.

Essa questão da linguagem em que o homem se comunica com Deus me parece de uma extrema importância. Questão que levou Lutero[97] a revoltar-se contra a Igreja, enriquecendo a língua alemã com palavras que ele genialmente escreveu. O protestante alemão, graças a Lutero, pode comunicar-se com Deus em língua literária alemã da melhor. Da mais castiça.

Pena não ter o grande Antônio Vieira[98] reescrito em português as Escrituras usando, inclusive brasileirismos. Usando afrone-

---

97 Martinho Lutero foi o líder da Reforma, movimento de cunho religioso que, no início do século XVI, culminou na formação do protestantismo. Nascido em 1483 em Eisleben, na Alemanha, Lutero bacharelou-se em Artes na Universidade de Erfurt, em 1505 e, em seguida, optou por seguir a vida religiosa no convento daquela cidade. Em 1517, em desacordo com a venda de indulgências realizada pela Igreja Católica, Lutero afixou na porta da igreja do castelo de Wittenberg as 95 teses que escrevera contra a prática. Nos tratados de sua autoria que serviram de base para o luteranismo, afirmou que o homem poderia salvar-se apenas pela fé, negou a autoridade de Roma e clamou pela livre interpretação das Sagradas Escrituras. Concluiu em 1534 a tradução da Bíblia para o alemão que, assim como seus salmos e hinos, teve papel central na constituição da língua alemã. Faleceu em Eisleben, em 1546.

98 O padre Antônio Vieira nasceu em Lisboa, Portugal, em 1608. Em 1635, já no Brasil, após estudar no Colégio dos Jesuítas na Bahia, ordenou-se sacerdote e passou a exercer a função de pregador. A partir de 1638, começou a pronunciar seus mais célebres sermões. De volta à Portugal, tornou-se próximo do rei D. João IV. Retornou ao Brasil em 1652 como missionário no Maranhão. Foi preso pela Inquisição em 1665, e em 1667 recebeu a sentença que o proibia de pregar a respeito de determinadas matérias. Morreu aos 89 anos na Bahia, em 1697, sendo uma das maiores figuras da literatura de língua portuguesa.

grismos. Indigenismos. Imagine-se versão luso-brasileira dos Cânticos dos Cânticos. Uma tropicalização brasileira de sensualidade oriental. Formas de mulher bonita exaltadas em português o mais volutuosamente brasileiro.

Longe de ser um Vieira no meu domínio sobre a língua portuguesa abrasileirada, quando, cada noite, converso com Deus ou com Cristo ou com Maria, como se conversasse com amigos íntimos, as palavras que uso são as mais tropicais, as mais telúricas, as mais ecologicamente brasileiras. Não que me repugne o latim, de vogais as mais doces de Igreja e que aprendi com Meu Pai. Algum desse latim consta das minhas conversas com Deus conforme os assuntos. Devo recordar ter tido pai latinista que duas vezes ouvi conversar em latim como se conversasse em português. Uma, com um capuchinho erudito, enviado do Vaticano, que passou alguns dias em Pernambuco. Como o alegrou conversar em latim com Meu Pai! A outra vez, no Rio de Janeiro: conversa em latim do velho Freyre com o também velho alemão – humanista perfeito – que lhe reajustara o braço quebrado.

Quando, conversando com Deus, abordo assuntos sexuais, que palavras uso para designar fatos dessa espécie? Só as eruditas? Só as elegantes? Só as cerimoniosas?

Devo dizer que não. Por vezes, decido que Deus prefere que, como seu íntimo, seu amigo, seu confidente, os termos relativos a coisas de sexo sejam os cotidianos e até, dentre os cotidianos, os mais crus. Caralho, por exemplo. Não há sinônimo da palavra "caralho" que diga o que diz, pura e cruamente, "caralho".

O mesmo quanto a foda: foda é foda. Boceta é boceta. Enrabar é enrabar. Em tais casos, todos os substitutos são artificializações hipócritas de que, quem conversa com Deus sobre tais assuntos, precisa usar os termos mais crus como os mais expressivos. Os mais reais.

Por que substituí-los, com conversas com Deus, por palavras pudicas? Quem conversa com Deus de modo espontâneo, pessoal, íntimo, precisa de ver em Deus um amigo de tal modo onisciente que seria grotesco, da parte de um ser humano, pretender ser cerimonioso, casto nas palavras, elegante nas expressões. O certo é usar o próprio termo obsceno. O próprio palavrão. A própria pornografia. Ou isto ou fechar-se quem conversa com Deus a assuntos sexuais como se fossem indignos de uma conversa verdadeiramente amiga com Ele. Nenhum assunto, em tais conversas, pode ser censurado. Nenhuma expressão.

A década trinta – o fim da década – marcou a minha maior alegria: meu reencontro com meus pais, depois do que houve de terrível, com eles e comigo, no começo da década. Encontrei neles virtudes que não descobrira antes. Bravura diante de desventuras tremendas sublimada numa atitude de quase santos.

Quando, na chamada "Festa do Carrapicho" – Carrapicho, a casa do meu irmão Ulysses que, antes de ele, romanticamente casar-se, com uma prima que raptou como se fosse herói de novela, fora a nossa *garçonnière* de solteiros – houve, em 1931, uma grande festa, promovida por bons e queridos amigos do Recife, para comemorarem a conclusão, nessa mesma época, do livro *Casa-Grande & Senzala*, surgiu, nessa festa de fantasia – fantasias de personagens de Casa-Grande e de Senzala – o velho Freyre, radiante de alegria, fantasiado de frade capelão. Comoveu-me essa alegria. Soube que minha Mãe, embora não o acompanhasse, o estimulou. Pareceu-me que a conclusão do livro do filho, estava fazendo que eles readquirissem a capacidade de se alegrarem. O fato, repito que comoveu-me.

Comoveu-me a festa pelo que nela foi uma espontaneidade transbordante. Houve outra fantasia de frade, em competição com a de Meu Pai, a do sempre belo, elegante, na aparência, quase outro Nabuco, Edgar Altino.[99] Sua esposa, a linda Dainha, de sinhazinha ou sinhá de casa-grande. Outras sinhazinhas bonitas: Lourdes Souza Leão,[100] mais bonita do que nunca. As duas muito elegantes Gibson: Carmelita e Iaiazinha. Sinhás quase como se não estivessem fantasiadas mas encarnando papéis que teriam sido os seus em tempos de suas mães. Ulysses Pernambucano, de menino de engenho (que falta, a de José Lins do Rego!). Artur de Sá,[101] de feitor. Olívio Montenegro,[102] de índio. Luís Seixas,[103] de senhor de casa-grande, Nair, a esposa, de senhora. De senhora, Adélia Pinto.[104] Senhorial. Mas também Lia Chaves.[105] Antiógenes,[106] de senhor. Pintada de mucama, a sempre encantadora Albertina Pernambucano.[107] Mucama, também, a aliás portuguesa, Alice Jardim.[108] Bebé Seixas, de colomim. Luís Jardim, de fidalgo opulentamente rico.

A propósito, seja aqui recordado de ter a presença de Luís Jardim nessa festa esplendorosa, marcado sua última exibição de homem, por algum tempo, graças ao casamento com a linda Alice, filha de português opulento, de sobrado da Rua da Aurora, como esbanjador de fortuna. Nunca um homem do Recife esbanjou tão ostensiva e

---

99 Edgar Altino foi médico no Recife.

100 Lourdes Souza Leão foi namorada de Gilberto Freyre.

101 Artur de Sá, amigo pessoal da família Freyre, foi médico-otorrinolaringologista no Recife.

102 O paraibano Olívio Montenegro nasceu em Alagoinha, em 1896, mas viveu no Recife durante boa parte da sua vida. Formou-se em Direito no Recife, onde foi juiz. Foi professor de Sociologia no Colégio Estadual de Pernambuco e na Faculdade de Filosofia da Universidade do Recife. Escreveu artigos para o *Diário de Pernambuco*. A ele, Freyre dedicou o livro *Artigos de jornal*. O mestre de Apipucos também prefaciou o livro *O romance brasileiro:* suas origens e tendências (1938), de autoria de Olívio, publicado na Coleção Documentos Brasileiros, dirigida por Gilberto Freyre na Livraria José Olympio Editora. Morreu no Recife, em 1962.

103 Luís Seixas, comerciante, era filho de Ivan Seixas e foi grande amigo de Gilberto Freyre.

104 Adélia Pinto era mulher muito presente na alta roda recifense nos anos 1930 e chegou a escrever uma autobiografia intitulada *Um livro sem título* (1962).

105 Lia Chaves era esposa de Antiógenes Chaves.

106 Antiógenes Chaves era advogado no Recife, tendo realizado alguns serviços jurídicos pessoais para Gilberto Freyre, de quem era grande amigo e compadre.

107 Albertina Pernambucano era esposa do médico e psiquiatra Ulysses Pernambucano, ambos primos de Gilberto Freyre.

108 Alice Jardim era esposa de Luís Jardim.

rapidamente uma bela fortuna. Ao vir à festa comemorativa do livro que ele fidalgamente datilografou de graça, ninguém se apresentou com fantasia de tanto luxo. Ninguém bebeu mais *champagne*. Nem riu com tanta alegria. Nem mostrou mais regozijo com o acontecimento que se festejava. Isto sem ainda ser o autor de *Maria Perigosa*: páginas notáveis pela graça literária. Nem o ilustrador admirável do futuro *Guia Prático, Histórico e Sentimental da Cidade do Recife*.

Nunca, numa festa do Recife, nem mesmo na oferecida pelos Condes Pereira,[109] do Recife, aos passageiros ilustres da primeira viagem do Zeppelin à América do Sul – um deles, Infante da Espanha – correu tanto *champagne*. Nunca uma comemoração, fosse do que fosse, realizada na não de toda virtuosa ou casta ou puritana capital de Pernambuco, bebeu-se tanto vinho, acompanhado de tanto presunto, tanto peru, tantos quitutes, tantos doces finos e tradicionais, tanta comida afro-brasileira. Nem houve tanto descontraído abraçar e beijar. Pelo que se compreende que a não de todo puritana Adélia Pinto tenha se sentido escandalizada diante de excessos que teria visto. Os quais parece que só vieram a acontecer quando o dia seguinte já amanhecendo. Manuel Santana comentou, nesse dia seguinte, que em toda sua vida de negro nascido nos dias da escravidão e sempre ligado ao para ele único perfeito Doutor, nunca vira tanta alegria, tanto beijo, tanto abraço.

Só que na festa houve um escândalo. Houve um mistério. Que terá sido? Algum flagrante de ato sexual dos impressionantes, raros, inesperados? Adélia Pinto não era nenhuma puritana para desmaiar ante um simples coito dos normais. Terá sido um coito anal entre verdes de um jardim tropical? Ou felação? Nunca se apuraria. O que se sabe é que, passeando pelo jardim, para respirar melhor, Adélia Pinto desmaiou ante o que viu. Foi preciso que Luís Seixas a amparasse.

---

109 Conde Pereira Carneiro era homem muito rico do Recife e adquiriu seu título de conde comprando-o junto à Santa Sé.

76

Que terá sido? Seixas afirma não ter visto o que Adélia tinha acabado de ver. A quase confirmação de ter acontecido qualquer coisa de espantoso foi a do velho negro velho, tão da casa do Carrapicho, Manuel Santana. Mas quando interrogado sobre pormenores, fechou a cara. Quando adotava silêncios quase de inglês, Manuel Santana era absoluto. Apolíneo. O *champagne* teria agido sobre convivas da festa supra-alegre e feito dois deles irem a extremos a que não teriam se afoitado sem o vinho famoso os ter transtornado.

O autor festejado, de certa altura em diante, deixou de lembrar-se de quem beijou e por quem foi beijado. Ou cheirado – na época ainda havia muito cheiro. Cheiro quase mais sensual que beijo de boca. Só que o autor de *Casa-Grande & Senzala* se sentiu mais querido do que pensou que fosse possível acontecer a um homem na sua própria cidade. E essa cidade um Recife famoso por não ser tão efusivo como Salvador ou o Rio. A festa foi como uma negação de que ninguém é profeta na sua terra. Os convivas festejaram um livro que não tinham lido. Mas no qual confiavam por uma espécie de fé.

Era um livro a se fazer adivinhar pessoalmente num autor de carne e osso em quem se podia tocar. Que podia ser beijado, cheirado, apalpado, abraçado. Pois nenhum dos presentes – a não ser Luís Jardim, como datilógrafo (ausente Cícero Dias)[110] – conhecia o livro. Lera o livro. Tomara conhecimento do que, no livro era novo, inovador, surpreendente e, em algumas páginas, chocante.

Que disseram os críticos desse livro assim festejado pela fé no seu autor? O autor confiava no seu valor. Do Rio lhe vinham

---

110 O pintor Cícero Dias nasceu em 1908 no Engenho Jundiá, situado no município pernambucano de Escada. Radicou-se em Paris em 1937, onde permaneceu até a sua morte em 2003. Foi grande amigo de Gilberto Freyre, para quem ele compôs vinhetas e uma planta do Engenho Noruega para fazerem parte de *Casa-grande & senzala*. Essa planta pintada por Cícero Dias tornou-se célebre não só pela sua beleza estética, como também em virtude de ela apresentar personagens e cenas que teriam composto o complexo "casa-grande e senzala". Em 1977, Cícero Dias e Gilberto Freyre reuniram-se novamente para a produção do álbum *Casas-grande & senzalas*.

chegando reconhecimentos desse valor, dos raros que tinham lido o livro, que o impressionavam: de Manuel Bandeira, de Rodrigo Mello Franco, de Prudente de Moraes, neto, de Augusto Frederico Schmidt. Mas dos seus amigos residentes no Recife, ninguém tivera a oportunidade de lê-lo. Nem mesmo o velho Freyre.

O MISTÉRIO
QUE SE TORNOU
MINHA MÃE

Mas não estarei a pensar tanto em mim mesmo que estou me esquecendo do mistério que se tornou Minha Mãe? Ela pode ter animado Meu Pai a vir à festa de regozijo pela conclusão do livro, alegremente fantasiado de frade. Mas a verdade é que não voltou a ser o que era.

Ela é das pessoas que se contraem quando suas dores são maiores. Ela sofre. Ela é fidalgamente sóbria. De pouco choro. Preocupa-me e muito.

Chegou o primeiro exemplar de *Casa-Grande & Senzala*. Agradou-me. Quero ver a reação de Minha Mãe. Como desejo que o livro lhe dê alegria?

Ela é inteligente. Arguta, até. Perceptiva. Ela sentirá o que, no livro, é revelador de um Brasil de que ela foi parte. Ela é uma brasileira muito brasileira. Vou confiar a este equivalente de diário íntimo, pessoal, confidencial que estou escrevendo, um segredo para ficar, não sei até quando, entre nós dois. Que segredo é esse?

O de que sinto de Minha Mãe ter se tornado, depois de perder a casa querida, em 1930, mais brasileira do que católica. Ela por vezes, parece duvidar de uma vida além da morte. É uma dúvida que surpreendi nela sem ela a confessar. Não confessaria. Conheço--a bastante para dizer que ela nunca confessaria essa falta de perfeita fé católica. Ela é ritualmente católica. Ortodoxa como foi a Mãe. Mas dentro dela, desde 1930, há uma cética. Não me parece que uma cética lógica e racional. E sim intuitiva. Uma grande intuitiva é o que ela principalmente é.

Por intuição, ela não afirma, de modo lógico, não haver vida após a morte. O que sinto – sendo, como ela, um intuitivo – é que ela, por vezes, duvida dessa outra vida, como é apresentada convencionalmente. Será por ter surpreendido nela um segredo que ela nunca revelaria, sobretudo a um filho, que eu também duvido dessa sobrevivência garantida teologicamente pela Igreja? Garantida, sobretudo, pelos seus teólogos convencionais: gente que sinto não ser muito do meu apreço. Do meu apreço são os místicos. Mil vezes Santo Agostinho[111] a São Tomás de Aquino.[112] E como me delicia ler Santa Tereza![113] Creio que vou adquirir uma boa edição de Santa Tereza para oferecer a Minha Mãe.

Na crise que Minha Mãe atravessa, seria bom que ela fosse mais católica do que me parece ser. Vou ficar atento a esse assunto.

---

111 Santo Agostinho nasceu em 354, em Tagaste, na atual Argélia. Estudou Retórica em Cartago antes de começar a lecionar em Milão, em 384. Ordenou-se sacerdote em 396 e, no ano seguinte, aos 43 anos de idade, escreveu suas *Confissões,* textos autobiográficos em que reflete sobre suas interrogações, decepções e outros sentimentos que o acompanharam durante seu processo de conversão. Sua outra grande obra, *Cidade de Deus*, contrapõe dois modelos de cidades: a humana, contingente imortal, e a de Deus, fora e acima da história. Morreu aos 76 anos em Hipona, na atual Argélia.

112 São Tomás de Aquino nasceu no castelo de Roccasecca, na Itália, no seio de uma nobre família descendente de ilustres lombardos. Não se sabe com precisão o ano de seu nascimento, mas estima-se que tenha sido em 1224 ou 1225. Aos dez anos, foi para Nápoles, onde começou a frequentar aulas de Filosofia, Teologia, Retórica e Humanidades. Aos dezessete anos, entrou na ordem dominicana, recebendo o hábito do prior da Igreja do Convento de Nápoles. A *Suma Teológica*, um de seus textos mais conhecidos, permaneceu inacabada. É considerado o mais emblemático teólogo da escolástica. Desenvolveu suas próprias conclusões a partir das premissas aristotélicas, principalmente sobre questões ligadas à metafísica, à criação e à providência. Faleceu em 1274 em Fossanova, na Itália.

113 Santa Teresa D'Ávila nasceu em 1515 em Ávila, na Espanha. Foi reverenciada por ser uma grande mística. Faleceu em Alba de Tormes, em 1582. Foi canonizada em 1662 pelo papa Gregório XV e declarada doutora da Igreja pelo papa Paulo VI em 1970.

Ela nunca foi tão alegre nem tão expansiva nem tão comunicativa como a irmã predileta: Tia Arminda,[114] minha madrinha. A rica da família. Rica mas não me parece que muito feliz com o casamento.

Não que o esposo, meu Tio Tomaz,[115] não seja bom para ela. É. Mas prejudicado, no seu amor conjugal, pelo excessivo apego à figura de uma mãe extremamente possessiva.

Quando Tia Arminda sai, parece uma princesa oriental. Coberta de joias as mais caras. Mas sem que me parece corresponder a essas joias o amor que sinto lhe faltar. Tio Tomaz é seco com ela.

Ulysses, meu irmão, pensa ter descoberto o motivo. Tio Tomaz mantém, como se fosse outra esposa, tais luxos de que a cerca, uma atraente mulher de cor. Atraente e, talvez, exigente. E com esta singularidade paradoxal: talvez mais católica, das chamadas práticas, que Tia Arminda. A qual, por sua vez, é possível que seja mais católica, a querer não perturbar dúvidas quantos a certos dogmas teológicos, do que Minha Mãe.

Alongo-me na consideração do assunto porque na fase atual da vida de Minha Mãe, o psicologicamente desejável seria que ela fosse mais misticamente católica do que me parece vir sendo desde 1930, quando perdeu uma casa que era parte dela própria. O catolicismo místico é, para quem sinceramente o segue e pratica, uma proteção contra dores que podem tornar-se doenças. E doenças fatais.

E agora, o registro mais triste sobre Minha Mãe. Ao chegarmos ao fim da década trinta, o bom médico Caldas Bivar,[116] me dá, em véspera de uma minha viagem para a Europa, a convite de universidades, a notícia de ser preocupante do estado de saúde de Minha Mãe. Digo-lhe que pode ser franco e exato sobre o assunto Minha Mãe estaria com um câncer no útero.

---

114 Arminda de Mello era irmã da mãe de Gilberto Freyre e sua madrinha.

115 Tomaz de Carvalho era médico-radiologista e padrinho de Gilberto Freyre.

116 O dr. Caldas Bivar foi médico de grande reputação no Recife nas primeiras décadas do século XX.

Pergunto-lhe se posso viajar, regressando o mais breve possível. Ele me diz que sim. Mas não fico tranquilo. Desdobro-me em providências junto a amigos do Rio, que são médicos. Principalmente Silva Mello e Gastão Cruls, tão do meu afeto. Silva Mello não só do meu afeto como da minha confiança no setor especificamente médico.

Peço-lhe que desde logo indique a que especialista, dentre os melhores, do seu conhecimento, deve ser oportunamente entregue o caso de Minha Mãe. Ele não demora em responder: há um que, ao máximo de competência médica, une o fato de ser amigo muito da sua estima. Fica combinado que ele, Silva Mello, iniciará discretamente atividades nesse sentido. Gastão Cruls me anima, lembrando que no setor há técnicas que asseguram, senão sempre curas completas, relativas, com o prolongamento de vida do doente. Ótimo ler tais palavras de Gastão. Ele e a Mãe, a Viúva Luís Cruls – pessoa excelente – já são pessoas do Rio da melhor estima de Minha Mãe. Eles e Violeta Silva Mello.[117] Sob esse aspecto, sinto-me tranquilo em ir à Europa e voltar sem demora.

Tranquilo também quanto à minha capacidade financeira de, no momento, atender a despesas que não vão ser pequenas. Curioso que eu, um meio boêmio, tenha me tornado, entre os Freyres, a pessoa financeiramente em melhor situação.

Quem diria que esse primado deixaria de ser de meu irmão Ulysses, por algum tempo – caso excepcionalíssimo! – gerente de filial importante do City Bank de New York, no Brasil – a filial do Recife – para ser seu substituto o boêmio, o literato, o utópico, o quase sem eira nem beira da família. Entretanto, foi o que veio a acontecer. Convites universitários os melhores que tem recebido um brasileiro, colaborações em revistas e jornais ilustres, direitos autorais por livros, desde o fim da década trinta, continuando na quarenta e na cinquenta, começaram a me dar nova situação financeira.[118] Situação

---

117 Esposa do dr. Silva Mello.

118 Foram diversos os convites que Freyre recebeu para lecionar em universidades estrangeiras e colaborar para jornais e revistas científicas de grande conceito. Em 1938, dirigiu na Universidade de Colúmbia um seminário sobre sociologia e história da escravidão. O jornal *O Estado de*

que me permitiria fazer tranquilamente face às não pequenas despesas com o tratamento de Minha Mãe.

Mesmo assim, pode-se imaginar a aflição com que, no fim da década 30, parti mais uma vez para a Europa. Uma Europa que, em 1940, não tardaria a superar os Estados Unidos nas atenções intelectuais com que passou a me distinguir, me honrar, me prestigiar. O que não era de prever, dadas minhas relações com os Estados Unidos. Questão de afinidades intelectuais. O fato das minhas afinidades dessa espécie terem se revelado mais com a Europa.

Ao regressar de minha última viagem à Europa na década 30 só fiz saltar no Recife. Segui imediatamente para o Rio. Aí já encontraria – como já estava informado – Minha Mãe operada com sucesso animador pelo cirurgião da confiança do meu querido Silva Mello. E, no Rio, cercada por Meu Pai, por meu irmão Ulysses e Maria, sua esposa, por Gasparina[119] e o esposo, o excelente Paulo. Minha irmã Graça[120] já casada: casamento infeliz, porém. Note-se que meu prestígio intelectual me vinha permitindo conseguir promoções sucessivas para o cunhado Paulo, no Banco do Brasil. E em 1937 eu conseguia do Presidente Getúlio Vargas[121] que nomeasse o outro cunhado para fiscal de consumo: o que lhe permitia sair da quase miséria em que vivia para situação de conforto máximo. Isto na audiência

---

S. Paulo passou a contar com o sociólogo pernambucano como um de seus colaboradores em 1943. Em 1944, Freyre lecionou na Universidade do Estado de Indiana, nos Estados Unidos, proferindo seis conferências promovidas pela Fundação Patten e publicadas no ano seguinte, em Nova York, sob o título *Brazil: an interpretation*.

119 Gasparina era irmã de Gilberto Freyre e chegou a datilografar vários de seus textos.

120 Maria da Graça era irmã de Gilberto Freyre.

121 Getúlio Vargas nasceu na cidade gaúcha de São Borja, em 1882. Formou-se em 1904 na Faculdade de Direito de Porto Alegre. Foi candidato derrotado à presidência da República em 1930, mas um golpe militar levou-o ao cargo de chefe do governo provisório em novembro daquele ano. Tornou-se presidente constitucional a partir de 1934 e, em 1937, aboliu partidos e passou a governar em regime ditatorial até 1945. Criou o DIP (Departamento de Imprensa e Propaganda), instituição responsável pela censura a órgãos de imprensa e veículos de comunicação. Com a Consolidação das Leis do Trabalho em 1943, garantiu direitos e atendeu antigas reivindicações do movimento operário. Em 1950, retornou à presidência da República e esta sua segunda gestão ficou marcada sobretudo pela criação da Petrobras em 1953. Suicidou-se com um tiro no coração em seu quarto no Palácio do Catete, no Rio de Janeiro, em 24 de agosto de 1954.

Rio, 8 de Outubro 1937.

Meu querido, Gilberto.

Deus o abençoe. Fiquei muito contente, quando recebi o telegramma de seu pae, annunciando a sua chegada ahi. Sempre pensei que você continuasse a viagem... até aqui, tal é a anciedade, em que estou de vel-o. Considero um milagre eu ter ainda o prazer de abraçal-o, tal era o estado em que sahi d'ahi, desanimada, e sem esperança nenhuma de cura. Felizmente nos medicos d'aqui a quem fui recommendada, para fazer os meus tratamentos, muito se interessaram por mim, e a tudo isto, tenho à agradecer ao Dr. Silva Mello. Logo a primeira visita que elle me fez, me animou muito, e garantiu a minha cura. Muito influiu tambem, as visitas diarias, que me fazia o Dr. Gastão na casa de saúde. Tem sido carinhoso, e dedicado para mim, que só um filho, e dos bons. A mãe d'elle e a irmã tambem foram muito boas

Antes de receber o meu telegramma, já o Gastão me avisara pelo telephone a Gilli

para mim. Sempre que me visitavam levavam-me biscoitos. Hontem fomos eu, Yuca, e Santa, fazer uma visita a D. Mariquinhas, mãe do Dr. Gastão. Recebeu-nos com muito agrado, e nos offereceu um lunch excellente. Miguel e Graça, já tinha feito uma visita a ella, antes da minha. Dr. Gastão continua sempre a visitar-me em casa de Yuca, e me telephona diariamente. Parece que os seus amigos d'aqui do Rio, são dedicados, e sinceros á você. Recebi visita de alguns d'elles, que você já deve ter conhecimento, pelas cartas que já seguiram para ahi. Hoje vou tomar a 9ª applicação do raio X. e já me sinto muito bem. Deus queira que eu fique radicalmente curada! A familia de Miguel, tambem tem se interessado muito por mim. São todos muito amaveis. Miguel e Graça estão commigo todos os dias. Todo o pessoal de seu tio Yuca, tem sido incansaveis, em me tratar muito bem. Ulysses Pernambucano, tambem foi muito bom, e carinhoso para mim na casa de saude. Ficava a minha cabeceira em todos os tratamentos que fiz. Adeus, beijos abraços, e saudades, de sua mãe. F Freyre

Lembranças, e saudades para todo pessoal de casa, inclusive os empregados.

Carta de Francisca Freyre ao filho Gilberto. Rio de Janeiro, 8 de outubro de 1937.

que, por sua iniciativa, me concedeu o Presidente, logo após o golpe de 37. Convidou-me para alto posto no novo regímen. Recusei, lembrando-lhe ter acompanhado José Américo de Almeida como candidato à Presidência.[122] Sorriu dizendo-me ter sido o seu candidato. Mas as circunstâncias – e o próprio José Américo – haviam tornado impossível tal solução. Recusei o convite que soube pelo oficial de gabinete Mauro Freitas, ser para Ministro da Educação e, na época, creio que também de Saúde. Diante da minha recusa, Getúlio Vargas fechou a cara. Mas concordou em nomear um obscuro cunhado meu para fiscal de consumo.

Só não consegui fazer alguma coisa por meu irmão Ulysses Freyre. Foi ele vítima inerme de estúpida medida do City Bank, dispensando, sem mais aquela, em face da crise de 31, os funcionários mais altamente recompensados. O que o fez perder para sempre o rumo de vida. Nunca lhe veio a ser dada oportunidade de recuperação. O mais que pude fazer por ele foi conseguir do meu querido Rodrigo Mello Franco de Andrade que lhe aproveitasse o raro talento de fotógrafo em tarefas específicas e delicadas, para efeitos de documentação no então Serviço do Patrimônio Histórico e Artístico Nacional. Veio a ser meu substituto, por algum tempo, como consultor técnico nesse Serviço.

Toquei num assunto delicado, ao lembrar certo ceticismo muito discreto de Minha Mãe, como sinceríssima católica, embora não tão devota quanto minha avó Francisca.[123] Uma avó muito ciosa de minha formação religiosa. Enquanto viveu, me fez acompanhar às missas de domingo, instruindo-me sobre ritos, sobre cores, sobre frases em latim e para sempre criando em mim um encanto estético pela Igreja. Desejava que eu me tornasse padre.

---

122 Em 1937, Gilberto Freyre leu no Teatro Santa Isabel, no Recife, uma conferência política a favor da candidatura de José Américo de Almeida à presidência da República.

123 Francisca da Cunha Barradas Teixeira de Mello foi a avó materna de Gilberto Freyre. Casou-se com Ulysses Pernambucano de Mello. Teve seis filhos: Francisco Teixeira de Mello, Maria Olindina de Mello, Emilia Candida de Mello, Teresinha de Mello, José Antonio Gonsalves de Mello e Ulysses Pernambucano de Mello. Dentre os netos ilustres de D. Francisca estão, além de Gilberto Freyre, João Cabral de Mello Neto, Evaldo Cabral de Mello, Ulysses Pernambucano de Mello (psiquiatra), José Antonio Gonsalves de Mello e Jarbas Pernambucano.

MEU PAI: COMO O AFETOU 1930?

Qual a posição de Meu Pai? A de um anticatólico? De modo exato, não. E, de modo algum, um indiferente à religião.

Ao contrário: foi, afastando-se da sua geração ainda afetada pela influência da famosa Escola do Recife[124] – como estudante da Faculdade de Direito, discípulo de Martins Júnior,[125] que sempre admirou – que se afastou do Positivismo e de Comte[126] dos seus primeiros anos de intelectual. O que pode-se atribuir aos pendores anglo-saxonistas que, a certa altura, o afastaram de uma estrita formação francesa.

---

124 A "Escola do Recife" foi um movimento cultural, político, folclórico, filosófico e jurídico ocorrido na capital pernambucana entre os anos de 1860 e 1880 e que teve como epicentro a Faculdade de Direito. A figura central do movimento foi o sergipano Tobias Barreto. Pode-se dizer que as outras figuras de destaque deste grupo foram Sílvio Romero, Clóvis Bevilágua, Martins Júnior, Faelante da Câmara, Capistrano de Abreu, Artur Orlando e Gumercindo Bessa.

125 O fervoroso republicano José Isidoro de Martins Júnior nasceu no Recife, Pernambuco, em 1860. Formou-se em Ciências Jurídicas e Sociais pela Faculdade de Direito do Recife, em 1883. Dentre várias obras, publicou *Fragmentos jurídico-philosophicos* (1891), *Tela polychroma* (poesias, 1893), *História do Direito nacional* (1895), *Compêndio da história geral do Direito* (1898). Foi eleito em 1902 para a Academia Brasileira de Letras. Faleceu em 1902, no Rio de Janeiro, e seu corpo foi sepultado no Cemitério de Santo Amaro, na capital pernambucana.

126 O filósofo francês Isidore-Auguste-Marie-François-Xavier Comte nasceu em Montpellier, em 1798. Conhecido pela elaboração da doutrina positivista, segundo a qual os fenômenos sociais são regidos por leis e todo tipo de conhecimento científico e filosófico deve ter como objetivo o aperfeiçoamento humano. Expôs o cerne de sua ideias na obra *Cours de philosophie positive* (1830-1842), composta por seis volumes. Sua doutrina mostrou-se presente em países como México, Chile e Brasil. Procurou disseminar suas ideias através de vários meios: palestras abertas ao público, correspondências a monarcas e intelectuais e outros. Morreu em Paris, em 1857.

Conhecia bem a língua francesa. Conhecia os clássicos dessa língua. E assinante de *La Revue*, de Jean Finot,[127] e de *Je Sais Tout*,[128] conservava-se atual com assuntos intelectuais através da França. Lembro-me de, como menino, muito ter lido essas excelentes publicações.

Meu Pai ia além. Adquiria livros em francês não só de Direito como de cultura geral.

De onde ter sido através de leitura de livro francês, que tomou conhecimento de uma obra de filósofo estadunidense, de que talvez tenha sido o único entusiasta, entre os então intelectuais do Recife: a antipositivista e até antirracionalista obra de William James[129] sobre "variedades de experiências religiosas". James abriu a Meu Pai, cedo profissionalmente educador, além de jurista, nova perspectiva cultural. Levou-o a uma espécie de anglo-saxonização de que tornou-se moderno em sua cultura. Inclusive em sua religiosidade. Ou em sua atitude em face da religião.

Atitude de compreensão do sobrenatural destoante da atitude positivista. Atitude que me comunicou na fase em que, adolescente, eu vinha me afastando da fé católica como se agisse, sobre mim, um ceticismo muito mais incisivo que aquele por mim surpreendido em Minha Mãe católica.

O que lembro para registrar o fato de, adolescente de dezessete anos e, no Colégio Americano Gilreath[130] sob a influência

---

127 O literato Jean Finot nasceu na Polônia, em 1856. Naturalizou-se francês em 1897. Dirigiu a *La Revue* – antiga *Revue des Revues* – e publicou diversos livros, como *Philosophie de la longévité* (1900) e *Agonie et mort des races* (1912). Faleceu em Paris, em 1922.

128 A revista *Je sais tout*: *magazine encyclopédique illustré* teve seu primeiro número publicado em Paris, em 1905.

129 O filósofo norte-americano William James nasceu em Nova York em 1842. Era o irmão mais velho do grande romancista Henry James. Sua obra filosófica é marcada pelo pragmatismo e pelo anti-intelectualismo. Dentre seus livros, destacam-se: *The principles of psychology* (1890), *The varieties of religious experience* (1902), *Pragmatism* (1907) e *The meaning of truth* (1909). Morreu em Chocorua, no estado norte-americano de New Hampshire, em 1910.

130 Antigo nome do Colégio Americano Batista, situado no Recife, onde Gilberto Freyre estudou entre 1908 e 1916, tendo se bacharelado em 1917. Teve como paraninfo de sua turma de formatura o diplomata e historiador Oliveira Lima e foi o orador da solenidade. Além de ter ensinado língua latina no Colégio, foi redator de um jornal publicado ali e intitulado *O Lábaro*.

de um nada medíocre professor de História H. H. Muirhead,[131] ter sem o conhecimento nem de Meu Pai nem de Minha Mãe, aderido ao cristianismo evangélico. O que fiz através, principalmente, de uma conferência de colegial, intitulada "O Evangelho de Cristo e o Cristo do Evangelho" e de muita repercussão na época. Conferência na qual creio poder dizer que me revelei intuitivamente um existencialista. Pois o valor de Cristo teria se afirmado mais através, mística e pessoalmente, do que Ele foi, do que através de sua teologia ou doutrina.

Minha adesão a essa concepção de Cristo levou-me a desejar vir a ser um missionário que agisse entre gente primitiva – os indígenas do Brasil – comunicando-lhes um Cristianismo diferente dos teológicos. Foi ainda com essa concepção religiosa que, depois de Bacharel em Letras pelo Colégio Americano Gilreath, fui enviado por Meu Pai aos Estados Unidos, para estudos universitários. Aí estava a terminar, de modo brilhante, curso universitário em Ciência, tendo por especialização a Química, meu irmão Ulysses. À sua turma, de estudantes brasileiros nos Estados Unidos – na Universidade de Baylor, de início – pertenciam Ermírio de Moraes,[132] que viria a especia-

---

131 Harvey Harold Muirhead nasceu nos Estados Unidos em 1879. Formado em Teologia nos Estados Unidos, foi nomeado missionário batista pela Junta de Richmond e veio para o Brasil em 1907, quando tinha 28 anos, acompanhado de sua esposa Alyna Berth Mills. Foi diretor do Colégio Batista Gilreath, fundado em 1906, e permaneceu nesse cargo até 1927, período em que a instituição passou a se chamar Colégio Americano Batista. Em 1917, sob a direção de Muirhead, o Colégio Batista formou a sua primeira turma de bacharéis em Ciências e Letras, constituída de Gilberto Freyre, Manoel Tertuliano Cerqueira, Antonio Neves Mesquita, Manoel Dias e Fernando Wanderley. H. H. Muirhead tornou-se o representante da Missão do Norte, instituição sustentada pela Junta de Richmond, nos Estados Unidos. Faleceu em 1957, aos 78 anos.

132 José Ermírio de Moraes nasceu em Nazaré da Mata, Pernambuco, em 1900. Há indicações de que Ermírio de Moraes tenha se formado em Engenharia, na Universidade de Baylor. Após concluir os estudos de humanidades em colégios do Recife, seguiu para os Estados Unidos em 1916. Sabe-se com certeza que ele concluiu o curso de Engenharia de Minas na Colorado School of Mines, em Golden, no estado norte-americano do Colorado. Fundou o Centro de Indústrias do Estado de São Paulo (Ciesp), em 1928, e foi o responsável por transformar a empresa Votorantim, que se dedicava primordialmente ao ramo da tecelagem, numa dos maiores produtoras de cimento do país. Foi ministro da Agricultura de março a junho de 1963 no governo de João Goulart e senador por Pernambuco, de 1963 a 1971. Faleceu em São Paulo, em 1973.

lizar-se, também de modo brilhante, em geologia, e Edgar Ribeiro de Brito, amigo fraternal de Ulysses.

Edgar era filho de ilustre Senador da República: o médico e, de certa altura em diante, menos médico do que homem público de ideias arrojadamente renovadoras, Ribeiro de Brito. Em Medicina ele, juntamente com meu tio rico e padrinho, Tomaz de Carvalho, foi pioneiro, no Brasil, de radioterapia e eletroterapia. Um dos pioneirismos do Recife. Creio, entretanto, não ter sido ainda escrita uma história panorâmica da Medicina no Brasil, que registre antecipações pernambucanas. Essa, foi das mais notáveis.

Meu Pai foi amigo, dentre os maiores, de Ribeiro de Brito. Almoçava com ele e com a esposa, Alice de Carvalho, irmã do historiador – e que historiador! – Alfredo de Carvalho e com a família – quatro lindas meninas, além dos meninos Edgar e Lauro – na bela residência da Torre. Entre essas lindas meninas, uma, a meus olhos de adolescente, particularmente bela: Dulce. Foi o meu grande primeiro amor. Bela e inteligente. Colega de colégio de minha irmã Gasparina.

O PRIMEIRO GRANDE AMOR

Amor no qual vim a ser de todo superado por um seu primo, também insinuantemente eugênico. De todo superado porque, eu já no estrangeiro, casaram-se e vieram a ter filhos. Sei ter se confessado sensibilizada pela minha quase devoção por ela. Mas o primo estava em situação de, imediatamente, fazê-la feliz. A dor de cotovelo ficou-me por muito tempo. Nos Estados Unidos, quando me surgiram *"girls"* entusiastas de meus olhos latinos, custei a encontrar alguma que eu pudesse comparar a brasileira Dulce Ribeiro de Brito. Na verdade, não encontrei nenhuma. O *flirt* que me aproximou de uma, aliás, encantadora texana de origem italiana, foi, talvez, o mais semelhante ao meu amor pela inesquecível Ribeiro de Brito. Semelhança, porém, remota.

ULYSSES, MEU IRMÃO

A *girl* norte-americana que conheci nos meus dias de estudante universitário, ainda adolescente, nos Estados Unidos, foi um tipo de jovem moderna, para um brasileiro, demasiadamente afastado de concepções, ainda talvez arcaicas, de feminilidade. De graça feminina. De doçura feminina. A *girl* norte-americana de origem italiana surgiu-me como linda exceção conciliadora de quase contrários.

Vi-me provocado a liberdades amorosas com *girls* do tipo então mais avançado, contra as quais, felizmente, meu irmão Ulysses sabiamente me advertiu, ao nos reencontrarmos, após cinco anos de separação: eu, agora, a iniciar-me em estudos universitários na Universidade de Baylor, ele, tendo acabado de concluir brilhantemente esses estudos. Advertência contra possíveis processos, da parte de certas *girls*, que alegassem, contra namorados ingênuos, abusos sexuais que exigissem casamento. O próprio Ulysses, sem ser ingênuo, esteve sob a ameaça de vir a ser forçado a casar-se com *girl* assim extremamente esperta. Bonitão, Ulysses teve numerosos casos amorosos durante seus dias de estudante. Triunfos de que me informaram alguns dos seus companheiros de geração terem sido principalmente dos seus olhos.

A esse propósito, lembro-me de que, ao nos reencontrarmos, ele, talvez notando em mim certa inferioridade de aspecto eugênico em confronto com a sua magnífica aparência, não só eugênica como estética, consolou-me: "Você vai ter muito êxito entre as *girls*. Elas são muito sensíveis a olhos como os seus". Creio que lembrava-se do êxito dos seus próprios olhos, aos quais, na verdade, se assemelhavam os meus.[133]

Por que, no Brasil, Ulysses não veio a triunfar do modo por que, a meu ver, era de esperar que triunfasse? Creio que pelo mesmo motivo por que, nos Estados Unidos, deixou-se ficar, por cinco longos anos, numa boa e honesta universidade de província, sem pleitear bolsa em um dos centros de estudos pós-graduados da grandeza de Harvard ou Yale ou Colúmbia. Gozando sucessivos êxitos amorosos. Contentando-se com êxitos intelectuais de menos dimensão que pós-graduados. Talvez certa inércia de Wanderley, de fala arrastada como que a indicar falta de iniciativa. Os ancestrais Wanderleys.

Isto mesmo: talvez revelando-se, hereditariamente, um típico Wanderley. Creio ser dos Wanderleys típicos um certo conformismo com pequenos, porém, confortáveis êxitos que lhes bastem.

Ulysses, de volta ao Brasil, com estudos altamente universitários especializados em Química, poderia ter se imposto, em dias como os do seu reencontro com Pernambuco, a usineiros em fase de prosperidade açucareira, como renovador de métodos químicos na produção do açúcar.

Em vez disso, contentou-se com oferta do seu antigo colégio, o Americano, para aí ensinar não me lembro o quê. Talvez

---

133 Em outras declarações, a vaidade estética de Freyre pode ser detectada. Em entrevista concedida a Ricardo Noblat e publicada na revista *Playboy* de março de 1980, mês em que o sociólogo completou oitenta anos, ele lamentou àquela altura não mais ter certeza se despertava paixões em mulheres jovens. No entanto, assinalou que, "aos setenta anos tinha conhecimento de casos concretos de jovens apaixonadas por mim". Em entrevista concedida a Elide Rugai Bastos em 20 de março de 1985 e incluída em seu livro *As criaturas de Prometeu: Gilberto Freyre e a formação da sociedade brasileira*, publicado pela Global Editora em 2006, ele regozija-se a respeito de sua figura: "Eu me considero eugênico. E à base do que eu tenho ouvido desde uma certa altura da minha vida... Eu realmente tenho a minha qualidade reconhecida: de ser uma pessoa de... vamos dizer: um animal de bela estampa. [risos]".

matemática: um dos seus fortes. Oferta medíocre, tratando-se de brasileiro tão valorizado por estudos universitários nos Estados Unidos.

Desse medíocre posto, passou à situação de relativo sucesso: a de auxiliar, com a vantagem de uma então rara formação universitária, da filial, recém estabelecida no Recife, do poderoso *National City Bank de New York*. Impôs-se por qualidades que somente ele podia apresentar. Chegaria, bem remunerado, a ocupar a gerência da filial: cargo, em geral, só atribuído, imperialisticamente, a norte-americanos. Mas sem garantias de estabilidade e oportunidades de ainda maior ascensão. Ao explodir, em termos mundiais, a crise financeira de 1931, outra medida econômica não ocorreu aos dirigentes do poderoso Banco, senão despedir, com insignificantes indenizações, seus funcionários mais altamente recompensados pelas suas também mais altas competências.

Recordando tais fatos, talvez se explique por que o Ulysses que encontrei nos Estados Unidos, universitariamente graduado em Química por estudos brilhantes e alvo de prognósticos os mais favoráveis sobre seu futuro, não alcançou esse futuro no Brasil. Ficou muito aquém dos prognósticos.

Pela sua bela aparência masculina, poderia ter se insinuado a um casamento honestamente vantajoso. Com filha de açucareiro ou canavieiro rico. O que aconteceu, em São Paulo, a um excelente companheiro de estudos, quer no Colégio Americano Gilreath, do Recife, quer, por algum tempo, na Universidade de Baylor, nos Estados Unidos: Ermírio de Moraes.

Teve Ulysses alguns bons namoros no Recife. Lindas pernambucanas de famílias ilustres. Nenhuma, porém, de família notavelmente opulenta, a que se ligasse como genro valioso e capaz, como Ermírio, em São Paulo, de desenvolver a fortuna da família da esposa.

Até que, já quase solteirão, mas sempre romântico, raptou linda prima – a endogamia patriarcalmente pernambucana a envolvê-lo –

com quem casou, foi feliz, e de quem teve filhos excelentes. Sempre muito leitor de bons livros. Sempre muito admirador de boa pintura, de boa música, de boa culinária.

Seria interessante um estudo objetivamente histórico dos destinos, de volta ao Brasil, dos muitos brasileiros, em certa época, estudantes de universidades norte-americanas. Vários de São Paulo. Outros tantos, de Minas Gerais. Alguns do Rio Grande do Sul. Da Bahia. De Pernambuco. Da Paraíba, de onde foram estudar nos Estados Unidos tantos Guedes Pereira[134] de família, então, abastada. A maioria desses estudantes, de Agronomia. Vários, entretanto, de Engenharia. Um, de Direito, de volta ao Brasil, salientou-se pioneiramente – caso histórico! – no exercício de cargos importantes: Amaro Cavalcanti.[135]

Mas, lembre-se que uns raros, raríssimos, estudaram Ciências Sociais. Entre eles, um do qual pode dizer-se ter valido por dez: Anísio Teixeira.[136] Foi discípulo de Dewey[137] na Universidade de Colúmbia. Revolucionaria, de volta ao Brasil, o ensino no seu e nosso País. Talvez se possa dizer ter sido o maior discípulo de Dewey, em qualquer parte do mundo.

Seu ânimo intelectualmente revolucionário, no setor da educação, levou-o, entretanto, a situações difíceis. A conflitos com a Igreja. A conflitos com militares. A conflitos com pedago-

---

134 Neste ponto do texto, Freyre faz referência a membros da família da mulher que viria a ser sua esposa, D. Maria Magdalena Guedes Pereira.

135 Nascido em 1851 em Caicó, no Rio Grande do Norte, Amaro Bezerra Cavalcanti foi eleito senador pelo seu estado natal em 1890, tendo participado da Constituinte de 1891. Foi ministro do Interior de 1897 a 1898. Aposentou-se como ministro do Supremo Tribunal Federal em 1915. Faleceu no Rio de Janeiro, em 1922.

136 Anísio Teixeira foi um dos maiores educadores brasileiros. Nascido em 1900, Anísio tinha enorme admiração por Freyre e convidou-o para lecionar Sociologia na Universidade do Distrito Federal implantada no Rio de Janeiro, em 1935. As reflexões desenvolvidas por Freyre em seu curto período como docente dessa Universidade resultaram no livro *Sociologia: introdução ao estudo dos seus princípios* (1962). A partir da segunda edição dessa obra, foi incluído um prefácio de Anísio Teixeira, que foi republicado com o título "Gilberto Freyre, criador e mestre da Sociologia", publicado na obra coletiva *Gilberto Freyre: sua ciência, sua filosofia, sua arte*. Anísio Teixeira faleceu em 1971.

137 John Dewey (1859-1952) é considerado um dos filósofos mais importantes dos Estados Unidos. Nascido em Burlington, Vermont, doutorou-se pela Universidade John Hopkins, em 1884.

gos de outras tendências. Mas o que, mesmo assim, realizou, parece permitir que se diga ter, de certo modo, abrasileirado Dewey.

Recentemente, veio a acontecer com outro brasileiro, Roberto DaMatta,[138] ter se formado em Harvard e, de volta ao Brasil, vir abrasileirando a Antropologia que aí aprendeu. Já outro brasileiro, René Ribeiro,[139] fizera o mesmo com a Antropologia aprendida com o Professor Herskovits.[140] E é o que vem fazendo Roberto Motta,[141] da Fundação Joaquim Nabuco, com a Ciência Social aprendida na Universidade de Colúmbia, tendo chegado a Ph.D., depois de ter, na mesma Ciência, se iniciado brilhantemente na Holanda.

Note-se, desses brasileiros, que nenhum deles deixou-se convencional e passivamente ianquizar em Ph.D. Cada um deles soube abrasileirar o que lhe foi ensinado em Universidades das boas, dos Estados Unidos. Das boas porque há, na grande República, universidades que vão das boas às péssimas. Mestres que vão dos competentes aos ostensivamente incompetentes.

---

138 O antropólogo Roberto DaMatta foi professor do Museu Nacional da Universidade Federal do Rio de Janeiro, onde dirigiu o Programa de Pós-graduação em Antropologia Social e foi chefe do Departamento de Antropologia. Foi professor de Antropologia da Universidade de Notre Dame, nos Estados Unidos. Dentre seus livros, destacam-se: *Carnavais, malandros e heróis* (1979), *Relativizando* (1981), *O que faz o brasil, Brasil?* (1984), *Explorações:* ensaios de antropologia interpretativa (1986), *Conta de mentiroso* (1993) e *Torre de Babel* (1996). Escreveu também *A casa e a rua* (1984), título inspirado em um dos capítulos de *Sobrados e mucambos*, de Gilberto Freyre.

139 Nascido no Recife em 1940, o médico, psiquiatra e etnógrafo René Ribeiro fez mestrado em Antropologia na Northwestern University, nos Estados Unidos, e foi o primeiro chefe do Departamento de Antropologia do Instituto Joaquim Nabuco de Pesquisas Sociais. Lecionou Clínica Psiquiátrica e Etnografia Brasileira na Universidade Federal de Pernambuco. Em sua obra vasta, destacam-se: *Religião e relações raciais* (de 1956, com prefácio de Gilberto Freyre), *Cultos afro brasileiros do Recife* (1970) e *Antropologia da religião e outros estudos* (1982). Colaborou na obra coletiva *Gilberto Freyre:* sua ciência, sua filosofia, sua arte, com o ensaio "Gilberto Freyre, cientista social: seu estudo das relações étnicas e culturais no Brasil".

140 O antropólogo norte-americano Melville Jean Herskovits nasceu em Belle Fontaine, em Ohio, em 1895. Foi um dos principais representantes da Antropologia Cultural. Escreveu *Man and his works,* publicado em 1948. Faleceu em Evanston, Illinois, em 1963.

141 Nascido no Recife em 1940, Roberto Motta licenciou-se em Filosofia na Universidade Federal de Pernambuco e doutorou-se em Sociologia na Universidade de Colúmbia, em Nova York. Dirigiu o Seminário de Tropicologia e foi também chefe do Departamento de Antropologia da Fundação Joaquim Nabuco.

Houve tempo em que muito se esperou, no Brasil, dos saberes norte-americanos. Sabe-se hoje que esses saberes precisam de ser discriminados. Há os que convêm e os que não convêm ao Brasil. O que se pode dizer, aliás, dos atuais saberes franceses: uns, ainda merecedores de apreços brasileiros, outros, não. Há, aliás, no mundo atual, uma crise de criatividade. Nem em Paris existe um novo Picasso[142] nem na Alemanha, um novo Einstein,[143] nem na Inglaterra, um novo Toynbee,[144] nem nos Estados Unidos, sequer, um novo Dewey.

---

142 O pintor espanhol Pablo Ruiz Picasso nasceu em Málaga, em 1881. Sua obra passou por fases que o levaram a ser identificado desde o movimento classicista até o Surrealismo. Morreu em Mogins, na França, em 1973.

143 O físico alemão Albert Einstein nasceu em Ulm, em 1879. Elaborou a Teoria da Relatividade. Recebeu o Prêmio Nobel de Física em 1921 por sua contribuição para o estudo do efeito fotoelétrico. Após passagens por Praga, Berlim, Paris e pela Bélgica, estabeleceu-se como professor em Princeton. Assumiu a cidadania norte-americana em 1940. Faleceu em Princeton em 1955.

144 Nascido em Londres, em 1889, o historiador britânico Arnold Toynbee foi autor do impactante *A study of history*, uma obra de doze volumes, escrita entre os anos de 1934 e 1961. A obra é criadora de uma filosofia da história que procura explicar os ciclos de desenvolvimento e de declínio das civilizações. Toynbee faleceu em York, na Inglaterra, em 1975.

A DÉCADA QUARENTA: ACONTECIMENTOS DECISIVOS NA VIDA DE UM BRASILEIRO REAJUSTADO

Menos divagações. O autor está se extremando em divagações. Em reflexões. No equivalente de diário que pretende ser esta confissão de dificuldades, no sentido de reconstituir-se, de quem teve, em 1930, quase de todo despedaçado todo um começo de vida, é preciso que, ao tom próximo do de diário, não se sobreponha o de reflexão.

Ao defrontar-se com a década quarenta, o autor se defronta, ao mesmo tempo que com a convalescença animadora e até, feliz, de uma mãe queridíssima, com a sua morte. Mas depois de quase seis anos de triunfos, dela e de seus excelentes médicos, sobre terrível mal. Dias inesquecíveis.

Mas defronta-se também com o seu casamento com uma jovem brasileira, vinte anos mais moça, após um idílio de quem, sempre intuitivo, desde o primeiro encontro com Magdalena Guedes Pereira,[145] tomou-se da certeza de ter encontrado a esposa cer-

---

145 Maria Magdalena Spínola Guedes Pereira foi a esposa de Gilberto Freyre. Nascida em João Pessoa, Paraíba, em 1921, Maria Magdalena estudou Educação Física. O casal se conheceu em 1941, tendo se casado em novembro do mesmo ano, em cerimônia realizada no Mosteiro de São Bento, no Rio de Janeiro. Maria Magdalena foi presidente da Fundação Gilberto Freyre desde sua criação, em 1987, até seu falecimento, em 29 de novembro de 1997, no Recife.

ta, ideal, materna. Endogamicamente parecida com a mãe Francis-
quinha, quando jovem.

Casamento no Mosteiro de São Bento, no Rio de Janeiro.
Muitos amigos presentes. O bom Octávio Tarquínio de Souza[146]
não se conteve: segredou-me na própria Igreja que nunca me
vira de expressão tão feliz. Era como se o quarentão ainda jovem como que se recomeçasse a vida. Ninguém lhe dava mais
de trinta anos.

O casal Austregésilo de Athayde-Jujuca – ela, a quase santa
Jujuca,[147] ele o brasileiro com superior vocação para amigo fraterno
– nos deu este presente raro: o de, da Igreja, seguirmos para a ilha
brasileiríssima de que eram senhores, para aí passarmos uns dias.

Casa e caseiro na ilha. Linho do melhor em lençóis e toa-
lhas. Casa no meio de plantas tão hospitaleiras como se fossem
pessoas.

E à nossa disposição, dois cavalos bem tratados por um en-
tendido em cavalariça. Um dos cavalos, normando, quase gigante.
Outro, brasileiramente maneiro. Magdalena fez-se logo senhora do
maneiro. Deixou para mim o gigante.

Lembrei-me de quanto aprendera da arte de cavalgar, nos
meus dias de menino do engenho no São Severino[148] dos bons parentes Souza Mello. Fiz primeiro um agrado no lombo do gigante: mas
agrado já de senhor para servo. Pois com cavalos, quando dos cheios
de si, aprendi em São Severino que é preciso não agradá-los como se
o agrado fosse de quem os temesse.

---

146 Historiador e crítico literário brasileiro, Octávio Tarquínio de Souza nasceu no Rio de Ja-
neiro, em 1889. A partir de 1939, dirigiu a Coleção Documentos Brasileiros na Editora José
Olympio. Dirigiu a *Revista do Brasil* em sua terceira fase (1938-1943) e a *Revista do Comércio*
(1946-1948), com Afonso Arinos de Mello Franco. Foi o primeiro presidente da Associação
Brasileira de Escritores, em 1934. Faleceu num desastre aéreo em companhia de sua esposa
Lúcia Miguel Pereira, em 1959.

147 Jujuca é a carinhosa alcunha de Maria José, esposa de Austregésilo de Athayde.

148 Durante sua infância, Gilberto Freyre passou temporadas de férias no engenho São Severino
dos Ramos, situado no município pernambucano de Paudalho.

E de botas senhoris, calções quase de lorde inglês, camisa esportiva, assenhoreei-me do gigante. Temia um fracasso perante Magdalena, não de todo desentendida no assunto. O temido gigante portou-se tão cavalheirescamente com o adventício que foi como se sentisse nele um seu senhor.

Um maravilhoso passeio pela ilha seguido de um banho de mar de todo diferente dos de Copacabana: somente nós dois e o mar. Um mar que nos acariciou como se nossa presença quebrasse a monotonia de sua solidão.

Que poderíamos desejar, Magdalena e eu, de mais doce, brasileira, tropicalmente nupcial? Ao que se antecipou, um nada insignificante pormenor psicológico: o de Magdalena, mais jovem vinte anos que o noivo, ter me chamado, não Beto ou Bebeto ou Gil, mas "meu filho". Maternalmente, "meu filho". Atitude, de sua parte, que seria o paradoxal segredo de um casamento sempre feliz. O velho, nessa aliança, o filho. A jovem, a mãe. Freud[149] bem que tocou genialmente em paradoxos que dão certo.

À ilha do litoral do Rio de Janeiro se seguiria a casa de Apipucos.[150] Por um lado, outra quase ilha, cercada de mata por todos os lados, habitada por um casal que passou a ser inexatamente considerado solitário. Inexatamente porque seria muito mais solidário com os demais brasileiros do que distanciando deles.

Inclusive por não tardarem bravos e lúcidos estudantes universitários do Recife, de ânimo libertário, a procurarem o morador da casa de Apipucos para insistirem enfaticamente com ele para que con-

---

149 O austríaco Sigmund Freud nasceu em 1856. Tendo deixado Viena devido à perseguição nazista, foi estudar Medicina em Londres, especializando-se no estudo do sistema nervoso. De volta à Viena, em 1886, abriu um consultório para tratar de "nervosos" através da hipnose e da eletroterapia. Posteriormente, passou a adotar com seus pacientes métodos de relaxamento, estimulando-os à narração de suas associações livres. Freud propôs um novo paradigma para a esfera psíquica, compreendendo o ego, o id e o superego. Faleceu em Londres, em 1939.

150 Em 1940, Gilberto Freyre adquiriu a propriedade do Engenho Dois Irmãos. A seguir, mandou restaurá-la e passou a residir nela após seu casamento com Maria Magdalena, em 1941. Desde 1987, a casa é sede da Fundação Gilberto Freyre e reúne sua preciosa biblioteca.

cordasse em ser candidato, não de partido político, mas dessa mocidade independente, à Constituinte de 46.[151] O solidário relutou tanto que uma voz de estudante o acusou de egoisticamente solitário. Acabou cedendo, com uma vibrante multidão de jovens a gritar seu regozijo. Regozijo por uma vitória eleitoral que veio a acontecer, através do voto do Recife: o que consagrou o candidato de estudantes o incomparavelmente mais votado pela sempre livre cidade do Recife.

Na Câmara, o candidato dos estudantes de Pernambuco estreou com um discurso de todo diferente dos discursos partidários. Discurso de quem não tinha compromissos nem partidariamente políticos nem ideologicamente sectários.[152]

E no qual, defendeu os direitos de brasileiros naturalizados, em particular, e os direitos humanos, em geral. Lembrou o que o Brasil devia a Portugal. E nessa altura, revelou malícia ao fazer que o ardoroso Luís Carlos Prestes[153] repetisse, gritando, pronunciamento demagogicamente antilusitano: "Se o orador não concordava que Portugal era o País mais atrasado da Europa". Respondeu o orador que não e considerou sociologicamente o conceito de "atraso" contraposto ao "progresso". Ambos, em grande parte, subjetivos. Ao atraso tecnológico ou material poderia corresponder, superando-o, dignidade ética. O português podia não ser tecnologicamente tão progressista quanto outros povos

---

151 Boa parte dos estudantes pernambucanos escolheu Gilberto Freyre para representá-los na Assembleia Constituinte de 1946 e na Câmara dos Deputados (1946-1951). Freyre aceitou o convite e foi eleito deputado federal por Pernambuco pela UDN. Essa se constituiu numa célebre legislatura, em que também estiveram outros intelectuais importantes, como Jorge Amado.

152 As principais intervenções de Freyre na Constituinte e na Câmara foram reunidas nos livros *Quase política*, publicado pela José Olympio em 1950 e *Discursos parlamentares/Gilberto Freyre*, publicado em Brasília pela Câmara dos Deputados, em 1994.

153 Gaúcho nascido em Porto Alegre em 1898, o militar e político Luís Carlos Prestes foi um dos principais líderes do movimento tenentista. Demitiu-se do serviço militar em 1923 e organizou a Coluna Prestes (1925-1927). Filiou-se ao movimento comunista soviético e, em 1936, foi preso e condenado. Decretada a anistia em 1945, foi solto e passou a dirigir o Partido Comunista, elegendo-se senador pelo Distrito Federal. Em 1964 teve os direitos políticos cassados por dez anos. Em 1980, já no Brasil e beneficiado pela anistia feita no ano anterior, foi afastado do Partido Comunista Brasileiro. Morreu no Rio de Janeiro, em 1990.

modernos mas eticamente, continuava a ser, sob vários aspectos, merecedor de apreço. Inclusive, por vir suprindo o Brasil de futuros brasileiros eticamente valiosos. Os aplausos foram significativos. Exprimiram repulsa a simplistas antilusismos.

A atuação do candidato dos estudantes na Constituinte de 46 se fez sentir principalmente na Comissão de Educação e Cultura. Aí promoveu inquérito acerca de um pretendido livro único, ouvindo a Comissão, pais de alunos, editores, educadores e ficando a Câmara esclarecida sobre a não conveniência desse tipo de livro.

Para a Constituição que coube à Constituinte de 46 elaborar, cooperou com várias sugestões aprovadas pelo Plenário. Inclusive para a conciliação da livre-iniciativa com a proteção, pelo Estado, do trabalho e do trabalhador. Defendeu a instituição de universidades por critério regional, em vez do estadual, como veio infelizmente a verificar-se na seguinte legislatura. Isto, em face não só de não estarem vários Estados na situação de suprirem universidades estaduais de professores aptos a desempenhos universitários. E defendeu as histórias em quadrinhos. Um ilustre Deputado do Centro-Sul mudou de opinião a seu respeito de forma radical.

E ao aproximar-se o dia do centenário do nascimento de Joaquim Nabuco, proferiu discurso justificando projeto, que apresentou, criando no Recife, cidade natal de Nabuco, um Instituto de Pesquisas Sociais[154] com o nome do grande abolicionista, que se especializasse em amparar e promover o trabalhador rural do Nordeste canavieiro; o, em grande parte, descendente do escravo que Joaquim Nabuco tanto se empenhara em libertar. Pois além de

---

154 Na sessão de 2 de agosto de 1948, Gilberto Freyre apresentou à Câmara dos Deputados o Projeto nº 819 a respeito das comemorações do centenário de Joaquim Nabuco. O artigo 2º do projeto propunha a criação de um instituto "dedicado ao estudo sociológico das condições de vida do trabalhador brasileiro da região agrária do Nordeste e do pequeno lavrador da mesma região, visando ao melhoramento dessas regiões". O projeto foi aprovado em sessão do dia 20 de junho de 1949 e transformado em 21 de julho na Lei nº 770, sancionada pelo presidente Eurico Gaspar Dutra. Em 1951, o Poder Executivo, através do Projeto de Lei nº 1.301, criaria o Instituto Joaquim Nabuco de Pesquisas Sociais, ligado ao Ministério da Educação e Saúde. Em 1980, o Instituto foi transformado em Fundação Joaquim Nabuco.

Rua José Bonifácio 707
Recife
27 de Agosto 1941

Magdalena: Tanto esperei
carta sua — para afinal
chegar a que que V. me
escreveu a 24. Não tenho
nada que perdôar mas
esquecer V. é que não posso, pois é em V. que
penso todos os instantes
e cada vez mais intensa-
mente. Vá rasgando tôdas
essas minhas cartas mas
por tudo me ouça longa-
mente ainda uma vez,
minha querida Magda.
Dentro de poucos dias
sigo para o Rio — isto é, para
Você. Não ha mais interesse
para mim em coisa nenhu-
ma. Si Você me falhasse

seria não só o meu fracasso mas o meu fim. Dizendo-lhe isso digo-lhe o maximo que já disse a alguem; digo-lhe tudo.

Gilberto

Carta de Gilberto Freyre a Magdalena Guedes Pereira. Recife, 27 de agosto de 1941.

liberdade, esse descendente de escravo precisava de amparo, de assistência, de educação, de maior integração na sociedade a que devia pertencer como cidadão ou brasileiro pleno.

A missão que lhe foi confiada pela mocidade universitária, mereceu de sua parte, o ânimo de procurar desempenhá-la plenamente. Procurou desempenhá-la com dignidade, com civismo, com senso ético. E juntando sua condição de intelectual à de representante de sua gente e do seu Estado.

Mas, a década quarenta foi para o autor de uma crescentemente glorificada *Casa-Grande & Senzala*, época, para ele, de repercussão desse êxito literário em outros êxitos. Inclusive em entusiasmos mistos de literários e não literários. Parece exato, de certas expressões do livro terem despertado em mulheres, ao mesmo tempo, de aguda sensibilidade e de pendor intelectual, admirações transbordantes pelo autor.

Entre as admirações dessa espécie, a da parte de dama de grande relevo social, inclusive político, da qual se pode dizer ter juntado à beleza, à elegância, à graça requintadamente feminina, não só incomum inteligência como cultura geral, também incomum. E mais: superior talento artístico. Com esse excepcional conjunto de atributos é que se tomou de entusiasmo por escritor em quem parece ter encontrado, além de fascínio intelectual, atrativo pessoal, para ela, irresistível. Daí as numerosas cartas, acompanhadas de fotografias que passou a lhe enviar. As extremas atenções pessoais de que passou a cercá-lo, no estrangeiro, onde se tornara personalidade de alto prestígio. Não só por posições diplomáticas: também por seu extraordinário talento artístico. Empenhou-se de modo decisivo, em que esse entusiasmo se concretizasse, de modo o mais completo. Isto, sem haver, da parte do escritor, reciprocidade afetiva à altura de entusiasmo procedente da brasileira tão bela e culta. Mais: sentiu-se ele inibido, para a consolidação da aproximação desejada e de início tão ostensiva, por um conjunto de circunstâncias, ligadas à condição da romaticamente apaixonada, anterior à que passara a caracterizá-la e superdistingui-la socialmente. Essa condição anterior, sua ligação com amigo amicíssimo e também figura de relevo, além de social, intelectual do autor do livro triunfante.

Como alvo de entusiasmo tão complexo, o autor de uma *Casa-Grande & Senzala*, cujo êxito, na época, o punha em destaque único, atravessou dias intimamente críticos. Tal entusiasmo, pela sua procedência magnífica, por um lado envaidecia, nele, o homem: o brasileiro masculino predisposto a sucessos que anunciassem seu poder de atração sexual. Mas criando-lhe – fala autobiograficamente quem está se exprimindo em equivalente de diário – extremos de situações críticas: sentimentais, afetivas, sociais. É evidente não dever recordá-los com pormenores concretos. Há casos em que, aos personagens principais de episódios, em certos momentos, evidentes, se juntam outros personagens menores, cuja privacidade a ética impõe que sejam considerados e respeitados, através de silêncios.

A década quarenta marcou incisivo começo de reconhecimentos idoneamente estrangeiros de quem precisava desses reconhecimentos para ampliar-se, no próprio Brasil, a ideia de ser o autor de *Casa-Grande & Senzala* criativo, original, brasileiro e não o adaptador de modelo europeu ou estadunidense ao exame de uma situação, como a do Brasil, em grande parte, única, singular, diferente. Críticos estrangeiros idôneos começaram a tornar não só claro, como indiscutível, não seguir o autor de *Casa-Grande & Senzala*, modelo ou método de origens estrangeiras.

O fato da lúcida Blanche Knopf,[155] em contacto com o Brasil na década 40, ter descoberto *Casa-Grande & Senzala* e promovido

---

155 A editora norte-americana Blanche Knopf nasceu em Nova York, em 1894. Em 1921, Blanche tornou-se vice-presidente da editora capitaneada por seu marido, Alfred Knopf, a Alfred Knopf Inc. Durante a Segunda Guerra Mundial, Blanche viajou por vários países da América do Sul, em busca de autores para publicação. Nesse período, assinou contratos de publicação com Gilberto Freyre e dele publicou *Brazil: an interpretation*, em 1945, *The masters and the slaves* – a tradução de *Casa-grande & senzala* –, em 1946, e *New world in the tropics*, em 1959, esse último constituindo-se numa versão expandida do livro *Brazil: an interpretation*. Blanche Knopf era mulher de gostos refinados: era grande amiga de Artur Rubinstein e tinha como estilista favorito Christian Dior. Faleceu em 1966. A biblioteca central da Fundação Joaquim Nabuco é denominada Biblioteca Blanche Knopf.

Cartaz da candidatura de Gilberto Freyre a deputado federal pela UDN.

sua tradução à língua inglesa – tradutor, Samuel Putnam,[156] famoso por sua tradução de Cervantes[157] – deu repercussão universal ao livro. Pena não ter Alfred Knopf[158] se mostrado à altura da esposa, intelectualmente, tão superior a ele. É assim que, em vez de convidar para prefaciar a tradução um John Dos Passos[159] ou um Charles Beard[160] ou uma Ruth Benedict, fez que esse prefácio fosse de um ignorado e ignorante: certo Weinstock.[161] Prefácio inepto. Mesmo assim, a despeito do tradutor não ter sabido assimilar africanismos, indigenismos, tropicalismos do original, ao substituí-los por expressões eruditas, a tradução tornou conhecido o livro brasileiro a leitores de língua inglesa. Causou um impacto que, entretanto, poderia ter sido intelectualmente muito maior através de um prefaciador de categoria intelectual elevada.

---

156 O escritor, tradutor e editor norte-americano Samuel Putnam nasceu em Rossville, Illinois, em 1892. Foi o responsável pela tradução para o inglês de *Casa-grande & senzala*, intitulada *The masters and the slaves*. Após concluir seus estudos na Universidade de Chicago, Putnam trabalhou em vários jornais e tornou-se crítico literário. Tornou-se reconhecido e respeitado principalmente pelas traduções feitas para o inglês de obras de grandes autores. Faleceu em 1950 em Lambertville, Nova Jersey.

157 Miguel de Cervantes Saavedra nasceu em Alcalá de Henares em 1547 e foi autor da obra mais importante escrita em castelhano intitulada *Don Quixote de La Mancha*, cuja primeira parte foi publicada em 1605. Freyre refere-se nesse momento de seu texto à tradução à língua inglesa feita por Samuel Putnam de *Don Quixote*, publicada em Nova York no ano de 1949 pela Viking Press. Cervantes morreu em Madri, em 1616.

158 Nascido em 1892 na cidade de Nova York, o norte-americano Alfred Knopf foi um editor bem-sucedido no século XX. Fundou sua editora, a Alfred A. Knopf Inc. em 1915. Publicou no início autores russos e, em seguida, ampliou seu escopo de atuação, editando obras de Joseph Conrad, D. H. Lawrence, Jean-Paul Sartre, Simone de Beauvoir, Albert Camus, Thomas Mann e Franz Kafka. Faleceu em 1984 em Purchase, Nova York.

159 O escritor norte-americano John Dos Passos nasceu em Chicago, Illinois, em 1896. Dentre seus vários livros, figuram *A Pushcart at the curb* (1922), *Manhattan Transfer* (1925), a peça *The Garbage Man* (1926) e *The Big Money* (1936). Morreu em Baltimore, Maryland, em 1970.

160 O cientista político e historiador norte-americano Charles Austin Beard nasceu em Knightstown, Indiana, em 1874. Foi professor de Direito Público e, posteriormente, de Ciência Política na Universidade de Colúmbia entre os anos de 1904 e 1917. Foi autor de *The development of Modern Europe* (1907), obra de dois volumes escrita em coautoria com James Harvey Robinson. Escreveu também *American government and politics* (1910), *An economic interpretation of the Constitution* (1913), *The rise of the American civilization* (1927-1942), dentre outras. Faleceu em New Haven, Connecticut, em 1948.

161 Freyre refere-se a Herbert Weinstock, que trabalhou como editor na Alfred A. Knopf. Weinstock foi autor de uma nota biobibliográfica a seu respeito que fez parte da edição norte-americana de *Casa-grande & senzala*, *The masters and the slaves*, que veio a lume em 1946 e foi publicada pela editora nova-iorquina.

O que, tendo faltado também à tradução à língua espanhola, entusiasticamente recomendada por Ortega Y Gasset,[162] aconteceu, na mesma década, com a tradução e edição francesa – Gallimard.[163] Apareceu o livro brasileiro em Paris prefaciado por um sábio, além de magistral geógrafo-historiador, de notável expressão literária: Lucien Febvre.[164] E logo comentado por gente intelectual da melhor: André Rousseau, como crítico de *Le Fígaro*,[165] e o então ainda jovem, mas já notável, Roland Barthes, entre outros. Apresentação, portanto, magnificamente superior tanto à da tradução em espanhol como à tradução à língua inglesa.

Como estava ainda, na época, a cultura francesa, nos grandes dias marcados pela irradiação literária de André Gide,[166] de Valéry,[167] de Cocteau e, sobretudo, do monumental Marcel

---

162 O filósofo espanhol José Ortega y Gasset nasceu em Madri em 1883. Descendente de uma família de escritores e de políticos, estudou Filosofia na Alemanha. Ensinou Metafísica na Universidade de Madri entre 1910 e 1936. Fundou em 1923 a *Revista do Ocidente*, além de uma editora com o mesmo nome. Com Julián Marías, fundou em 1948 o Instituto de Humanismo de Madri. Seu livro de estreia, *Meditaciones del Quijote*, saiu em 1914. Em *España invertebrada* (1921), Ortega y Gasset estudou a realidade espanhola e sua história. O mais célebre de todos os seus livros e traduzido para várias línguas é *La rebelión de las masas* (1929). A leitura de Ortega y Gasset exerceu poderosa influência sobre Gilberto Freyre. O filósofo faleceu em Madri, em 1955.

163 Editora francesa fundada em 1911 por Gaston Gallimard (1881-1975) e pelos idealizadores da *Nouvelle Revue*.

164 Nascido em Nancy, França, em 1878, o historiador Lucien Febvre foi, com Marc Bloch, propagandista de uma mudança marcante nos parâmetros dos estudos históricos. Com Bloch, Febvre fundou em 1929 a revista *Annales d'histoire économique et sociale* e propôs a multiplicidade de abordagens no *metiér* historiográfico. Era partidário de o ofício do historiador aproximar-se das novas ciências sociais da época: a geografia de Vidal de La Blache, a sociologia de Durkheim e a psicologia. Escreveu vários artigos para a *Revue de synthèse historique*, de Henri Berr. Seus livros *La terre et l'évolution humaine* (1922) e *Le problème de l'incroyance au XVIe siècle. La religion de Rabelais* (1942) causaram grande impacto na historiografia europeia. É autor do prefácio à edição francesa de *Casa-grande & senzala*, publicada pela Gallimard, em 1952. Febvre faleceu em sua casa em Franche-Comté, França, em 1956.

165 Em março de 1953 em *Le Fígaro*, o renomado crítico francês André Rousseau publicou texto altamente elogioso à edição francesa de *Casa-grande & Senzala*.

166 O escritor francês André Gide nasceu em Paris em 1869 e foi um dos mais famosos intelectuais franceses, tendo sido autor de poemas e de contos. Recebeu o Prêmio Nobel de Literatura em 1947. Faleceu em Paris, em 1951.

167 Nascido na cidade francesa de Sète em 1871, o escritor francês Paul Ambroise Valéry publicou seus primeiros poemas na revista *La Conque* (1891-1892). Ensinou Arte Poética no Collège de France a partir de 1937. Faleceu em Paris, em 1945.

Proust[168] – a quem o autor brasileiro foi generosa e imediatamente, comparado pelo Professor Roger Bastide,[169] na véspera de tornar-se mestre da Sorbonne – o triunfo francês do autor de *Casa-Grande & Senzala* constituiu sua decisiva consagração em termos universais. As sucessivas edições Gallimard – só ultimamente interrompidas por dirigente editorial inepta – do livro brasileiro, consolidariam essa consagração.

O autor brasileiro considera-se muito mais devedor à língua francesa, à inteligência francesa, à superior crítica francesa, pelo reconhecimento, fora do Brasil e em termos universais, do seu pensamento e dos seus métodos inovadores – o mesmo viria acontecer com edições em língua alemã de traduções magistrais – que à língua espanhola e à língua inglesa. Isto a despeito de Lucien Febvre ter advertido o autor brasileiro: a expressão literária da tradução francesa não é a que o original exigia que fosse. O original – segundo Febvre – com a sua plasticidade, a flexibilidade, a originalidade que mesmo o europeu não conhecedor de língua portuguesa, sente existirem numa linguagem de todo – ainda, para Lucien Febvre – artisticamente única.

Talvez, das traduções do livro *Casa-Grande & Senzala*, a mais artisticamente apresentada tenha sido, em sua edição vene-

---

168 O célebre romancista francês Marcel Proust constituiu-se numa das mais confessas paixões literárias de Gilberto Freyre. Nascido em Auteil em 1871, após a morte de seus pais, dedicou-se quase exclusivamente à redação de sua obra-mestra *À la recherche du temps perdu* (1913-1927). Com sua obra, Proust abriu novas searas para a narrativa e influenciou de forma marcante a literatura ocidental produzida no século XX. Em 1970, toda a sua correspondência seria publicada. Era um dos autores prediletos de Freyre. Na obra de Proust, Freyre admirava, dentre outros elementos, a sua capacidade de evocação de memórias. O escritor francês faleceu em sua cidade natal, em 1922.

169 Sociólogo francês nascido em Lyon em 1898, Roger Bastide mudou-se para o Brasil em 1937 para dar aulas na Universidade de São Paulo, atividade que exerceu até 1954. Dedicou-se ao estudo das relações raciais no Brasil, ao folclore e à religião afro-brasileira. Suas principais obras são: *A psicologia do cafuné* (1941), *Estudos afro-brasileiros* (três volumes, 1946, 1951 e 1953), *Sociologia e psicanálise* (1948) e *Relações raciais entre negros e brancos em São Paulo* (1955, em coautoria com Florestan Fernandes). Traduziu *Casa-grande & senzala* para a língua francesa, publicada pela Editora Gallimard em 1952. Faleceu em Maison-Laffitte, em 1974.

zuelana (Ayacucho,[170] editora) prefaciada magistralmente por Darcy Ribeiro,[171] a espanhola, que, nesse particular, viria a ser, entretanto, superada pela alemã: trabalho de um Conde austríaco, Ludvig Von Shönfeldt,[172] infelizmente falecido. Ótimos, os editores alemães Clett-Cotta.[173] Ótimos pela maneira de se identificarem com o autor brasileiro editado, cuidando de fazê-lo chegar a críticos, escritores, jornais, de uma maneira, outrora, muito, no Brasil, do editor José Olympio,[174] nos seus grandes dias. Mas que vem faltando a editores brasileiros, com exceções notáveis: a de Francisco Alves,[175]. a de Alfredo Machado,[176] a dos Vita. Lembre-se de Alves vir sendo editor, sempre devotadíssimo, de Euclides da Cunha. Belo quando um editor se identifica com o editado.

---

170 A editora venezuelana publicou, além de *Casa-grande & senzala*, outros clássicos de escritores da América do Sul.

171 O antropólogo brasileiro Darcy Ribeiro nasceu em Montes Claros, Minas Gerais, em 1922. Criou o Museu do Índio em 1953 e fundou a Universidade Nacional de Brasília, na qual exerceu o cargo de reitor entre 1962 e 1963. Como etnólogo vinculado ao Serviço de Proteção ao Índio, realizou importantes pesquisas de campo entre várias tribos indígenas do Brasil. Dentre seus livros, destacam-se: *Religião e mitologia Kadiwél* (1950), *Línguas e culturas indígenas do Brasil* (1957), *A política indigenista brasileira* (1962) e *O processo civilizatório* (1968). Filiado ao PDT, foi vice-governador do Rio de Janeiro no governo Leonel Brizola (1983-1987). Foi eleito senador pelo Rio de Janeiro em 1990. Foi membro da Academia Brasileira de Letras, tendo sido eleito em 1992. Faleceu em Brasília, em 1997.

172 Ludwig Von Shönfeldt, além de ter sido responsável pela tradução alemã de *Casa-grande & senzala*, verteu para essa língua o livro de Jorge Amado *Capitães de areia*, que ganhou o título *Herren des Strandes* e seria publicado em 1951.

173 A primeira edição de *Casa-grande & senzala* em alemão saiu em 1965 em Berlim, pela Kiepenheur & Witsch. A tradução ficou a cargo de Ludwig Graf von Schönfeldt e contou com o prefácio de Hermann Mathias Görgen. A segunda edição, em 1982, foi publicada em Stuttgart pela Editora Klett-Cotta.

174 O editor José Olympio nasceu em Batatais, em 1902. Fundou em São Paulo, no ano de 1931, a editora que levou o seu nome, transferindo-a em 1934 para o Rio de Janeiro. Teve o grande mérito de lançar autores praticamente desconhecidos e que se tornaram posteriormente grandes nomes da literatura brasileira como Carlos Drummond de Andrade, Guimarães Rosa, Manuel Bandeira, Ciro dos Anjos, José Lins do Rego e Gilberto Freyre. Convidou Freyre a dirigir a Coleção Documentos Brasileiros, cargo que o pernambucano ocupou de 1936 até 1939, tendo sido o responsável por ela até o volume 18. A Livraria José Olympio Editora passou a publicar *Casa-grande & senzala* a partir de sua quarta edição, a qual Freyre considerou definitiva e, desde então, editaria toda a obra de Freyre até a morte do sociólogo. José Olympio faleceu no Rio de Janeiro, em 1990.

175 Francisco Alves foi um renomado livreiro e editor. Em sua editora, fez edições primorosas de importantes escritores brasileiros como Olavo Bilac, Raul Pompéia e Euclides da Cunha.

176 Alfredo Machado fundou em 1942, com Décio de Abreu, a Record, uma empresa distribuidora de histórias em quadrinhos. Vinte anos depois, a Record lançaria seu primeiro livro, *O poder das ideias*, de autoria de Carlos Lacerda. A Editora Record publicaria vários livros de Gilberto Freyre. Alfredo Machado faleceu em 1991.

Essa identificação vem faltando, no Brasil, da parte de diretores de revistas e de jornais para com colaboradores, dentre os que, pelo seu renome ou valor, mais prestigiam tais publicações. Identificação, entretanto, que continua a ser a da mais jovem geração de Mesquitas, de *O Estado de São Paulo*, igual, nesse particular, aos pais e ao avô.[177] Oliveira Lima sempre se dizia devedor a esse grande jornal por uma maneira superiormente ética de acolherem sua colaboração. Dando-lhe destaque, mesmo quando o "Dom Quixote gordo"[178] mais asperamente independente. Atitude que começara a ser a do admirável Carlos Lacerda[179] ao tornar-se editor.

O assunto leva o observador de hoje a recordar-se da extraordinária figura de Edmundo Bittencourt[180] do *Correio da Manhã*. Um romântico à inglesa, esse brasileiro que deu ao jornalismo, no nosso País, arrojos tão singulares. Tão singulares que o filho ilustre não soube, não quis ou não pôde segui-los. É a ele que, quanto a mim, devo ter sido convocado para colaborador do seu jornal com honorários excepcionais.

O motivo: simpatia de anglófilo por outro anglófilo. Lendo coisas minhas, impressionou-se – como me revelou – com o que, para ele, havia, no meu escrever, de influência britânica. Ritmo de

---

177 A nova geração à qual Freyre refere-se corresponde à de Júlio de Mesquita Neto e Ruy Mesquita, filhos do célebre jornalista Júlio de Mesquita Filho, que assumiu a direção do jornal *O Estado de S. Paulo* nos anos 1920 e nele promoveu uma profunda reformulação. Após o falecimento de Mesquita Filho, em 1969, o jornal passou a ser dirigido por Mesquita Neto. Com a morte deste, em 1996, a direção passou para a batuta de Ruy Mesquita.

178 A alcunha de "Dom Quixote Gordo" à Oliveira Lima foi dada por Gilberto Freyre. Em 1968, foi publicado no Recife um depoimento do sociólogo intitulado *Oliveira Lima, Don Quixote gordo* pela Imprensa Universitária da Universidade Federal de Pernambuco.

179 O político e jornalista Carlos Lacerda nasceu no Rio de Janeiro, em 1914. Formado em Direito, foi deputado federal e governador do antigo estado da Guanabara. Fundou e foi diretor do jornal *Tribuna da Imprensa*. Adotava como pseudônimos Júlio Tavares, João da Silva, Marcos Pimenta e Nicolau Montezuma. Escreveu *A missão da imprensa* (1950), *Xanam e outras histórias* (1959), *O poder das ideias* (1962), *Palavra e ação* (1965), *Crítica e autocrítica* (1966), *O cão negro* (1971) e *A casa do meu avô* (1976).

180 Nascido em Santa Maria, Rio Grande do Sul, em 1866, Edmundo Bittencourt foi jornalista, advogado e redator de *A reforma*, em Porto Alegre. No Rio de Janeiro, escreveu para *A imprensa* (1900-1901) e foi fundador do *Correio da Manhã*, em 1901. Faleceu no Rio de Janeiro, em 1943.

frase, expressividade, ironia e, acentuava, sobretudo, *humour: sense of humour.*

Curioso que esse jornalista célebre, quando militante, pela combatividade, por vezes áspera, prezasse, como prezava, o *sense of humour.* Um senso que veio a faltar ao filho e sucessor ilustre, Paulo,[181] talvez por ter tido, em sua formação europeia, contacto mais com os lógicos de Cambridge que com os, por vezes, paradoxais oxonianos:[182] os capazes de parecerem – ou mesmo se tornarem – não de todo racionais e até contraditórios, para não se fecharem em lógicas, fossem essas lógicas o que fossem: liberais, conservadoras, tradicionalistas, modernistas, regionalistas, universalistas.

As conversas que tive com Edmundo Bittencourt foram das que mais me encantaram com brasileiros. Isto por não ter sido ele ou querido ser, convencionalmente *causeur. Causeur* muito a seu modo.

Haverá um talento brasileiro nesse particular? Pode-se falar de brasileiros que, sem saberem escrever, sabem – ou souberam! – conversar?

De certa maneira, sim. O exemplo que mais me ocorre é o de Paulo Inglês de Souza.[183] Viajamos juntos pela Europa – inclusive pela Espanha em guerra civil – e tivemos vários encontros no Rio, a alguns dos quais presente um excelente amigo comum: Octávio Tarquínio de Souza.

A Paulo Inglês de Souza não faltava uma das melhores culturas gerais, dentre as que pude surpreender em brasileiros de sua época. Dessa cultura sabia servir-se para comentar, com malícia e, por vezes, *sense of humour* do mais castiço, atualidades tanto nacionais como estrangeiras.

Sabia alguma Antropologia. Procurou convencer-me de que, através de confrontos de minha fisionomia com as dos retratos

---

181 Paulo Bittencourt foi diretor-proprietário do *Correio da Manhã* entre os anos de 1928 e 1963. Em 1937, Freyre foi convidado por Paulo a colaborar com o diário.

182 Gilberto Freyre alude neste ponto à Universidade de Oxford.

183 Paulo Inglês de Souza era filho do grande romancista Inglês de Souza.

do Freyre de Andrade, Conde de Bobadella,[184] eu, que me reconhecia vindo de Freyres de origem galega, devia ter parentesco com o famoso lusitano, de evidente origem galega.

E como se empenhava em dar às suas especulações antropológicas caráter científico, ao nos encontrarmos em Paris e decidirmos ir aventurosamente à Espanha em guerra – eu, valendo-me de um passaporte diplomático que, em caso de situação crítica, não me concederia resguardo da parte do Itamarati, como me disse muito incisivamente o então e ilustre embaixador do Brasil em Lisboa – uma de suas preocupações, ao iniciarmos tal aventura, indo à bela Santiago de Compostela, foi que visitássemos o Castelo ancestral dos Freyres de Andrade. Para ele, origem dos meus Freyres, segundo aquelas evidências antropológicas.

Sendo, eu próprio, homem de alguma formação cientificamente antropológica e, dentro dessa formação, admitindo possíveis identificações de origens pessoais, através de retratos antigos, nunca, entretanto, deixei de ser um tanto cético acerca de tais identificações, sempre que lhes faltassem outros apoios.

Em Paulo Inglês de Souza, a alguma iniciação em Antropologia como ciência, juntava-se a condição de filho de famoso jurista que foi, também, romancista de valor. Nunca, porém, teve, ele próprio, namoros paraliterários. Talvez, agudamente crítico como era, soubesse que o seu escrever não correspondia ao seu falar em conversa. Em conversa a dois ou a três. Não rasgadamente pública, oratória, brilhantemente retórica, como a que, no Rio da década quarenta, transbordante sobre a cinquenta e a sessenta, deu tanto renome ao admirável Edmundo da Luz Pinto.[185] Foi admirado, nesse

---

184 Por ordem do rei D. José, em dezembro de 1758, foi concedido a Gomes Freire de Andrade (1685-1763) o título de conde de Bobadella. Gomes Freire de Andrade foi capitão-general do Rio de Janeiro de 1733 até sua morte.

185 Edmundo da Luz Pinto nasceu no Rio de Janeiro, em 1898. Formado em Direito, foi professor, político, embaixador e membro da Academia Catarinense de Letras e da So ciedade Felipe D'Oliveira. Escreveu *Discursos na minha terra* (1919). Morreu no Rio de Janeiro, em 1963.

particular, por muitos. Inclusive por Assis Chateaubriand e por Afrânio Peixoto.

Será que ainda há *causeur* no Brasil? Parece-me que ao do tipo ortodoxo falta atualmente, espaço. A televisão, talvez venha agindo contra as vocações porventura existentes. Desanimando-as. Mesmo com esse desfavor, Pedro Calmon[186] continuou *causeur* fascinante.

Um *causeur* exige espaço e tempo hoje difíceis de andarem juntos no Brasil. Talvez seja possível que algum se faça ouvir nos chás da Academia Brasileira de Letras. Um Josué Montello,[187] por exemplo: tão bom no conversar como no escrever evocativo: machadiano. Ou em fins de sessões do Instituto Histórico e Geográfico.

Nos fins dessas sessões, compreende-se que o próprio e já recordado Pedro Calmon se faça ouvir em recordações de episódios quase históricos sobre os quais não lhe falta talento artístico para narrá-los em doce voz de conversa. A voz de conversa que precisa evitar parecer-se com a do orador. Calmon é senhor das duas vozes. No Conselho Federal de Cultura, de que vem sendo membro provecto, em suas sempre importantes intervenções, não raro tem passado de uma voz a outra, prendendo a atenção quase religiosa dos colegas, tanto num caso como no outro.

---

186 Célebre historiador brasileiro, Pedro Calmon nasceu em Amargosa, Bahia, em 1902. Formou-se em Direito no Rio de Janeiro em 1924 e foi professor livre-docente da Universidade do Brasil. Foi ministro da Educação (1950-1951) no governo do presidente Eurico Gaspar Dutra. Publicou o primeiro volume de sua *História social do Brasil* em 1935. Publicou também: *O segredo das minas de prata*, tese de concurso (1950); *História do Brasil*, 7 volumes, ilustrados (1959); *Brasília, catedral do Brasil:* história da Igreja no Brasil (1970); *História do Ministério da Justiça 1822-1922* (1972) e *História de D. Pedro II*, 5 volumes ilustrados (1975), dentre outros. Foi membro do Instituto Histórico e Geográfico Brasileiro e da Academia Brasileira de Letras, tendo colaborado intensamente para as revistas das duas instituições. Faleceu no Rio de Janeiro, em 1985.

187 O escritor Josué Montello nasceu em São Luís do Maranhão, em 1917. Seu primeiro romance, *Janelas fechadas*, foi publicado em 1941. Consagrou-se no campo da Biblioteconomia, lecionando e promovendo cursos na Biblioteca Nacional. Sua obra literária abrange vários gêneros. Escreveu *O sentido educativo da arte*, pedagogia (1938); *Os homens do Maranhão*, história (1940); *Curso de organização e administração de bibliotecas*, biblioteconomia (1943); *Labirinto de espelhos*, romance (1952) e *Os tambores de São Luís*, romance (1975), dentre outros. Foi membro da Academia Brasileira de Letras, onde foi presidente entre os anos de 1994 e 1995. Faleceu no Rio de Janeiro, em 2006.

Será que se pode dizer o mesmo de Osvaldo Aranha[188] e de um Flores da Cunha?[189] Creio que não. Nesses o orador não deixava que surgisse ou se afirmasse um possível *causeur*. O que acontece, entretanto, atualmente com o admirável Afonso Arinos de Mello Franco: tão *causeur* como orador.

Desdenhando-se de oratória quando enfática, não se pretende subestimar essa arte da comunicação que tanto pode resvalar em expressão bombástica – o que acontecia com Maurício de Lacerda[190] – como atingir primores da melhor estética verbal: os característicos do filho, Carlos Lacerda, nos seus grandes momentos. Grandes momentos por ele também atingidos na expressão literária. Que o diga o livro *A Casa do Meu Avô*.

Escrevi uma vez detestar a oratória dos Octavios Mangabeiras.[191] Devo especificar que me referia à do Octavio anterior ao exílio. O contacto com a oratória parlamentar da França e da Inglaterra fez que o insigne brasileiro ajustasse a riqueza tropical de som – ou de

---

188 Nascido em Alegrete, no Rio Grande do Sul, Osvaldo Euclides de Sousa Aranha formou-se na Faculdade de Ciências Jurídicas e Sociais do Rio de Janeiro, em 1916. Foi chefe da Polícia na fronteira com o Uruguai (1924) e prefeito de Alegrete (1925). Amigo pessoal de Getúlio Vargas, participou da Revolução de 1930. Ocupou a pasta da Justiça (1930), da Fazenda (1931), foi embaixador do Brasil em Washington (1935), ministro das Relações Exteriores (1938-1944), presidente da Assembleia Geral da ONU em 1947 e ministro da Fazenda (1953-1954). Foi general honorário do Exército Brasileiro. Faleceu no Rio de Janeiro, em 1960.

189 José Antônio Flores da Cunha nasceu na estância São Miguel, município de Santana do Livramento, Rio Grande do Sul, em 1880. Tendo ido cursar Direito em São Paulo, participou dos movimentos políticos do Partido Republicano Paulista. Com o assassinato de João Pessoa no Recife em 26 de julho de 1930, Flores da Cunha liderou, ao lado de Osvaldo Aranha, uma manifestação em Porto Alegre defendendo abertamente a revolução. Vargas nomearia Flores da Cunha interventor no Rio Grande do Sul. Faleceu no Rio Grande do Sul, em 1959.

190 Maurício de Lacerda era pai do jornalista Carlos Lacerda.

191 O político, engenheiro, professor, diplomata e orador Octavio Mangabeira nasceu em Salvador, Bahia, em 1886. Foi ministro das Relações Exteriores do governo Washington Luís. Neste período, sua atuação pautou-se pela consolidação de questões relativas a delimitações de fronteiras, complementando as resoluções do barão do Rio Branco. Com a Revolução de 1930, exilou-se nos Estados Unidos, de onde retornaria em 1945. Filiando-se à União Democrática Nacional, foi novamente eleito para a Câmara Federal em 1946, pela Bahia. Em 1947, Mangabeira foi eleito governador da Bahia e, em 1958, aos 72 anos, conseguiu o posto de senador. Foi membro da Academia Brasileira de Letras. Faleceu no Rio de Janeiro, em 1960.

sons – de sua belíssima voz, a um ritmo Churchiliano[192] de expressão que fez nascer nele um outro orador: superiormente estético. Potentemente estético. Ouvi-o, no plenário da Constituinte de 46, em reunião memorável em que o Senador Luís Carlos Prestes pretendeu atrapalhá-lo com uma confusa palavra apenas demagógica. Octavio Mangabeira, em voz tranquilamente incisiva, interrompendo discurso apenas em começo, disse apenas: "contenha-se o nobre Senador pelo Rio de Janeiro. Preciso de falar sobre assunto sério". O "contenha-se" pronunciado de tal maneira que o Senador Prestes imediatamente se conteve. Parecia não saber o que fazer das duas mãos a princípio gesticulantes e retóricas. Tornaram-se mãos totalmente esquerdas, no sentido não ideológico mas no sentido de ineptas.

Senti estar diante de um Octavio Mangabeira senhor de uma nova eloquência. De uma nova oratória. De nova forma de domínio sobre aparteantes, em particular, e do público, em geral. A esse eu não podia senão admirar, como talvez não conseguisse admirar Ruy Barbosa.

Um Ruy Barbosa cuja eloquência não impressionou Haia. Palavrosa. Até, para alguns, por vezes, quase bombástica. Quando aluno de Direito Internacional de dois mestres ilustres, na Universidade de Colúmbia, Bassett Moore[193] e Munro,[194] em vão procurei, em registros idôneos das reuniões de Haia em 1906, repercussões de triunfo oratório de Ruy.

---

192 Freyre refere-se aqui ao estilo discursivo de Winston Churchill. Nascido em Bleinheim Palace, Oxfordshire, na Inglaterra, em 1874, Churchill tornou-se primeiro-ministro da Inglaterra em maio de 1940, aos 66 anos de idade. Destacou-se por sua grande habilidade oratória e principalmente por antever o envolvimento da Inglaterra na Segunda Guerra Mundial. Faleceu em Londres, em 1965.

193 O jurista norte-americano John Basset Moore nasceu em Smyrna, Delaware, em 1860. Iniciou sua carreira de professor de Direito Internacional na Universidade de Colúmbia em 1891, onde permaneceu até 1924, tendo sido professor de Gilberto Freyre. Foi membro do Tribunal de Haia entre 1912 e 1928. Foi autor de *History and digest of international arbitrations to which the United States has been a party*, obra de 6 volumes (1898) e de *Four phases of American development: federalism, democracy, imperialism, expansion* (1912). Faleceu em 1947, em Nova York.

194 Nascido em 1875 em Almonte, no Canadá, o cientista político e historiador William Bennett Munro lecionou na Universidade de Harvard até 1929. Foi eleito em 1927 presidente da Associação Americana de Ciência Política e, em 1929, presidente da Associação Americana de Professores Universitários. Faleceu em Pasadena, Califórnia, em 1957.

Não encontrei. O suposto triunfo foi o publicitário obtido habilmente, e com algum dinheiro, pelo Barão do Rio Branco, servindo-se principalmente do jornalista inglês William Stead[195] e de sua *Review of Reviews.*

Que espécie de eloquência pode-se esperar de um bom mestre universitário moderno? É problema que venho considerando – creio já o ter dito – desde os meus dias de professor, por algum tempo, da Universidade do Distrito Federal, para a qual o educador Anísio Teixeira me convocou para aí dar início, na América Latina, ao mesmo tempo que ao ensino de ciência recém aparecido em língua inglesa: a Antropologia Social ou Cultural, ao de Sociologia Moderna. Matérias, uma aprendida do antropólogo Franz Boas, na Universidade de Colúmbia, outra, na mesma Universidade, do sociólogo Franklin Giddings.[196] Dois bicudos que sabia-se, entre os estudantes, não se beijarem.

Parece ter sido um dos motivos dessa falta de harmonia, o fato de ser um, de palavra comunicativa – Giddings – e outro – Boas – de palavra difícil. Um contraste.

Giddings tornou-se sociólogo – talvez o maior, em sua época, em língua inglesa – depois de se ter feito notar como jornalista. E, como jornalista, mestre de uma brilhante expressão literária que, ao tornar-se sociólogo, pôs a serviço dessa, então, ainda nova disciplina universitária.

Era um prazer intelectual ouvir suas aulas de teórico da sociologia que, subitamente, adquiriu renome mundial pela teoria, de

---

195 William Thomas Stead, jornalista inglês, nasceu em 1849 e fundou a revista *Review of Reviews,* em 1890. Dedicou-se à defesa da paz internacional e escreveu *If Christ came to Chicago* (1893) e *The americanization of the world* (1902). Morreu em 1912 no naufrágio do Titanic.

196 O sociólogo norte-americano Franklin Giddings nasceu em 1855, em Sherman, Connecticut. Giddings foi professor de Gilberto Freyre na Universidade de Colúmbia. Tornou-se professor de Colúmbia em 1894, ocupando a cadeira de Sociologia e História da Civilização. Seu trabalho de grande repercussão foi *Principles of sociology,* publicado em 1896, no qual ele apresenta a noção de "consciência de espécie", conceito que causou impacto na teoria sociológica da época. Em seu trabalho *Studies in the theory of human society* (1922), Giddings estudou as formas através das quais o ambiente influencia o caráter de uma população e define a sua capacidade de criar novas soluções e técnicas para se adaptar ao meio. O sociólogo aposentou-se da Universidade de Colúmbia em 1928 e faleceu em 1931.

sua criação, de "consciência de espécie". Que tipo de eloquência foi a sua?

Creio que a de um cientista, pensador, teórico que sentiu a necessidade de expressar-se como se fosse um estilista literário. Escolhendo palavras. Juntando, através de uma arte, e não apenas de uma ciência, adjetivos a substantivos. Exato, preciso, enxuto, nessa arte, mas também tão expressivo como se fosse, no seu modo de ser didata, um ensaísta oral. Daí sua eloquência sempre sob controle.

Ao afirmar de Boas, no livro *Casa-Grande & Senzala*, ter sido o mestre universitário que me fez maior impressão, deixei Giddings um tanto na sombra.[197] Boas não primava pela palavra fluente. Quem o ouvisse precisava, por vezes, de como que completar o que ele dizia. Era de todo um antieloquente. Quer falando, quer escrevendo. Através dos livros, talvez com auxílio de assessor de todo inteirado do seu pensamento e da sua ciência – outra Ruth Benedict, talvez – Boas se comunica bem com o leitor. Mas tal não se pode dizer de sua comunicação com seus estudantes na Universidade de Colúmbia.

Um mestre universitário precisa de saber comunicar-se com jovens. Nesse particular, Giddings foi exemplar, como sociólogo. Sem ter sido convencionalmente eloquente, foi senhor de uma palavra lúcida, exata, sugestiva.

A sugestão pode-se dizer que é parte de uma eloquência tão discreta que não se afirma brilhantemente eloquente. Contém-se. Mas atua, quase sem parecer que atua.

Foi o tipo de eloquência que, em Oxford, me impressionou em Gilbert Murray,[198] no Colégio de França, em Lucien Febvre, em Coimbra, em Joaquim de Carvalho[199] e que, na Espanha, me vem im-

---

197 Freyre faz uma clara referência neste momento ao seguinte trecho do prefácio à primeira edição de *Casa-grande & senzala*: "O professor Franz Boas é a figura de mestre de que me ficou até hoje maior impressão". Gilberto Freyre, *Casa-grande & senzala*, 51ª edição, São Paulo, Global, 2006, p. 31.

198 Gilbert Murray nasceu em 1866 e foi professor de Grego em Glasgow (1889-1899) e em Oxford (1908-1936). Foi autor de *History of ancient Greek literature* (1897), *Euripides and his age* (1913) e *The classical tradition in poetry* (1927). Trabalhou nos anos 1920 na Liga das Nações. Faleceu em 1957.

199 O professor e ensaísta português Joaquim de Carvalho nasceu em Figueira da Foz em 1892. Formou-se em Direito na Universidade de Coimbra em 1914 e em Letras em 1915. Doutorou-se em Letras em 1917 e passou a ser professor catedrático da Faculdade de

pressionando em Julián Marías.[200] No Brasil, são vários os intelectuais de hoje que sabem comunicar-se atraentemente com ouvintes do mesmo modo que com leitores, sem serem convencionalmente eloquentes. Intelectuais como – dentre outros – Josué Montello, Raymundo Faoro,[201] Afonso Arinos de Mello Franco, Miguel Reale,[202] os dois Mendes de Almeida,[203] Tarcísio Padilha,[204] Lourival Vilanova,[205] Odilon Ri-

---

Letras de Coimbra em 1919, lecionando História da Filosofia. Fundou e dirigiu a *Biblioteca Filosófica* e a *Revista Filosófica*. Dentre suas obras, destaca-se *Estudos sobre a cultura portuguesa* (1947-1955), em quatro volumes. A seu respeito, Gilberto Freyre escreveu um elogioso artigo na revista *O Cruzeiro* (Rio de Janeiro), em 22 de setembro de 1956, e publicado na obra coletiva *Joaquim de Carvalho no Brasil*. Faleceu em Coimbra, em 1958.

200 O filósofo espanhol Julián Marías nasceu em 1914. Discípulo de Ortega y Gasset, sobre o qual escreveu *Ortega, circunstancia y vocación*, em 1973. Apresentou a conferência "O tempo hispânico em Gilberto Freyre", incluída na obra *Gilberto Freyre na UnB* (1981). Gilberto Freyre escreveu o prefácio ao seu livro *A estrutura social* (1955). Após a morte de Freyre, Marías publicou no jornal *ABC* de Madri o artigo "Adiós a un brasileño universal".

201 O pensador brasileiro Raymundo Faoro nasceu em Vacaria, no Rio Grande do Sul, em 1925. Formou-se em Direito, em 1948, pela Universidade Federal do Rio Grande do Sul. Sua obra mais famosa, *Os donos do poder* (1958), trata da formação do patronato brasileiro. No livro, Faoro sugere que o poder público no Brasil é exercido como se fosse privado. Escreveu um primoroso ensaio a respeito de Machado de Assis intitulado *A pirâmide e o trapézio*, lançado em 1974. Faoro foi presidente nacional da Ordem dos Advogados do Brasil, entre os anos de 1977 e 1979. Durante o governo de João Figueiredo, teve atuação central na luta pela anistia ampla, geral e irrestrita. Recebeu o Prêmio José Veríssimo, da Academia Brasileira de Letras em 1959. Foi eleito em 2000 para a Academia Brasileira de Letras. Colaborou com as revistas *Senhor*, *IstoÉ* e *Carta Capital*. Faleceu no Rio de Janeiro, em 2003.

202 O jurista, filósofo e político brasileiro Miguel Reale nasceu em São Bento do Sapucaí, São Paulo, em 1910. Foi professor catedrático de Filosofia do Direito na Faculdade de Direito da Universidade de São Paulo. Foi secretário da Justiça do estado de São Paulo em 1947 e de 1963 a 1968. Fundou em 1951 a *Revista Brasileira de Filosofia*. Suas concepções filosófico-jurídicas estão contidas em sua *Filosofia do Direito*, publicada em dois tomos em 1953. Teve atuação determinante na redação do Código Civil Brasileiro. Faleceu em São Paulo, em 2006.

203 Freyre certamente está se referindo aos irmãos Cândido Antônio Mendes de Almeida e Luiz Fernando Mendes de Almeida. Cândido Antônio Mendes de Almeida nasceu no Rio de Janeiro em 1928. Formou-se em Direito e Filosofia na Pontifícia Universidade Católica do Rio de Janeiro e doutorou-se na Faculdade Nacional de Direito, pertencente à antiga Universidade do Brasil. No Brasil, lecionou na Pontifícia Universidade Católica do Rio de Janeiro, na Fundação Getúlio Vargas e no Iuperj. Deu aulas como professor-visitante em diversas universidades norte-americanas, como em Stanford, Princeton e Harvard, entre outras. É sócio honorário do Instituto Histórico e Geográfico Brasileiro, membro da Academia Brasileira de Letras e reitor da Universidade Cândido Mendes. Luiz Fernando Mendes de Almeida formou-se em 1956 em Jornalismo e em 1957 em Direito na Pontifícia Universidade Católica do Rio de Janeiro. Foi professor de 1953 a 2003 no Conjunto Universitário Cândido Mendes, que a partir de 1997 passou a ser reconhecido como Universidade. É vice-presidente da Sociedade Brasileira de Instrução.

204 Tarcísio Padilha nasceu no Rio de Janeiro em 1928. Formou-se em Direito e Filosofia na Pontifícia Universidade Católica do Rio de Janeiro. Doutorou-se em Filosofia na Universidade do Estado do Rio de Janeiro, onde é professor-titular. Foi eleito membro da Academia Brasileira de Letras em 1997.

205 Lourival Vilanova foi professor-emérito da Faculdade de Direito do Recife, onde lecionou Teoria Geral do Direito. Foi procurador-geral do estado de Pernambuco, catedrático de Teoria Geral do Estado e titular de Sociologia.

beiro Coutinho,[206] Maria do Carmo Tavares de Miranda,[207] Edson Nery da Fonseca,[208] Roberto DaMatta, Clóvis Cavalcanti,[209] Raul Lody,[210] Joa-

---

206 Nascido em 1923 em Santa Rita, Paraíba, Odilon Ribeiro Coutinho foi um dos amigos mais próximos de Gilberto Freyre. Apoiou intensamente a candidatura do sociólogo para a Câmara Federal. É autor do prefácio à biografia de Freyre escrita por Diogo de Melo Meneses. Além disso, escreveu "Dois patriarcas da Independência Nacional" e "À época em que apareceu *Casa-grande & senzala*" (ambos publicados em *Novas perspectivas em Casa-grande & senzala,* de 1985) e "História íntima, vida cotidiana e reconstituição do tempo morto em Gilberto Freyre" (incluído em *O cotidiano em Gilberto Freyre,* de 1992). Faleceu no Rio de Janeiro, em 2000.

207 A filósofa Maria do Carmo Tavares de Miranda nasceu no município pernambucano de Vitória de Santo Antão em 1926. Fez doutorado e pós-doutorado em Filosofia na Sorbonne. Organizou o curso de mestrado em Filosofia da Universidade Federal de Pernambuco. Foi diretora-adjunta e, posteriormente, diretora-geral do Seminário de Tropicologia da Fundação Joaquim Nabuco. É autora de *Diálogo e meditação do viandante* (1965) e *Os franciscanos e a formação do Brasil* (1969). Organizou a obra coletiva *À memória de Gilberto Freyre*, para a qual escreveu o ensaio "Humanismo científico de Gilberto Freyre". Trabalhou como editora das revistas *Ciência & Trópico* e dos *Anais do Seminário de Tropicologia.*

208 Edson Nery da Fonseca nasceu no Recife, em 1921. Conheceu Gilberto Freyre em 1940 e desde então tornou-se um de seus amigos mais íntimos. Diplomou-se em Biblioteconomia no Curso Superior da Biblioteca Nacional do Rio de Janeiro em 1947. Foi bibliotecário da Câmara dos Deputados. No início dos anos 1960, foi convidado para integrar o corpo docente da Universidade de Brasília, na qual foi responsável pela organização de sua biblioteca central. Sua obra *Introdução à biblioteconomia* (1992), com prefácio de Antônio Houaiss, é amplamente utilizada nos cursos de Biblioteconomia nas universidades brasileiras. Em 1997, recebeu o título de professor-emérito da UnB. Organizou a obra coletiva *Gilberto Freyre na UnB*, reunião de conferências proferidas em seminário por ele organizado na capital federal. Organizou e prefaciou vários livros de Freyre, como *Prefácios desgarrados* (1978), *Heróis e vilões no romance brasileiro* (1979), *Pessoas, coisas & animais* (1979), *Ferro e civilização no Brasil* (1980), *Bahia e bahianos* (1990), *Novas conferências em busca de leitores* (1995), *Palavras repatriadas* (1997), e *Americanidade e latinidade da América Latina e outros ensaios afins* (1997) e *Antecipações*. Foi coautor do roteiro e narrador dos quatro documentários sobre Gilberto Freyre e sua obra-mestra – *Casa-grande & senzala* – filmados por Nelson Pereira dos Santos. Escreveu a apresentação e elaborou textos de atualização para a 6ª edição de *Olinda: 2º guia prático, histórico e sentimental de cidade brasileira*, de Gilberto Freyre, publicada em 2007 pela Global Editora. Nesse mesmo ano, publicou *Em torno de Gilberto Freyre*, pela Editora Massangana.

209 O economista pernambucano Clóvis Cavalcanti nasceu em Maraial, em 1940. Graduou-se em Economia na Universidade Federal de Pernambuco. Realizou seu mestrado na Universidade de Yale, nos Estados Unidos, nos anos de 1964 e 1965. É professor da Universidade Federal de Pernambuco, pesquisador-titular da Fundação Joaquim Nabuco, membro fundador da International Society for Ecological Economics (Isee), da Sociedade Brasileira de Economia Ecológica (Ecoeco) e de outras sociedades científicas.

210 Raul Lody nasceu no Rio de Janeiro em 1951. Foi professor de Cultura Brasileira e Arte Popular Brasileira no curso de Museologia da Finej, na capital carioca. Autor de uma extensa obra composta por artigos e livros, escreveu *Santo também come* (1979), prefaciado por Gilberto Freyre. É autor do estudo "O olhar etnográfico em Gilberto Freyre", incluído na obra coletiva *O cotidiano em Gilberto Freyre.*

quim Falcão,[211] Severino Nogueira,[212] Gilberto Velho,[213] Nilo Pereira.[214] Outrora, Anísio Teixeira.

Creio já ter referido o fato de, depois de convocado para professor da Universidade do Distrito Federal, por Anísio Teixeira, ter desapontado estudantes com minhas primeiras aulas, pelo que lhes pareceu minha falta de eloquência. Não parecia que discursava. Exatamente o que eu buscava: não discursar. Comunicar-me em voz de conversa.

Explica-se. Anísio Teixeira convocara para primeiros mestres da nova Universidade, intelectuais brasileiros famosos pela eloquência. Pelas aulas-discursos. Pela vibração oratória. Intelectuais de valor: Hermes de Lima,[215] um deles. Brilhante. Competente. Mas de uma eloquência que me parecia não caber numa

---

211 O jurista Joaquim Falcão de Arruda Neto formou-se em Direito na Pontifícia Universidade Católica do Rio de Janeiro. Trabalhou com Gilberto Freyre na Fundação Joaquim Nabuco. É doutor em Educação pela Universidade de Harvard e foi conselheiro do Conselho Nacional de Justiça entre junho de 2005 e junho de 2009. É autor de artigos e livros sobre Sociologia do Direito e Patrimônio Cultural. Organizou, com Rosa Maria Barboza de Araújo, a obra coletiva *O imperador das ideias:* Gilberto Freyre em questão, publicada em 2001. Para tal livro, escreveu o texto "A luta pelo trono: Gilberto Freyre *versus* USP".

212 Severino Nogueira foi padre, tendo sido vigário da paróquia de Santo Antônio, no Recife. Dono de uma erudição peculiar, escreveu uma obra histórica a respeito do seminário de Olinda.

213 O antropólogo Gilberto Velho formou-se em Ciências Sociais na Universidade Federal do Rio de Janeiro, em 1968. Fez o mestrado na mesma instituição, concluindo-o em 1970. Doutorou-se em Ciências Humanas na Universidade de São Paulo em 1975. É professor-titular de Antropologia do Museu Nacional da Universidade Federal do Rio de Janeiro. É autor, dentre outros livros, de *A utopia urbana:* um estudo de antropologia social (1973), *Individualismo e cultura:* notas para uma antropologia da sociedade contemporânea (1981), *Subjetividade e sociedade:* uma experiência de geração (1986).

214 O jornalista e historiador Nilo Pereira nasceu em Ceará-Mirim, Rio Grande do Norte, em 1909. Foi membro do conselho-diretor da Fundação Joaquim Nabuco. Dois de seus livros foram prefaciados por Gilberto Freyre: *Conflitos entre a igreja e o Estado no Brasil* (1970) e *A Faculdade de Direito do Recife 1927-1977:* ensaio biográfico (1977). Escreveu "*Casa-grande & senzala* e o seu tempo", publicado em *Novas perspectivas em* Casa-grande & senzala, obra coletiva organizada por Edson Nery da Fonseca, e "Gilberto Freyre visto de perto", incluído na obra coletiva *O cotidiano em Gilberto Freyre* (1992). Faleceu no Recife, em 1992.

215 Nascido em 1902 no município baiano de Livramento do Brumado, Hermes de Lima formou-se em Direito em Salvador. Foi redator do *Correio Paulistano*, da *Folha da Manhã* e da *Folha da Noite* em São Paulo e do *Diário de Notícias* e do *Correio da Manhã* no Rio de Janeiro. Foi professor de Introdução à Ciência do Direito na Universidade do Distrito Federal, no Rio de Janeiro, em 1933. Em 1946, foi eleito deputado federal, na mesma legislatura de Gilberto Freyre. Foi chefe da Casa Civil durante o governo João Goulart (1961-1962). Escreveu, dentre outros livros, *Introdução à ciência do Direito* (1933), *Problemas do nosso tempo* (1935), *Tobias Barreto, a época e o homem* (1939) e *Anísio Teixeira, estadista da educação* (1978). Foi membro da Academia Brasileira de Letras. Faleceu no Rio de Janeiro, em 1978.

Universidade verdadeiramente moderna. Criara, entretanto, nos estudantes, decisivo gosto pela aula-discurso. De onde, meu fracasso inicial.

A verdade, porém, é que, com o tempo, passou a verificar-se, entre os mesmos estudantes, uma como que conversão ao tipo de aula-conversa, representado hereticamente por mim. Uma quase mudança de ortodoxias: o herético passou a ortodoxo, ao, no caso específico, gilbertizar-se. De modo que minha presença na criativa Universidade fundada, no Brasil, ao mesmo tempo que, em São Paulo, a fundada pelo então e excelente Governador Armando Sales de Oliveira[216] – ambas com importação de mestres europeus[217] – tendo importado no início, na América do Sul, no começo do estudo e do ensino de uma ignorada Antropologia Social e Cultural e de uma sociologia de novos métodos, importou, também, na adesão, por estudantes, a nova forma de aula: a aula-conversa. A aula não discurso. A aula não eloquente. A aula não solenidade.

Tipo de aula que atraiu ouvintes de fora: um deles, Lúcia Miguel Pereira.[218] E teve, entre os estudantes, um futuro homem público que talvez sob a influência desse tipo informal de aula veio a tornar-se, como Ministro de Estado de novo tipo, um, por

---

216 Engenheiro e político, Armando Sales de Oliveira nasceu em São Paulo em 1887, formou-se na Escola Politécnica de São Paulo e governou o estado de São Paulo como interventor federal entre 1933 e 1935 e como governador eleito pela Assembleia Constituinte entre 1935 e o fim do ano de 1936. Faleceu na capital paulista, em 1945.

217 A fundação da Universidade de São Paulo, em 1934, foi marcada pela vinda de professores estrangeiros. Na área das ciências humanas, a predominância de docentes da França consagrou aquele período como o da "missão francesa". Foram lecionar na Universidade de São Paulo nomes como Claude Lévi-Strauss, Fernand Braudel, Roger Bastide, Paul Arbousse-Bastide e outros. Na Universidade do Distrito Federal, no Rio de Janeiro, fizeram parte do corpo docente em seu início nomes como Henri Hauser, Henri Tronchon, Eugène Albertini, Émile Bréhier e Pierre Deffontaines.

218 A escritora brasileira Lúcia Miguel Pereira nasceu em Barbacena, Minas Gerais, em 1901. Ficcionista, seu romance mais célebre é *Amanhecer* (1938). Com o livro *Fada menina* (1939), recebeu prêmio do Ministério da Educação. Consagrou-se sobretudo com seus estudos sobre Machado de Assis e Gonçalves Dias. A respeito de Gilberto Freyre, escreveu "A valorização da mulher na sociologia histórica de Gilberto Freyre", incluído na obra coletiva *Gilberto Freyre*: sua ciência, sua filosofia, sua arte. Morreu num desastre aéreo, em 1959.

excelência, desburocratizador de serviços públicos no Brasil: Hélio Beltrão.[219]

Assinale-se, também, a constante presença, nessas aulas, como ouvinte, da admirável Heloísa Alberto Torres.[220] Por vezes, a de Gastão Cruls. A simpatia por um novo tipo de relacionamento de professor com aluno, de Afonso Pena Júnior,[221] ao substituir o um tanto solene Miguel Osório de Almeida[222] e um, à sua maneira, formal, Afrânio Peixoto, como Reitor. Simpatia que se estendeu à iniciativa do informal Professor de Sociologia de unir ao estudo de Sociologia, um "Clube de Sociólogos", com sociólogos, estudantes universitários da matéria, misturando-se. Clube que passou a reunir-se para considerar assuntos sociológicos sob perspectivas brasileiras, em geral, cariocas, em particular. E que decidiu formar uma biblioteca especializada em assuntos sociais, passando a ad-

---

219 Hélio Marcos Pena Beltrão nasceu no Rio de Janeiro em 1916. Foi secretário de governo de Carlos Lacerda no Rio de Janeiro e também trabalhou no governo de Virgílio Távora no Ceará. Foi ministro do Planejamento entre os anos de 1967 e 1969 e ministro da Desburocratização (1979-1982) e da Previdência Social durante o governo do presidente João Figueiredo. Faleceu no Rio de Janeiro, em 1997.

220 A antropóloga Heloísa Alberto Torres nasceu no Rio de Janeiro, em 1895. Ingressou aos 23 anos no Museu Nacional do Rio de Janeiro, onde no início foi fortemente influenciada por Edgar Roquette-Pinto. Eleita em 1926 chefe interina da seção de Antropologia e de Etnografia, tornou-se em 1935 vice-presidente da instituição. Dois anos depois, assumiu a presidência do museu, cargo que exerceu até 1955. Foi uma das fundadoras do SPHAN (Serviço do Patrimônio Histórico e Artístico Nacional). Publicou "Arte indígena na Amazônia" em 1940, no sexto número das *Publicações do Serviço do Patrimônio Histórico e Artístico Nacional*. Participou ativamente da criação da Funai e viria a substituir o sociólogo na cátedra de Antropologia Social da Universidade do Distrito Federal. Faleceu no município de Itaboraí, em 1977.

221 Afonso Augusto Moreira Pena Júnior nasceu no município mineiro de Santa Bárbara em 1879. Era filho de Afonso Pena, presidente da República. Foi professor de Direito Internacional e de Direito Civil, deputado federal e membro do Tribunal Superior Eleitoral, ministro da Justiça e reitor da Universidade do Distrito Federal. Foi membro da Academia Brasileira de Letras, tendo sido eleito em 1947. Dentre suas principais obras, destacam-se *Crítica de atribuição de um manuscrito da Biblioteca da Ajuda* (1943) e *A arte de furtar e o seu autor* (1946). Faleceu no Rio de Janeiro, em 1968.

222 Médico brasileiro nascido no Rio de Janeiro em 1890, Miguel Osório de Almeida foi professor de Fisiologia na Escola Superior de Agricultura e Medicina Veterinária e dirigiu o Laboratório de Fisiologia do Instituto Osvaldo Cruz. Foi professor-visitante da Faculdade de Ciências de Paris entre os anos de 1927 e 1932. Recebeu o título de *doutor honoris causa* das universidades de Paris, Lyon e Argélia. Foi vice-reitor da Universidade do Distrito Federal em 1935 e membro da Academia Brasileira de Letras. Investiu seus esforços de pesquisa na aplicação da matemática à investigação da fisiologia neurológica. Faleceu no Rio de Janeiro, em 1953.

quirir, para seu uso, livros estrangeiros: além de franceses e ingleses, estadunidenses. Mais: dedicando particular atenção a assuntos afro-brasileiros. O hoje Professor Bonifácio Rodrigues[223] foi o jovem secretário desse Clube. Hélio Beltrão, um dos seus entusiastas.

O que se procurou, através desse Clube, foi animar a participação de estudantes no trato de matéria social: especialmente da relativa, de modo específico, não só ao Brasil como a atualidades brasileiras. Tudo indica ter sido um rumo, além de inovador, de bons resultados didáticos. Sociopsicologicamente didáticos.

Pena não existir ainda um bom estudo em torno dos começos do estudo e do ensino, no Brasil, da matéria social sob novas perspectivas. Essas novas perspectivas, em grande parte, as que, na Universidade do Distrito Federal, superaram decisivamente as Positivistas ou Comteanas sem se apassivarem, como depois aconteceria infelizmente em São Paulo, em submarxismos sectariamente ideológicos. O que de modo algum inclui um marxista do tipo de Fernando Henrique Cardoso.[224]

---

223 José Bonifácio Martins Rodrigues foi aluno de Gilberto Freyre na Universidade do Distrito Federal e chegou a trocar com ele algumas correspondências.

224 Fernando Henrique Cardoso foi presidente da República do Brasil (1995-2002). Sociólogo de formação, fez seu doutorado na Universidade de São Paulo sob a orientação de Florestan Fernandes. É autor de "Um livro perene", texto de apresentação da atual edição de *Casa-grande & senzala* publicada pela Global.

DA DÉCADA CINQUENTA A SESSENTA E ÀS SEGUINTES: UM HOMEM DE TODO RECUPERADO APÓS TER SIDO QUASE DESTRUÍDO

Posso dizer que a década cinquenta marcou, para quem registre vivências quase dia a dia, do brasileiro do Recife, que a chamada Revolução de 30 destruiu de modo o mais brutal, recuperação decisiva. Digo "chamada", não por ter sido dos por ela destruídos, em suas vidas pessoais, mas pelo modo de não ter sido uma revolução realmente criativa. Teve oportunidade de ir a tanto e não foi. Poderia ter promovido reformas agrárias e não promoveu. Entretanto, não lhe faltou apoio popular.

Minha recuperação pessoal tendo começado no estrangeiro em 31 – em Stanford – veio confirmar-se dez anos depois, com o casamento com Magdalena. Casamento precedido por outro acontecimento biossocial: a conclusão de um livro que me afirmou intelectualmente. Dizer da conclusão desse livro que foi, em minha vida, um acontecimento biossocial, é dizer que nele houve expressão concentrada não apenas de inteligência mas de vida. Isto mesmo: de vida. Foi um brasileiro a dar-se de todo, corpo e alma, à criação, e não apenas elaboração, de um livro sobre o Brasil. O casamento feliz confirmaria essa recuperação.

O reconhecimento desse esforço começou logo após sua publicação no Rio. Mas acentuou-se na década de quarenta, quando também apareceram os livros *Açúcar, Olinda, Diário Íntimo do Engenheiro Vauthier, Um Engenheiro Francês no Brasil, Memórias de um Cavalcanti, O mundo que o Português criou, Região e Tradição, Problemas Brasileiros de Antropologia, Perfil de Euclydes e Outros Perfis, Na Bahia em 1943, Ingleses no Brasil*. Foi quando de fato surgiu sua segunda e melhor que a primeira, tradução e edição em língua espanhola, na Argentina.[225] Quando surgiram sua tradução e edição nas línguas francesa e inglesa. Quando convocado por universidade ilustre, a de Indiana, aí proferiu o autor conferência a que não faltou repercussão mundial: *Brazil, an Interpretation*, depois, *Novo Mundo nos Trópicos*. Na década cinquenta, seguida pela sessenta, acentuaram-se nas três línguas, consagrações não só desse livro como de *Sobrados e Mucambos*, sua complementação e de outros trabalhos, alguns escritos em língua inglesa.

Em 1950, apareceu *Quase Política*, sucedendo-se na década cinquenta, *Aventura e Rotina, Um Brasileiro em Terras Portuguesas, Assombrações do Recife Velho, Integração Portuguesa nos Trópicos, Ordem e Progresso, A Propósito de Frades*. Evidentemente, com o casamento, aumentou a atividade intelectual do autor de *Casa-Grande & Senzala*, que se acentuaria na década sessenta e na setenta, para chegar a oitenta.

Na década cinquenta, acentuaram-se contactos do mesmo autor com o estrangeiro. Contactos e consagrações. Em 1956, foi um dos quatro conferencistas principais, da Reunião de Sociólogos, em Amsterdã, os outros três tendo sido o alemão Leopold Von

---

225 Em 1942, publicou-se em Buenos Aires pela Comisión Revisora de Textos de Historia y Geografía Americana a primeira edição de *Casa-grande & senzala* em espanhol, com introdução de Ricardo Saenz Hayes.

Wiese,[226] o inglês Morris Ginsberg[227] e o francês George Davy. Em 1957, foi distinguido com o Prêmio Ansfield Wolf, pelo "melhor trabalho sobre relações entre raças". Foi a época da publicação de suas impressões de Orientes e de Áfricas, algumas fixadas em forma quase de diários, como em *Aventura e Rotina*. Personalizadas, portanto. A uma dessas impressões pessoais, houve violenta reação da parte de diretor de poderosa empresa exploradora de minérios em Angola. Violenta reação publicada em relevo na imprensa de Portugal metropolitano. O referido diretor acusou o autor brasileiro de querer introduzir no então Ultramar Português o, para ele, nefando "mulatismo brasileiro". Sendo verdade que muito me preocuparam, em contactos com Áfricas e Orientes, as situações de miscigenados, nunca me constituí num propagandista específico do processo miscigenador brasileiro. Se concluí que o Brasil estava sendo pioneiro de um processo destinado a comunicar-se a outras partes do mundo em que se acentuaram contactos de adventícios europeus com nativos não europeus, essa conclusão, em anos recentes, veio a ser a do grande Arnold Toynbee, depois de visitar o Brasil e de honrar-me com visita pessoal.

Em Áfricas e Orientes, surpreendi, da parte de miscigenados, em conversas quase de entre confessor e confessados, não pouca simpatia pelo que já começava a constituir uma avassaladora miscigenação brasileira. Simpatia só, não. Entusiasmo. Pois desses misci-

---

226 O sociólogo e economista alemão Leopold von Wiese nasceu em Glatz em 1876. Estudou Economia com Gustav Schmoller em Berlim e concluiu seu doutorado em 1903. A partir de 1911, foi professor na Academy for Local Government Administration em Dusseldorf. Desenvolveu categorias sociológicas próprias, segundo as quais cada tipo de comportamento social e todo fenômeno social seriam descritos independentemente de sua relatividade histórica. Dentre outros escritos, publicou: *Das Wesen der politischen Freiheit* (1911), *Staatssozialismus* (1916) e *Der Liberalismus in Vergangenheit und Zukunft* (1917). Faleceu em Colônia, em 1969.

227 Morris Ginsberg nasceu em Londres, Inglaterra, em 1889. Entre os anos de 1929 e 1954, ensinou Sociologia na London School of Economics. Desejava aproximar a sociologia empírica e a filosofia social. Suas principais obras foram: *The psychology of society* (1921), *Studies in sociology* (1932), *Essays in sociology and social philosophy* (1956-1961), esta última publicada em três volumes. Faleceu na capital inglesa, em 1970.

genados, ainda inseguros quanto a seus futuros pessoais, vários já sabiam que, no Brasil, não raros miscigenados vinham alcançando triunfos sociais. Sendo reconhecidos pelas suas qualidades pessoais. Alguns sabiam ter sido já um miscigenado, Nilo Peçanha,[228] Presidente da República brasileira. Enorme o interesse que encontrei, em Áfricas e Orientes, pela música miscigenadamente brasileira. Pelas artes brasileiras. Pelas expressões de cultura nacionalmente brasileiras.

Não poucos os que insistiam comigo para que conseguisse que o Brasil lhes mandasse um Villa-Lobos que desses concertos em Áfricas e Orientes marcados por presença portuguesa. Que se fizesse admirar pessoalmente por eles. Era como se fosse um ídolo que se desejasse ver de perto. Inútil meu esforço junto ao Itamarati.

De volta ao Brasil, eu comunicaria essas impressões a elementos do Itamarati. Comuniquei-as ao próprio Presidente Getúlio Vargas. Indiferença. Só encontrei interesse pelo assunto num homem público famoso pelas suas atitudes inteligente e desassombradamente fora das convencionais: Carlos Lacerda. Um Carlos Lacerda que viria a entusiasmar-se por Léopold Senghor:[229] um Senghor, por algum tempo, dizem-me que *persona non grata* do Itamarati. O que é espantoso.

Devo registrar que do Itamarati não vim a receber, em qualquer parte onde fui recebido de forma particularmente honrosa para

---

228 Mulato nascido em Campos dos Goytacazes, Rio de Janeiro, em 1867, Nilo Peçanha iniciou o curso de Direito em São Paulo e concluiu-o no Recife. Foi eleito vice-presidente da República do Brasil em 1906 e, com a morte de Afonso Pena, assumiu a presidência em 1909. Durante seu mandato, criou o Serviço de Proteção aos Índios e o Ministério da Agricultura, Comércio e Indústria. Em artigo intitulado "Football mulato" publicado no *Diário de Pernambuco* de 17 de junho de 1938, Gilberto Freyre escreve que "o nosso estilo de jogar [...] exprime o mesmo mulatismo de que Nilo Peçanha foi até hoje a melhor afirmação na arte política." Nilo Peçanha veio a falecer no Rio de Janeiro, em 1924.

229 Nascido em 1906 em Joal, que hoje faz parte do Senegal, Léopold Sédar Senghor foi poeta e professor. Ao longo de sua trajetória, foi um ativo defensor do conceito de "negritude". Escreveu, dentre outras obras, *Chants d'ombre* (1945), *Hosties noires* (1948), *Ethiopiques* (1956), *Nocturnes* (1961) e *Elegies majeures* (1979). Após o Senegal ter-se tornando independente da França, em 1960, Senghor foi o primeiro presidente eleito do país. Durante seu longuíssimo governo – permaneceu no cargo até dezembro de 1980 – procurou modernizar a agricultura senegalesa e combater a corrupção no país. Faleceu em Verson, França, em 2001.

o Brasil e para a cultura brasileira, qualquer apoio ostensivo. Nem na Europa nem nas Américas nem em Orientes nem em Áfricas. Houve, dentre seus diplomatas ilustres, quem começasse a considerar hereticamente válidas algumas das minhas sugestões quanto a maiores presenças culturais em certas áreas. Inclusive com a África.

A verdade, porém, é que ao vir a verificar-se todo um seminário francês – em Castelo da Normandia – consagrador, em torno de ideias e métodos meus[230] – seminário semelhante aos até então só realizados em torno de Heidegger[231] e de Toynbee – o Embaixador brasileiro não compareceu. Como não compareceu Embaixador do Brasil ao meu doutoramento pela histórica Faculdade de Direito da Universidade de Münster, na Alemanha,[232] com comparecimento de nove Magníficos Reitores de nove universidades alemãs, todos com seus mantos quase de reis. Nem ao acontecimento de o Brasil ser distinguido, na minha pessoa, com o Prêmio Aspen – o Nobel dos Estados Unidos – e presente, com a categoria de Embaixador, um enviado especial, que leu mensagem congratulatória, honrosa para a cultura brasileira, do então Presidente da República dos Estados Unidos da América.[233] Mas sem nenhuma presença ou repercussão oficialmente brasileira: nem do Presidente da República nem do Ministro do Exterior nem do Ministro da Educação e Cultura. Inteira

---

230 Em 1956, no Castelo de Cerisy-La Salle, na Baixa Normandia, reuniu-se um grupo de intelectuais de peso em seminário realizado em torno de *Casa-grande & senzala* e de outras obras de Gilberto Freyre. Fizeram parte do seminário pensadores de notório saber como Roger Bastide, Jean Duvignaud e Nicolas Sombart.

231 O filósofo alemão Martin Heidegger nasceu em Messkirch, em 1889. Estudou Filosofia em Freiburg, onde foi discípulo de Rickert e Husserl. Foi um dos filósofos que mais marcaram o pensamento filosófico contemporâneo, tendo misturado concepções aristotélicas com a escolástica e filósofos mais contemporâneos como Kant, Kierkegaard e Dilthey. Um de seus primeiros textos mais impactantes foi *Seun ind Zeit*, publicado em 1927. Faleceu em sua cidade natal, em 1976.

232 Gilberto Freyre recebeu em 1968 o título de *doutor honoris causa* da Universidade de Münster. Na solenidade, estiveram presentes Florestan Fernandes, Celso Furtado e Vamireh Chacon.

233 Em julho de 1967, o sociólogo viajou aos Estados Unidos a fim de receber o prêmio Aspen. Na solenidade de entrega do prêmio, foi lida pelo embaixador uma mensagem congratulatória do então presidente norte-americano Lyndon B. Johnson.

indiferença oficialmente brasileira que também caracterizou a concessão ao autor de *Casa-Grande & Senzala*, pela Rainha Elizabeth II,[234] do honrosíssimo título, por mérito cultural, de Cavaleiro do Império Britânico.[235]

Desde quando cheguei à década cinquenta, a ser seguida – nas suas ênfases, apenas pessoalmente, em atitudes ou ocorrências merecedoras de registro em equivalente de diário – pela sessenta e, de certo modo, pela setenta, que me vem ocorrendo voltar a certa experiência, nada convencional, em minha vida de solteiro que, tendo tido início na década vinte – quando do meu primeiro contacto com a Europa – ocorreu, muito esporadicamente, no fim da década trinta e na quarenta: eu ainda solteiro e, por vezes, boêmio. Refiro-me ao que, em entrevista a repórter da revista *Playboy*, atendendo a uma sua curiosidade, chamei de aventuras sexuais em que eu tinha incorrido em raras ocasiões: as homossexuais.[236] Sempre rarissimamente, com efebos que teriam se oferecido a mim, eu já jovem ou adulto, como se confirmassem uma prática helênica, isto é, grega, de efebos a procurarem jovens já definidamente jovens, não só como protetores, porém como jovens também participantes de gozos homossexuais com expressões de beleza masculina.

Minha primeira experiência desse gênero, recordei já, que foi na década vinte, numa Alemanha em guerra, onde estive durante dias de débâcle, de sofrimento, de dor, para a grande nação. E surpreendi casos de prostituição jovem, tanto feminina, como masculina. A masculina me tocou de modo mais particular, pelo seu as-

---

234 Nascida em 1926 em Londres, na Inglaterra, a rainha Elizabeth II recebeu educação primorosa, estudando história e línguas modernas. Casou-se em 1947 com Filipe, duque de Edimburgo, que era seu primo em terceiro grau. Teve quatro filhos. Foi coroada rainha em 1953 após a morte de seu pai, Jorge VI. Desde então, passou a morar no palácio de Buckingham.

235 Em 1971, Freyre foi condecorado pela rainha Elizabeth II com o título de Cavaleiro Comandante do Império Britânico.

236 Por ocasião de seu aniversário de oitenta anos, o sociólogo concedeu entrevista à revista *Playboy*, feita pelo jornalista Ricardo Noblat, publicada em março de 1980.

pecto impressionantemente estético de efebos como que bissexuais na aparência e que como que solicitavam de jovens estrangeiros que fossem seus protetores. E aos quais se entregavam em competição com jovens do sexo feminino, suas compatriotas e rivais em aparência estética e eugênica.

Na mesma época, deixando a Alemanha pela Inglaterra, fui encontrar efebos do mesmo feitio helênico: nada, no caso desses britânicos, por situações de extrema penúria, mas por pendor de admiração por jovens do mesmo sexo, de idade superior à deles. Tive com efebos dessa espécie, dois casos, rápidos e experimentais, por pura iniciativa deles, em Oxford. Tão nórdicos, eles, como o de meu caso na Alemanha.

Será que havia em mim tendência para essa afinidade, da minha parte, sempre máscula, com efebos esteticamente atraentes? Suponho que nenhuma. Como menino, no Brasil, tomei conhecimento de casos de meninos, como que amigados com meninos e até de adolescentes amigados com adolescentes. Nunca, porém, tive a menor tendência para amizades desse tipo.

Seguindo adolescente para os Estados Unidos, também aí, tomei conhecimento de amigações dessa espécie. Nunca me ocorreu circunstância que me favorecesse sequer curiosidade para uma experiência do gênero.

Só na Europa elas viriam a me ocorrer sem que passassem de rapidíssimas experiências de todo esporádicas. Experiências, no gênero, acentue-se que, de todo efêmeras e superficiais, viria a ter no Brasil. Lembro-me, entretanto, de dois adolescentes de excelentes famílias que, sendo eu ainda jovem, de trinta para quarenta anos, tiveram, por algum tempo, e não por quatro ou cinco dias, um caso de todo romântico. Dois adolescentes de rara inteligência e de muita sensibilidade artística. Um deles, quase tragicamente ciumento do outro. Foram Y. e Z.: de duas famílias brasileiras, repita-se que ilustres. Ambos, por essas inclinações intelectuais, tão meus amigos que fui confidente dos dois. Um deles confiou-me longa narrativa, em manuscrito, da sua infância. Muito crítico de seu pai: texto dolorosamente neurótico, o desse manuscrito. Confissão freudiana. O outro jovem, veio a ter um normalizante caso heterossexual que o levou ao casamento e ao início de uma brilhante carreira intelectual, interrompida por morte, em desastre aéreo.

Z. parece que tendo, através de bolsa, conseguida por seu raro talento, se fixado em assuntos artísticos, esteve, por algum tempo, em Paris, onde parece ter se extremado em práticas homossexuais, sem nunca ter deixado de ser um brasileiro fascinado, na Europa, superiormente por assuntos artísticos. De Paris voltaria, entretanto, ao Brasil, um melancólico caso psiquiátrico, que o levou à morte. Chegara a ter horror a mulher. Paris deslumbrou-o. Mas o que ele supunha fosse um meio complascente com seus, por vezes, desvarios sexuais, ao contrário portou-se policialmente com ele. Coisa que, talvez, não sucedesse, uns tantos anos depois de sua presença, na capital da França.

Nesta atualização de um diário ortodoxamente diário através de equivalentes arbitrários, o autor adverte que, a seu ver, ambos são memorialismo. Um memorialismo que, aliás, tanto pode assumir dimensões de vastas e abrangentes histórias sociais – na nossa época, a realização monumental de Proust, por um lado e a de Joyce,[237] por outro lado – como de diários propriamente ditos ou de confissões em quase diários anárquicos.

Como autor de diário anárquico, insisto em dizer que nenhum, a meu ver, tão complexo no que sugere e, ao mesmo tempo,

---

237 O escritor irlandês James Joyce nasceu em Dublin em 1882, onde se educou em colégios de jesuítas e na Universidade de Dublin, destacando-se sempre como linguista. Após passar um período em Paris, onde iniciou os estudos de Medicina, mas não os concluiu. De volta à sua terra natal, publicou em 1914 *Dubliners*. Em 1916, *A portrait of the artist as a young man*. Em 1918, publicou em Nova York o drama *Exiles* e, em 1922, lançou em Paris o seu romance-epopeia *Ulysses*, escrito entre os anos de 1914 e 1922. Morreu em Zurique, Suíça, em 1941.

tão confidencialmente particular no que comunica ao leitor, que sugere George Gissing[238] em *The Private Papers of Henry Ryecroft*. Reticente sobre sua específica vida sexual, ele, entretanto, supera essa, para alguns intérpretes, deficiência grave, com um rumo de confissão que deixa o leitor convencido de não ser o sexo, senão excepcionalmente, o centro absoluto de revelação íntima de uma personalidade. Revelação por essa personalidade ao leitor de quem faça confidente.

Freud concorreu para que o homem moderno descobrisse, em sua intimidade de ser vivente e convivente, presenças ignoradas do fator sexual. Mas indo a exageros dos quais as gerações seguintes à primeira das de todo convencidas por ele da importância absoluta desse fator exclusivo, estão, cada vez mais, se recuperando. Grande Freud, na verdade. Mas sem que a Psicanálise da sua concepção venha se afirmando tão científica que a sua cientificidade dispense outras abordagens humanísticas para o esclarecimento de aspectos mais obscuros e menos especificamente libidinosos de comportamento humanos.

A que recorre George Gissing para tornar vivente e convivente com o leitor, um amigo imaginário cujos papéis íntimos ele estaria publicando, esse amigo imaginário tendo sido, ou sendo, entretanto, ele próprio? A uma tentativa de sua transformação em personagem de ficção.

Mas no decorrer dessa tentativa quem emerge é ele próprio. É o autor. Ele através de várias identificações do seu próprio eu físico. Em magnífica introdução ao diário, o lúcido crítico que é Paul Elmer Moore lembra do personagem uma predileção muito do autor, dissimuladamente presente nesse seu outro eu: sua convicção de haver inteira inseparabilidade entre dieta inglesa e virtude inglesa. Dele,

---

238 Romancista inglês nascido em Yorkshire, norte da Inglaterra, em 1857 e falecido em San Juan de Luz em 1903, George Gissing esteve ligado ao Realismo. Retratou em suas obras a classe média e foi fortemente influenciado por Charles Dickens. Escreveu a obra autobiográfica *The private papers of Henry Ryecroft* (1903). Dentre seus outros livros, figuram: *The unclassed* (1884), *Born in exile* (1892), *The old women* (1893), *In the year of jubilee* (1894) e *The whrilpool* (1897).

S. Antonio de
███████, 5 de Setembro
de 1944

Meu querido Gilberto:

Que saudades immensas tenho de você!
Não se passa um minuto que não o
lembre. Sinto um vasio enorme perto
de mim e um desconsolo e uma tristeza que não consigo dominar. Fiz
tantos programas para ocupar o
meu tempo na sua ausencia e
até hoje não criei coragem para
executal-os. As creanças falam muito em você. Soninha sempre pergun-
ta onde está você. Quando se pergun-
ta a ela, ela responde: "Foi de avião
pá America prá casa de titio Bill".
Nandinho desde cedinho na cama
começa a falar papá. Já mostra
o seu retrato na parede. Mamau
ele só chama quando está chorando.
O mesmo que Soninha pequena.
Nasceram 3 dentes nele e tem
um vocabulario grande agora. Sabe dizer: au au, có có onian, vovó,
Estou louca por noticias suas. Domingo. M. Clay e Bill jantaram aqui
conosco. Já fiz uma cartinha a você
e enviei ha dias. Recebeu?

No domingo, que Maria e Bill jantaram aqui, passamos o dia com Lia
e Nuti, Dr. Freyre, Ulysses e Maria

tambem foram. Levamos as creanças. Senti uma saudade immensa de você meu querido.

A nossa casa está a mesma, só mais triste que em qualquer tempo. Gasparina esteve hoje (9) aqui com Paulo e Ulysses.

Recebi sua cartinha hontem. (8) Não posso descrever a minha emoção. Você compreenderá porque me ama como eu o amo. Já li-a muito e cada vez a quero mais. Beijo-o como nunca o soube beijar. Aquela dedicatoria no retrato foi feita de toto o meu coração e só Deus sabe o cabe nele.

Recebemos noticias de casa. A Escola não está funcionando. Odilon, Nehemias, Geraldo. e uma porção de outros alunos foram para a pensão que você esteve e então os colegas não quizeram as aulas zangados. Está de mal a peior a situação e mamãe fica muito aperriada. Dei todas as lembranças que você mandou. Sua correspondencia está guardada, nada de importancia.

Não sai mais. Não tenho animo. Reja tem me ajudado muito com as creanças e quem traz Soninha para cima.

Muitos beijos dos seus filhinhos para o papaisinho. (Sonia só lhe chama assim agora) E os beijos mais sinceros e saudosos da sua Magda.

Carta de Magdalena Freyre a Gilberto Freyre. Recife, 5 de setembro de 1944.

sabe-se ter sido, nos seus dias de extrema pobreza, um inglês incapaz de comer satisfatoriamente seus bons bifes à inglesa, temperados por molhos de todo ingleses. Uma vítima, quando teve por companheira uma mulher francesa, da insistência dessa mulher em lhe impor quitutes e temperos castiçamente franceses e anti-ingleses. O que ele era, no paladar, era um inglês absoluto, para quem a dissimulada glutoneria britânica animava uma ética, por menos que lhe faltasse aparência saudavelmente estética. Ligada essa ética ao seu gosto por clássicos como Shakespeare,[239] Milton,[240] Gibbon,[241] Homero,[242] Virgílio,[243] Cícero.[244] Gosto de *scholar* que, entretanto, era um sensual como que apolíneo no paladar.

Há em Gissing, como inglês que deu dignidade intelectual da melhor à arte literária do diário, parentesco com Proust que impressiona. Por exemplo: quando ele faz o personagem de *The Private Papers* dizer: "estou lendo ou pensando e surge um momento em que, sem nenhuma associação ou sugestão de ideia que eu possa descobrir, vem-me a visão de um local que conheço. Impossível explicar o porquê desse local, em particular, surgir aos olhos da minha mente. O impulso cerebral é tão sutil que nenhuma pesquisa pode

---

239 O poeta e dramaturgo inglês William Shakespeare nasceu em Stratford-upon-Avon em 1564, onde também faleceu, em 1616. É considerado um dos maiores escritores de todos os tempos e um dos mais influentes na cultura ocidental. Dentre suas peças mais célebres, destacam-se *Romeu e Julieta* e *Hamlet*.

240 Nascido em Londres, Inglaterra, em 1608, John Milton foi um dos maiores poetas da literatura universal, autor, entre outras obras, de *Paradise Lost* (1667). Engajou-se fervorosamente na luta pela liberdade religiosa, tendo atuado no governo de Oliver Cromwell. Faleceu em 1674.

241 O historiador inglês Edward Gibbon nasceu em Putney, perto de Londres, em 1737. É autor de *The history of the decline and fall of the Romam Empire* (1776-1788), um clássico da historiografia em língua inglesa. Faleceu em Londres, em 1794.

242 Poeta grego, Homero é conhecido como o autor de *Ilíada* e *Odisseia*, obras que consagraram o gênero épico. No entanto, pouco se sabe com certeza a respeito de sua vida. Estima-se que ele tenha vivido nos séculos VIII ou IX a.C.

243 Considerado por muitos o maior poeta romano, Virgílio nasceu em Andes, região de Mântua, Itália, em 70 a.C. e faleceu na cidade italiana de Brindisi, em 19 a.C. É o autor do famoso poema épico *Eneida*.

244 Orador, filósofo e político romano, Marco Túlio Cícero nasceu em Arpino, em 106 a.C. É lembrado como um dos maiores oradores clássicos. Escreveu tratados de filosofia, de retórica, discursos e deixou uma valiosa coleção de cartas. Em sua obra, destacam-se as suas célebres *Catilinárias*. Morreu em Formies, em 43 a.C.

traçar sua origem. Se estou lendo, sem dúvida, um pensamento, uma frase, possivelmente uma mera palavra, na página com que me defronto, esse encontro serve para despertar-me a memória. Se estou ocupado com alguma coisa, um objeto já visto, um odor, um leve contacto, talvez uma postura de corpo, basta para trazer-me alguma coisa do passado".

Análise, a mais aguda, do processo proustiano de achar-se tempo perdido. O processo mais criativo de recapturar tais passados, por quem, num diário ou num equivalente de diário, anotando atualidades imediatas, sem que nem para que, passe desse registro do imediato, à evocação de passados talvez parentes próximos, mas esquecidos, de atualidades, supostamente germinais. O que constitui afinidade de autor brasileiro com Proust, partindo o brasileiro de perspectiva nada convencionalmente Proustiana.

Daí haver na concepção brasileira de "tempo tríbio"[245] uma espécie de resposta a desafios como os que parecem emergir não só do grande ou do imenso Proust como de um menor que Proust, menos vasto, mas igualmente agudo, agudíssimo, Gissing. O menor a se deixar superar pelo maior.

Devo concluir este acréscimo assinalando a experiência que representou, para mim, tornar-me avô. Pai duas vezes. Grande experiência. Como o primeiro neto – uma neta – nos encantou, a Magdalena e a mim! Foi como se a alegria do primeiro filho – uma filha encantadora – se repetisse.

Mas com relação aos netos, ocorre esta reflexão: Como serão eles, em suas éticas? Com que predominâncias de éticas, no Brasil, de sua maior vivência, vão defrontar-se?

---

245 O conceito de "tempo tríbio" propalado por Freyre teria origem no livro XI das *Confissões* de Santo Agostinho. Em *Insurgências e ressurgências atuais*, o sociólogo disserta sobre "um novo conceito de tempo – o *tempo tríbio*, segundo o qual passado, presente e futuro são simultânea e dinamicamente um tempo abrangente." Gilberto Freyre, *Insurgências e ressurgências atuais:* cruzamentos de sins e nãos num mundo em transição, 2ª edição, São Paulo, Global, 2006, p. 150.

Sou de família, posso dizer que extremamente ética. Éticos, pai e mãe. Éticos, avós. Toda uma tradição familial de ética. De ética em assuntos públicos. De ética, em assuntos particulares.

Os filhos vêm sendo nossos continuadores em suas éticas. Tanto a filha, Sonia Maria,[246] completada pelo esposo Antônio Pimentel Filho, como o filho, Fernando Alfredo Guedes Pereira Freyre.[247] Inteligentes, aptos, cada um com seu encanto pessoal.

Cada um, na família, expressão absoluta de lealdade. Incapaz de ser desleal. E haverá ética mais básica de outras éticas que a da lealdade? Sou dos que pensam que não. É fácil de supor que, de esposa desleal, procedem deslealdades que chegam aos piores extremos.

A época tornou-se, no Brasil, nas últimas décadas de crescentes desapreços por éticas não só públicas como particulares. Inclusive a da ética conjugal.

Desapreços que constam estarem chegando a verdadeiros requintes de mistificação. Daí, casamentos atuais que se viriam realizando, para logo serem sucedidos por separações favoráveis a vidas sexualmente livres dos casados oficialmente.

Não só isto. Outras mistificações estariam ocorrendo. Deslealdades através de cálculos. Uma delas, a de mulher casada fixar-se em escolha de amante, com ostensiva metade de sua idade, para causar esta interpretação: a de corresponder sua deslealdade ao esposo, ao fato físico de ter este passado a ser carente sexual.

De modo que às impressionantes deslealdades, no setor público, estão correspondendo as íntimas ou dissimuladas. O que

---

246 Sonia Maria Freyre Pimentel nasceu no Recife em 1942. Foi a primeira filha. É autora de *Vidas vivas e revividas* (2004). Preside a Fundação Gilberto Freyre desde 2005 e é mãe de Ana Cecília e Antônio.

247 Nascido no Recife em 1943, Fernando Alfredo Guedes Pereira de Mello Freyre foi o segundo filho de Gilberto Freyre. Formou-se-em em Direito e em Administração de Empresas. Foi presidente da Fundação Joaquim Nabuco durante 31 anos. Casou-se com Maria Cristina Suassuna Freyre, com quem teve três filhos: Gilberto, Francisca e Fernando. Faleceu no Recife, em 2005.

confirma a ideia de perspicazes estudiosos modernos de assuntos sociais, de ser o conhecimento da história íntima de uma sociedade, essencial a previsões e interpretações da história chamada pública. Em casos dessa espécie, tanto os agentes diretos como os comparsas, de deslealdade susceptível de afetar os próprios filhos através de reputação materna, seriam exemplos de uma situação brasileira favorável a carências de ética, que contrastaria com situações até há pouco, tendentes a normais. Isto sem se pretender louvar indiscriminadamente passados sociais, íntimos, paralelos aos públicos. A alguns deles, não terão faltado tais carências de éticas. Mas com muito menor cálculo, menor requinte, menor ostentação, que atualmente. Diante do que cabem reflexões um tanto amargas sobre futuros sociais próximos, no nosso País, embora cheguem dos progressistas Estados Unidos, exemplos – tão favoráveis ao recente triunfo eleitoral do Presidente Reagan[248] – de retornos a éticas abandonadas por gentes das chamadas adiantadas. Abandonadas com resultados os mais infelizes sobre fase recente do conjunto ético da grande República.

Voltando à confidência autobiográfica, note-se, da nossa família que, por um lado, de origem europeia, essa origem tem se feito sentir sucessivamente, em descendentes, em suas éticas. Essa origem, por um lado, nórdica, sabe-se ter sido dada geralmente como holandesa. Mas há quem pense que alemã: Von der Ley. O que se harmonizaria com o fato do fundador da família, no Brasil, ter sido homem da particular confiança do Conde Maurício de Nassau,[249]

---

248 Foi o 40º presidente dos Estados Unidos. Nascido em Tampico, no estado norte-americano de Illinois, Ronald Reagan governou os Estados Unidos entre 1981 e 1989. Em seu primeiro mandato, sua atuação na Casa Branca ficou marcada pelo conservadorismo republicano e pelo tom anticomunista. No segundo, no plano internacional, dedicou-se à aproximação política com o líder soviético Mikhail Gorbachev, numa aproximação que daria fim à Guerra Fria. Faleceu em Bel Air, Califórnia, em 2004.

249 João Maurício de Nassau-Siegen nasceu em 17 de junho de 1604, no Castelo de Dillemburg, cidade do condado de Nassau, na Alemanha. A convite da Companhia das Índias Ocidentais, Nassau foi enviado ao Brasil, desembarcando em Pernambuco em janeiro de 1637. Projetou e construiu no Recife a cidade Maurícia. Promoveu melhorias urbanas na cidade, determinando o calçamento de ruas com pedras, a construção de casas e de pontes e de dois suntuosos palácios. Faleceu em Cleves, Alemanha, em 1679.

quando governador do Brasil, homem de feitio mais de alemão da Renascença do que de holandês dos Estados Gerais. Militar da Arma de Cavalaria, Gaspar Van der Ley,[250] o fato parecer ser outra evidência de sua origem alemã, isto é, Von der Ley. Um holandês, se militar, se distinguiria na arma naval. Para Gaspar, fundador, no Brasil, da família Wanderley ter se distinguido como oficial da Arma de Cavalaria e, como tal, ter sido uma espécie de Ministro militar de Nassau, parece outra aparente evidência de sua origem alemã.

Terão se inclinado os descendentes desse europeu nórdico que, ao se retirarem oficialmente do Brasil, os invasores, decidiram, acompanhando o fundador da família – ele, já casado com Mello, filha ou neta de Católico estabelecido como senhor de engenho, desde o século XVI – comportarem-se principalmente como luso-tropicais? É o que parece, embora os muitos casamentos endogâmicos, entre esses descendentes possam indicar tendência a resistirem a uniões conjugais com não arianos. O que, entretanto, não parece ter significado repúdio, da parte de varões, a uniões conjugais não arianas. É, assim, que se sabe do talvez mais eminente, no setor público, desses descendentes, o consagrado Barão pelo Império, Cotegipe,[251] ter sido homem tocado de leve por sangue afronegro. O que talvez explique notáveis superioridades de inteligência política, na sua atuação pública, contrastantes com comportamentos apenas eticamente corretos, de outros brasileiros portadores de traços da mesma origem nórdica.

---

250 O neerlandês Gaspar Van der Ley emigrou para Pernambuco com o conde Maurício de Nassau. Como se sabe, a presença de Nassau marcaria de forma indelével a história de Pernambuco. Gaspar Van der Ley era capitão de cavalos a serviço da Companhia das Índias Ocidentais e casou-se em Pernambuco com Maria de Melo, filha de rico senhor de engenho, ato que o levou a adotar a religião católica. Esse episódio da biografia de Gaspar Van der Ley foi comentado por Freyre em *Casa-grande & senzala*, 51ª edição, São Paulo, Global, 2006, p. 277-278.

251 João Maurício Wanderley, o barão de Cotegipe, nasceu em 1815 na Vila de São Francisco das Chagas, na Barra do Rio Grande, então Pernambuco. Foi eleito senador pela província da Bahia, tendo assumido o cargo em 1856. Presidiu o Senado entre 1882 e 1885. Dentre outros cargos e atividades importantes que exerceu, foi presidente do Banco do Brasil e fundador do Instituto Pasteur. Determinou a aplicação da lei, em 1870, que instituiu o registro civil para nascimentos, óbitos e casamentos. Morreu no Rio de Janeiro, em 1889.

Agora, episódio quase de teatro de Ionesco.[252] Quase absurdo. Mas que houve. Em almoço elegante no Largo do Boticário, a que fui convocado – eu jovem e ainda solteiro – a principal figura foi a Baronesa de Estrela.[253] Sua melhor atenção foi para mim. A certa altura ela me disse, como para não ser ouvida pelos outros convivas: "Sei que Você tem evocado sinhás do tempo de Pedro II,[254] algumas delas, baronesas. E, com certeza, tem conhecido baronesas quase decrépitas. Quero que saiba o que é uma baronesa histórica e, ao mesmo tempo, contemporânea nas vibrações de sua inteligência".

A continuação foi ter me convocado para o apartamento íntimo que, vinda de Paris, estava ocupando em Copacabana. Fui. Um ambiente muito feminino. A talvez última das baronesas mais ilustres do tempo de Pedro II, era a feminilidade em pessoa.

---

252 Nascido em 1909, em Slatina, na Romênia, Eugène Ionesco foi um dos maiores dramaturgos do teatro do absurdo. Passou a maior parte de sua infância na França, onde concluiu seu doutorado. Em 1970, foi eleito pela Academia Francesa. Faleceu em Paris, em 1994.

253 Teresa de Vasconcelos Drummond, a baronesa de Estrela, é citada por Freyre em *Sobrados e mucambos* e lembrada como uma das personalidades importantes do Brasil Império com as quais Freyre pôde conversar pessoalmente e amealhar relevantes depoimentos para seu livro. Cf. Gilberto Freyre, *Sobrados e mucambos*, 16ª edição, São Paulo, Global, 2006, p. 39. Em *Ordem e progresso*, o sociólogo comenta que ela foi uma das pessoas que responderam a seus questionários, material central utilizado por Freyre na elaboração de seu livro. Ele descreve a baronesa como uma "fluminense famosa nas cortes europeias pelos amores que inspirou até a arquiduques". Cf. Gilberto Freyre, *Ordem e progresso*, 6ª edição, São Paulo, Global, 2004, p. 307. Posteriormente, nos anos 1980, Freyre comentaria seu encontro com a baronesa de Estrela: "Conheci-a já passado o esplendor de sua beleza de brasileira loura que juntasse alguma coisa de requintadamente francês – ou europeu – à sua condição de brasileira caucasoide de família de origem europeia há muitos anos fixada no Brasil". Cf. Gilberto Freyre, *Homens, engenharias e rumos sociais*, Rio de Janeiro, Record, 1987, p. 194.

254 Nascido no Rio de Janeiro em 1825, o sétimo e último filho do imperador D. Pedro I com a imperatriz D. Leopoldina. A abdicação de seu pai, em 7 de abril de 1831, levou-o a ocupar precocemente a posição de Imperador Constitucional e Defensor Perpétuo do Brasil, tendo sido instituído um governo regencial para atuar até que o imperador-menino atingisse a maioridade. Em virtude de um golpe parlamentar palaciano em 1840, D. Pedro II teve sua maioridade antecipada e começou a governar com quinze anos incompletos. Casou-se em 1843 com a princesa Teresa Cristina Maria de Bourbon e das Duas Sicílias. Incentivador das atividades do IHGB, do qual era patrono, estimulou missões estrangeiras, voltadas para o estudo da geografia, geologia, hidrografia, história e outros assuntos. A figura de D. Pedro II entrou para a história brasileira como o monarca responsável pela manutenção da unidade territorial do Império do Brasil e como incentivador das artes e das ciências. Faleceu em Paris, em 1891. Gilberto Freyre publicou em 1944 o livro *Perfil de Euclydes e outros perfis*, no qual incluiu seu texto "Dom Pedro II, imperador cinzento de uma terra de sol tropical".

Nesse segundo encontro, de todo informal, me confirmaria, de Pedro II, que fora intoleravelmente insípido na corte que se fizera cercar. Insinuou que era ele quem poderia ter dado vivacidade, alegria e brilho a essa corte. A Barral?[255] A Barral era uma mulher inteligente, decerto, mas com um sério preconceito a superar: o de não vir de casa-grande. E observou, personalizando a conversa: "de uma das casas-grandes, retratadas por Você".

No apartamento de Copacabana, rompante efusivo, de sua parte: levou minhas mãos aos seus seios, dizendo em tom triunfante que visse como eram duros, eretos e jovens. Eram incisivamente provocantes. Sua feminilidade a afirmar-se de modo o mais decisivo.

Era um jovem dos dias de Getúlio Vargas, a quem uma baronesa do tempo de Pedro II queria que, apalpando-a, e não apenas vendo-a, esse jovem, com a idade de ser seu neto, verificasse que a suposta avó continuava mulher vibrantemente feminina na inteligência e no corpo. Provocante. Conquistadora.

Guardo desse encontro uma recordação imperecível. Pois, colocou-me em presença de uma baronesa do Império ainda surpreendentemente *sexy*. Proporcionou ao jovem que eu era uma experiência única. Única pelo que representou de superação de tempo cronológico por sobrevivência de espírito e de corpo por mulher excepcional.

---

255 Luísa Margarida Portugal de Barros, a condessa de Barral, nasceu na Bahia em 1816 e era filha do visconde de Pedra Branca, poderoso político e senhor de engenho em Ilhéus. Casou-se aos 21 anos com o conde Eugene de Barral e Montferrataos e travou convívio com a alta aristocracia europeia. Estabeleceu-se no Rio de Janeiro em 1856 e abraçou a função de aia das filhas de D. Pedro II. Influenciou ativamente na educação das princesas Isabel e Leopoldina. Ao retornar para a França, acompanhada do marido e de seu filho, manteve intensa correspondência com D. Pedro II. Muita tinta foi gasta pela historiografia a respeito da proximidade afetuosa entre Barral e o monarca. Ao longo de sua vida, a condessa tomou posições políticas fortes, como no episódio em que, em 1868, reafirmou sua preferência pelo abolicionismo, chegando a emancipar os escravos que possuía em Ilhéus. Faleceu em Neuvy Sur Barageon, França, em 1891.

Álbum

de

Fotografias

O olhar de Gilberto Freyre sobre o Brasil deixou marcas indeléveis no desenho do imaginário que brasileiros e estrangeiros têm sobre o país. Suas habilidades de arguto observador da realidade brasileira fazem seus leitores privilegiados companheiros em sua profunda viagem de contemplação e ação em torno da história brasileira.

As fotografias que compõem este álbum – garimpadas no relicário de preciosidades do Centro de Documentação da Fundação Gilberto Freyre – formam um convite a um íntimo mergulho na biografia do sociólogo a fim de que possamos acompanhar suas diversas travessias, durante as quais colecionou histórias, sabedoria e, sobretudo, amigos. Convidamos o leitor a folhear as páginas deste álbum da mesma maneira como Freyre vislumbrava o estudo do passado: como "uma aventura de sensibilidade".

Em 1931, na Universidade de Stanford, com o professor Percy Alvin Martin (quarto da esquerda para a direita), Fidelino de Figueiredo (no centro) e dois outros professores.

No Rio de Janeiro, em 1932, com Cícero Dias, Sérgio Buarque de Holanda, José Américo de Almeida, Rodrigo Melo Franco de Andrade e António Bento.

Com Cícero Dias

Francisca de Mello Freyre.

Casa do Carrapicho. Fotografia de Ulysses Freyre, década de 1930.

Grupo de amigos reunidos na festa em homenagem à publicação de *Casa-grande & senzala*.

Com José Lins do Rego, Octávio Tarquínio de Souza, Paulo Prado e José Américo de Almeida (1938)

Com os pais, Alfredo e Francisca Freyre (sentados ao centro), num banquete oferecido em homenagem ao escritor. Rio de Janeiro, 1939.

Com familiares e amigos no jantar de noivado, Rio de Janeiro, 1941.

O Solar Santo Antônio de Apipucos, em 1941.

José Lins do Rego.

João Condé, Lia Correia Dutra, Manuel Bandeira e Astrogildo Pereira em almoço
em homenagem a Pablo Neruda, Rio de Janeiro, 1945

No Engenho Pacatuba, com Artur Reinaldo, José Antônio Gonsalves de Mello, Regina Pitanga, José Honório Rodrigues, Leda Rodrigues, Magdalena, Odilon Ribeiro Coutinho, Carlos Humberto da Cunha, Heitor Pinto de Moura, Murilo Costa Rego e Walfredo Guedes Pereira, década de 1940.

Dançando com Magdalena no Engenho Pacatuba.

Casa da rua 19 de fevereiro, Rio de Janeiro, 1948

No jardim da casa da rua 19 de fevereiro. Rio de Janeiro, 1948.

Em Apipucos, década de 1950.

Com Sonia, Fernando e Magdalena em Apipucos, na década de 1950.

Manoel Santana (Nel), empregado da família Freyre desde o tempo da Casa do Carrapicho, nos anos 1950.

Alfredo Freyre, nos anos 1950.

Em Jabicunda, Guiné Portuguesa, em outubro de 1951, com professor mandinga.

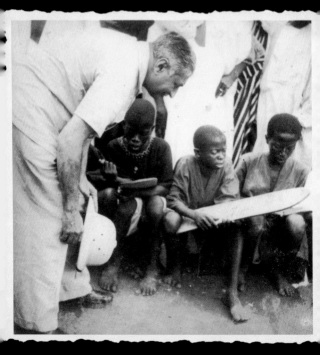

Com rapazes mandingas aprendendo a ler em árabe

Em Bula, Guiné Portuguesa, em outubro de 1951, com mancebos balantas.

Entre negros islamizados.

Com Alfredo e Ulysses Freyre, no apartamento de Ulysses em Boa Viagem, no Recife, em fevereiro de 1954.

Com Ulysses Freyre, na mesma ocasião, em 1954.

Foto de Villa-Lobos com dedicatória a Gilberto: "Saí da prisão... encontrei Madalena que não é a de Cristo, com o Gilberto que não é sacerdote, mas é bem cristão como eu. Viva a vida! Villa. Rio, 29/10/53."

Na Alemanha com Magdalena, Fernando e Sonia, em julho de 1960.

Sonia Freyre, 26 de janeiro de 1963.

Fernando Freyre e Cristina Suassuna,
em 14 de outubro de 1966.

Gilberto e Magdalena com os netos Antonio, Cecília, Francisca,
Fernando Freyre Filho e Gilberto Freyre Neto, década de 1980.

ANEXOS

Os textos de Gilberto Freyre aqui reunidos em anexo foram anteriormente publicados em jornais, revistas e outros livros. Relembrando nesses artigos a presença destas pessoas em sua trajetória, o sociólogo deixa à mostra a sua generosidade e, ao mesmo tempo, sua poderosa capacidade de observação do gênero humano.

Escritos por Freyre em sua maior parte por ocasião da morte destes homens, os artigos parecem fazer reviver a grandeza deles. Além disso, o dom de Freyre para reconstituir o âmago das personalidades por ele retratadas reforça a concepção de tempo tríbio desenvolvida pelo sociólogo. Segundo Freyre, passado, presente e futuro seriam "simultânea e dinamicamente um tempo abrangente." A rememoração que Freyre realiza com maestria acerca das singularidades das pessoas com quem conviveu é uma boa amostra de quanto o passado pode viver em nós e fazer parte de nossas vidas definitivamente.

A morte de um velho mestre

Já velhinho mas até os últimos meses de vida, cheio do empenho que desde a mocidade o animou – o de professor universitário – acaba de falecer nos Estados Unidos o mestre de literatura comparada A. Joseph Armstrong. Foi meu professor na Universidade de Baylor. Era, talvez, em qualquer país de língua inglesa, o maior intérprete da filosofia e da poética de Robert Browning; e seus cursos sobre os Brownings – Robert e Elizabeth Barrett – tornaram-se tão famosos como as relíquias, os Mss., os livros especializados que reuniu sobre os dois poetas ingleses do século XIX. Revistas como *Life* chegaram a publicar reportagens ilustradas sobre esse browningista ilustre e sua browningiana famosa tanto na Europa como nos Estados Unidos.

Um tanto por causa dos Browning e outro tanto pelo seu sentido nao só dinâmico como universalista do que fosse literatura e o ensaio de literatura comparada, viveu esse humanista em constantes viagens. Pela França, pela Alemanha, pela Espanha, mas principalmente pela Inglaterra – a pátria dos seus amados Browning – e pela Itália: a doce terra do Sul da Europa escolhida pelos dois poetas ingleses sempre em idílio para sua residência. Mas não se limitavam à Europa as viagens de estudo do Mestre Armstrong, só ou acompanhado de estudantes: mais de uma vez foi ao Oriente Médio visitou a Terra Santa percorrendo-a com olhos de estudioso de literaturas antigas, e uma vez chegou até a Buenos Aires e parou no Rio onde por intermédio do meu irmão Ulysses – eu estava ausente na Europa – conseguiu que o conhecesse Manuel Bandeira. O Manuel Bandeira a quem eu como discípulo de Armstrong revelara os Browning persuadindo o poeta brasileiro – tão esquivo a persuasões e encomendas – a traduzir para a língua portuguesa alguns dos sonetos de amor que Elizabeth publicara em inglês como se fossem traduções do português: *Sonnets from the Portuguese*. Essas traduções foram feitas de modo magistral por Bandeira: e Armstrong ficou maravilhado com o valioso acréscimo brasileiro à sua browningiana.

De Armstrong recebi os maiores estímulos que um estudante de universidade pode receber de um mestre. Os maiores, os mais generosos, os mais exagerados, os mais imerecidos. Não se conformou nunca com a minha volta ao Brasil: achava que o meu justo destino era viver na Europa ou nos Estados Unidos como escritor em língua inglesa. Quis que eu me naturalizasse americano dos Estados Unidos, para ser, ainda estudante, *Rhodes Scholar* em Oxford, na Inglaterra. E para exercitar-me a vaidade e a ambição trazia-me sempre o exemplo de Joseph Conrad que, polonês, tornara-se grande escritor em língua inglesa. Ora, dizia-me ele com seus exageros e num modo muito seu de exprimir-se: você parece ter ainda mais que Conrad o sentido de ritmo da língua inglesa. Você nasceu para escritor na língua inglesa. Largue tudo o mais. Visite apenas o Brasil. Una-se a língua inglesa. Fique em Nova York ou em Londres. E chegou ao ponto de fazer-me estudar o anglo-saxão (creio que sou um dos raros – talvez o único brasileiro que estudaram anglo-saxão).

A verdade é que meu primeiro contato de estudante com o então vulcânico e até terrível Armstrong fora violento. Quase um terremoto na vida de um menino de dezoito anos que apenas começava a engatinhar no inglês literário; tão diferente do outro – prático, comercial, esportivo. Tendo por determinação sua desenvolvido em inglês um tema já não me lembro em quantas mil palavras – tudo era determinado – sua reação à estreia do quase menino sul-americano foi um escândalo. Expressou-o de modo exagerado e talvez antipedagógico da classe inteira e aos berros: "Ou você é um plagiário ou é um gênio. E não me consta que seja um gênio". Quase rompeu, irado, o que eu escrevera: devia ser plágio e plágio era crime. Anunciou que eu ficaria sob observação não sei se clínica ou policial.

Tornou-se um dos meus maiores amigos. Considerava-me um traidor da minha vocação mas mesmo assim merecedor de sua melhor amizade. Por seu intermédio, conheci Amy Lowell, William Butler Yeats, Vachel Lindsay – este seu amigo fraterno.

E já disse que me fez estudar anglo-saxão com um professor recém-chegado de Oxford.

Dava-me a impressão de eterno. Parecia-me impossível que chegasse um dia em que deixasse de existir um homem espantosamente dinâmico como A. Joseph Armstrong. Esse dia chegou. Mas apenas em parte. Armstrong ao morrer já era uma instituição.

PUBLICADO NO *DIÁRIO DE PERNAMBUCO* EM 25 DE JULHO DE 1954

Assis Chateaubriand, menino eterno

Quando já há anos passei uns inesquecíveis meses na Universidade de Stanford, como seu professor extraordinário, tive oportunidade de conversar com um dos psicólogos daquela universidade, que acompanhara o Professor Terman nas suas memoráveis pesquisas sobre indivíduos de gênio. Esse psicólogo me referiu que uma das conclusões daquele grupo de pesquisadores fora a de que os indivíduos de gênio se fazem, quese sempre, notar por um brilho nos olhos, que, de ordinário, falta às pessoas comuns; e que, por esse brilho, eles se assemelhavam mais a adolescentes e a meninos do que a adultos comuns. O que não significava que fossem deficientes como adultos. Ao contrário: os indivíduos de gênio, ao contrário de vários dos mitos a seu respeito, raramente deixam de atingir – segundo Terman – maturidade tanto no desenvolvimento do físico como no da personalidade, em geral. O que eles conservam da meninice é a capacidade de continuarem a ver o mundo, depois de adultos, com olhos de descobridores que não se cansassem da alegria de ver, de descobrir, de combinar, de maneiras novas e inesperadas, coisas convencionalmente ordenadas.

Lembrei-me um dia desses dessa já antiga conversa com o psicológo de Stanford, especializado no estudo de indivíduos de gênio, ao ler o admirável prefácio que o Professor Gilberto Amado traçou para a 3ª edição do também admirável ensaio que o Jornalista David Nasser, elevando-se do simples jornalismo à difícil literatura, escreveu sobre Assis Chateaubriand. Página de extraordinário vigor literário em que mestre Gilberto Amado retrata o Assis Chateaubriand que visitou numa casa de saúde; e que, deitado e cuidado por jovem médico, "mais do que nunca parecia um menino".

Já o Jornalista David Nasser reparara no Chateaubriand dos dias agitados: "Chateaubriand nunca deixou de ser um menino que levava o seu carrossel debaixo do braço". E o próprio Gilberto Amado recordava o Assis "Amarelinho" que conhecera há meio século no Recife, andando, "numa pressa de calango", magricela de olhos vivíssimos, pela Rua do Imperador. Menino de olhos vivíssimos.

Menino de olhos vivíssimos diante do mundo é o que ele continua a ser, Assis Chateaubriand, embora agora em repouso numa casa de São Paulo, que não é mais de saúde, nem tem odor algum de clínica, mas uma casa sua, amorosamente sua; e a que ele, sempre saudoso do Recife, deu o nome de "Casa Amarela". Porque há em Assis Chateaubriand, homem de gênio, mais do que nos indivíduos apenas comuns, aquela imperecível criança de que falou uma vez, em crônica de mestre do melhor *humour* que já surgiu em língua portuguesa, o hoje um tanto esquecido Visconde de Santo Tirso.

Esse irredutível menino, essa imperecível criança nunca deixei de o sentir em Assis Chateaubriand. Senti-o quando primeiro o conheci: eu ainda menino de província, ele já nortista que triunfara magnificamente no Rio aos vinte e poucos anos.

De modo que sempre que me falam dele acentuando as glórias convencionalmente burguesas de homem público por ele atingidas ou exagerando seus defeitos, de adulto, acusado por alguns de filisteu, a imagem de sua pessoa que eu oponho a essas descaracterizações do seu ser ou da sua essência, é a que me vem iluminada pelos seus olhos de menino que são também os seus olhos de indivíduo de gênio. Seus olhos ao mesmo tempo de criador e de devastador, de renovador e de demolidor, de organizador e de boêmio. Seus olhos em que a inocência numas coisas se junta a malícia noutras. Olhos de lírico envergonhado de seu lirismo e de antilírico que exagera seu antilirismo para enganar os ingênuos.

Esse lirismo, soube surpreendê-lo o Jornalista David Nasser no seu extraordinário chefe. O lirismo de quem, andando pelas ruas do Rio de Janeiro, comovia-se, já Embaixador do Brasil, na Corte de St. James, ao som de um piano que lhe recordasse o Recife da sua adolescência. O Recife do começo deste século. Um Recife de muitos pianos e de muitas iaiazinhas de mãos dengosas a tocarem valsas vienenses e noturnos de Chopin no interior das suas casas. O Recife onde Chateaubriand aprendeu a assobiar lírica e criticamente.

A Heine doente perguntou um dia ao médico francês se podia assobiar. Heine respondeu que não: "Pas même une comedie de Monsieur Scribe". Assis Chateaubriand, convalescente, continua como jornalista a poder assobiar. Tanto lírica como criticamente. Tanto para recordar *coisas* de Pernambuco como para ridicularizar os excessos da atual política do Itamaraty.

PUBLICADO EM *O CRUZEIRO* EM 8 DE DEZEMBRO DE 1962

O Villa-Lobos que eu conheci

O Brasil não acaba de perder apenas o seu maior compositor de todos os tempos: também o homem que maior repercussão deu até hoje à cultura brasileira no estrangeiro. Neste particular, Villa-Lobos fez mais pelo Brasil que qualquer intelectual ou homem de ciência ou político ou arquiteto ou pintor. Mais do que o próprio Santos Dumont.

Heitor Villa-Lobos se exprimia por uma linguagem quase independente de fronteiras nacionais: a linguagem da música. Era pela música que ele tornava a presença do Brasil sentida e respeitada entre a gente culta do mundo moderno.

Nunca se desprendeu da sua condição de brasileiro para resvalar em qualquer espécie de cosmopolitismo elegante ou de internacionalismo irresponsável. Nunca deixou de se afirmar brasileiro na sua música. Foi sempre um brasileiro em que o sentido universal da arte se conciliava com um apego quase provinciano à sua terra. Apenas a sua província, no Brasil, era uma província menos real que ideal, com índios ainda selvagens a lhe rogarem, como a alguém do seu próprio sangue, que desse expressão moderna aos seus cantos e às suas vozes. Sentia-se, mais do que tudo, intérprete do que para ele continuava a haver de ameríndio no brasileiro. E tal era o seu fervor de indianófilo que, na intimidade, me acusava de exagerar a importância do negro na formação da nossa gente e da nossa cultura.

Perdi em Villa-Lobos um amigo que às vezes me escrevia liricamente, de Nova York ou de Paris, palavras de uma ternura de irmão mais velho saudoso do mais novo. Às vezes, simplesmente, para me dizer: "Não há distância que diminua nossa amizade". Não era retórica, e, sim, ternura. Ele que não proclamava sua ternura em versos, era, em seu modo de ser amigo, quase um romântico.

Desejava que eu lhe escrevesse o texto para uma interpretação musical do Brasil como uma constelação de regiões, cada uma, a seu ver, não só com um caráter, porém com uma vocação; e todas formando um complexo que só tinha sentido sendo ao mesmo tempo uno e diverso. Esperei, durante anos, que nos pudéssemos encontrar para um convívio de pelo menos uma semana que nos permitisse preparar, ajustando literatura e música, a "interpretação do Brasil" concebida por ele; e para qual não admitia outro colaborador que não fosse o já velho amigo em cujos ensaios dizia encontrar, mais do que em ninguém, o Brasil que ele desejava interpretar como compositor-poeta. Sua vida, porém, era, ainda mais do que a minha, nos últimos anos, a de um nômade. Quando nos encontrávamos, estávamos juntos apenas por um dia ou dois. Jantávamos, então, juntos. E ele, até tarde da noite, me fazia ouvir suas últimas composições como se eu fosse um juiz idôneo de sua música que me maravilhava sem que eu pudesse julgá-la. Não sou juiz idôneo de arte alguma; nem de nenhuma ciência. O que nos ligava, fazendo com que de fato nos compreendêssemos quase fraternalmente, era o sentido poético da vida, em geral, e do Brasil, em particular, que nos animava. Sentido, nele, tão poderoso; e em mim, talvez, não de todo ausente.

Havia quem supusesse Villa-Lobos um homem a quem a vaidade do renome mundial fazia delirar. Consciência do seu gênio, não lhe faltava. Nem era preciso que lhe faltasse, diante das consagrações que recebeu dos estrangeiros mais capazes de julgar o valor de um compositor, nascido em terra ainda tão obscura como o Brasil. Essa consciência, entretanto, não se extremou nunca em cru narcisismo, no antigo tocador de rabeca elevado à maior glória que um brasileiro já atingiu em qualquer época.

Na intimidade, Villa-Lobos era um encanto de pessoa, embora não se requintasse em parecer simples nem se esmerasse em parecer "homem comum": esnobismo hoje tão em moda entre certos intelectuais e certos artistas. Não lhe faltava sequer *sense of humour* para rir-se de alguns de seus próprios exageros de indivíduo que, uma vez por outra, gostava de se sentir artista do tipo boêmio entre burgueses ricos e convencionais. Era então um aristocrata à Walt Whitman com alguma coisa de escandalosamente plebeu. Mas mesmo de macacão, conservava-se um fidalgo espanhol. Ouvi-o, uma vez, num jantar de cerimônia, arrotar alto, fazendo uma embaixatriz exclamar um vitoriano "oh!". Fazia-o de propósito. De propósito ia a jantares finos de camisa de cores vivas. O tocador um tanto romântico de rabeca, que foi na sua mocidade de carioca, nunca deixou de existir num Villa-Lobos que o estrangeiro, depois de ter vaiado, superglorificou. No seu próprio País é que ele nunca chegou ao extremo da superglorificação. Sua glória brasileira foi apenas um reflexo da estrangeira.

PUBLICADO EM *O CRUZEIRO* EM 19 DE DEZEMBRO DE 1959

José Lins do Rego

A notícia da morte de José Lins do Rego chega-me aos ouvidos como o mais brutal dos absurdos. Nunca me pareceu que ele pudesse ser senão vida. Transbordamento de vida. De modo que não consigo imaginá-lo morto. Morto como qualquer outro homem. Morto do fígado e dos rins num quarto de hospital.

Sua vida transbordou de tal maneira na minha que desde que o conheci deixei de ser um só para ser quase dois. Nunca ninguém foi mais meu amigo. Nunca ninguém, sendo do meu sexo, mas não do meu sangue, me deu mais compreensão e mais afeto. Compreensão e afeto nos momentos mais difíceis para uma amizade no Brasil: país de muitas camaradagens fáceis, mas de raras amizades profundas.

Sempre que nos reuníamos sua voz era uma festa para mim. Sua voz, sua palavra, suas risadas, seus gestos — tudo nele era festa para mim. Sua presença era das que traziam bom ânimo aos amigos. A todos os seus amigos. A Cícero Dias, a Olívio Montenegro, a José Olympio, a Antiógenes Chaves, a Gastão Cruls, a José Américo, a Valdemar Cavalcanti, a Silvio Ribeiro, a Odilon Ribeiro, a João Condé, a Thiago de Mello. Mas com relação a mim era mais do que isto: era uma presença que me completava.

Sei que influí e muito sobre ele: e ninguém o confessou mais insistentemente do que o próprio José Lins em palavras, em cartas íntimas, em artigos: o que se disser em contrário será vã ou inócua tolice. Mas sei também que fui influenciado por ele e que sem sua compreensão e afeto eu dificilmente teria vencido a acídia que no meu regresso ao Brasil, da Europa e dos Estados Unidos, se apoderou durante algum tempo de mim. Pois nunca um nativo regressou à sua terra, mais repudiado de que eu pelos mandões dessa terra, mais hostilizado pelos seus literatos, mais negado pelos seus moços. José Lins do Rego foi com Aníbal Fernandes, Carlos Lyra Filho, Olívio Montenegro, José Tasso, Odilon Nestor, Pedro Paranhos, uma das raras exceções. Devo-lhe muito. Devo-lhe tanto que, sabendo-o morto, sinto-me como que ferido de morte. E com certeza, incompleto. Com ele morto, sou um vivo incompleto.

A perda que sua morte representa para o Brasil – esta é na verdade imensa. Ele era ainda um homem no viço do poder criador. Capaz, portanto, de nos dar outro *Fogo Morto*, escrito quando alguns supunham finda a sua obra extraordinária de evocação e de interpretação da vida das casas-grandes do Nordeste, nos dias de decadência dos velhos engenhos. Ou esgotado seu gênio, ainda no esplendor, de intérprete desse passado, por ele próprio vivido na meninice.

Suas memórias, apenas em começo – *Meus Verdes Anos* – talvez se intensificassem, na evocação da sua mocidade no Recife e da sua idade madura no Rio de Janeiro, num depoimento de importância máxima, quer para a revelação da sua personalidade, quer para a clarificação de aspectos obscuros das relações desse autêntico homem de gênio com o meio. Seriam a "confissão" com relação à "ficção" a que se refere a propósito de Graciliano Ramos, o admirável crítico literário que é o paulista Antonio Candido.

Tenho do grande amigo, agora morto, muitas cartas que esclarecem alguns desses aspectos. Também respostas a umas perguntas que uma vez lhe dirigi sobre assuntos relacionados às suas ideias e às suas crenças de homem então próximo dos cinquenta anos. É documentação que talvez revele um dia em estudo sobre o escritor brasileiro da minha época que mais intensamente admirei, contente de que ele fosse também o melhor, o mais íntimo, o mais fraterno dos meus amigos. O mais constante, o compreensivo, o mais leal dos meus companheiros de geração. Aquele a quem mais me abandonei e aquele de quem mais recebi. Aquele em que mais confiei e aquele que mais confiou em mim. Aquele em quem eu mais me senti e aquele que mais se sentiu em mim. Aquele que, vivo, era parte da minha vida e morto é o começo da minha morte. Mais do que isto: o começo da morte de toda uma geração. São vários os que começam a morrer com a sua morte.

PUBLICADO NO *DIÁRIO DE PERNAMBUCO* EM 15 DE SETEMBRO DE 1957

Meu querido
Lula Cardoso Ayres

Lula Cardoso Ayres, meu velho e querido amigo há pouco falecido, fixou, ainda jovem, sua melhor atenção de artista, então corajosamente, aventurosamente experimental e, por conseguinte, moderno no melhor sentido da palavra, em assuntos regionais e tradicionais do Nordeste.

Conheci-o desde os seus começos. Senti desde então no meninão gordo, redondo e rico, em quem os aduladores do pai enxergavam um artista já indiscutível, se não um talento certo, uma vocação nítida para pintura. Mas um talento e uma vocação que corriam o risco de degradar-se, sob aquela melíflua adulação.

Em 1930, frequentava ele o xangô da Baiana do Pina, no Recife, fazendo desenhos e croquis do natural. Em 1934 participou, com desenhos de xangô, da exposição promovida pelo Congresso de Estudos Afro-Brasileiros no Teatro Santa Isabel. Diga-se desse Congresso que foi um escândalo para a época. Em 1935, o Professor Alceu Amoroso Lima, ainda favorecido com os arrojos de tentativas de valorização de "cultura negra" partidos do Recife, recomendava os organizadores do Congresso Afro-Brasileiro – fui um deles – à atenção da Polícia; e o também Professor Afonso Arinos de Melo Franco não se conformava – ouvi dele próprio tais palavras – em ver a fina, elegante palavra "cultura" empregada para designar usos e artes de negros africanos ou descendentes.

Lula Cardoso Ayres, porém, continuou imerso em pesquisas e em experimentos que importavam na valorização do que é negro ou africano dentro da cultura, da vida e do *ethos* brasileiros; e como contribuição para o nosso amorenamento tanto no plano étnico como no cultural. Daí, em 1935, ter começado a documentar o Carnaval do Recife com desenhos e fotografias – sobre "caboclinhos", "troças", "clubes", "blocos", maracatus" – que constituem o material mais precioso jamais reunido no Brasil sobre o assunto: carnaval popular, carnaval de rua, carnaval folclórico.

Em 1938, tendo ido residir em usina de açúcar do Sul de Pernambuco, adquirida pelo seu pai – o então "rei do açúcar" em Pernambuco: João Cardoso Ayres, um aristocrata pernambucano com uma cabeça leonina de Lloyd George e uns modos de príncipe árabe –, seus estudos de assuntos regionais e tradicionais passaram a se desenvolver em área rural. O filho de usineiro a misturar-se não com os outros filhos de usineiros porém com gente do povo.

Datam daí seus muitos desenhos sobre bumba meu boi. Ele próprio que diga o que essa nova fase em sua vida de artista à procura de si mesmo, através do estudo de folclore e das tradições da gente mais telúrica de sua região, significou para o desenvolvimento da sua arte: "O mistério noturno da representação do Bumba meu boi e os aspectos fantásticos das suas figuras me dominaram e passei da simples *documentação* para a *interpretação*. Pintei em 1940 os primeiros quadros já interpretativos, da série "Bumba meu boi". De 1938 a 1944 fui frequentador assíduo de festas populares: não só bumbas meu boi como pastoris e fandangos, estes vindos de Alagoas".

O que ele desejava era impregnar-se de povo, de região, de tradição. Impregnou-se. Nenhum pintor brasileiro de hoje, dentre os

164

maiores, que tenha sido ao mesmo tempo tão moderno e tão da sua terra; tão da sua gente; e, ainda, tão sobrecarregado do que há de misterioso, de irracional, de espiritual na vida, no passado, nos sofrimentos, nas alegrias, nas esperanças, nas sociedades dessa sua gente.

Já disse que, ao tornar-se artista pleno – o artista triunfalmente pleno que foi –, Lula Cardoso Ayres tornou-se inclassificável. A nenhum *ismo* é possível prender de modo absoluto a sua arte. A nenhum se ajusta de modo específico a sua maneira de ser artista. Sua arte é personalíssima. Sua maneira de ser artista foi tão pessoal quanto a sua arte.

O longo e sistemático aprendizado telúrico, folclórico, regionalista, tradicionalista, não fez dele pintor convencionalmente folclórico; nem o tornou apenas geográfico ou etnográfico. Por outro lado, o seu modo de ser moderno não o levou, senão de rápida passagem, a modernismos fechados ou a modernices superficiais.

Da pintura de Lula Cardoso Ayres se pode, com efeito, afirmar que é, na sua interpretação do Brasil, uma pintura integrativa, na qual formas de homens e formas de cores aparecem sob o aspecto de sua integração em formas de outra espécie. Em formas que deixam de se distinguir pelo que nelas é distintamente humano com relação ao especificamente inumano, ou puramente natural em relação com o puramente cultural, para se apresentarem caracterizadas por uma terceira sistemática de expressão – a integrativa – de vida em conjunto. Ou antes, de coexistência integral que se poderia resumir um tanto arbitrariamente nisto: brasileiro civilizado e trópico dominado. Dominado menos pela técnica desse homem civilizado que pelo seu amor ao mesmo trópico e pela sua compreensão dos particulares que o caracterizam.

A expressão dessa simbiose, Lula Cardoso Ayres não chegou de repente. E sim aos poucos. Experimentando. Pesquisando. Estudando.

Ele pertence ao número de modernos pintores brasileiros que são um tanto artesãos no seu modo de ser artistas. Que estudam.

Que trabalham. Que experimentam. Que recebem sugestões vindas de outras artes e até de filosofias e de ciências vizinhas dessas artes para as assimilarem à sua arte particular, específica, ciosa de, como arte, exprimir um artista: uma personalidade estilizada em artista.

Fogem os artistas assim complexos das improvisações brilhantes e dos triunfos fáceis. E não se envergonham desse seu esforço duro, paciente, honesto, para quererem ser, ou parecer, angélicos na sua inspiração e mágicos nas suas realizações.

A arte de Lula Cardoso Ayres é uma aventura no tempo – toda uma sucessão de experimentos, dos realistas aos abstracionais, que se experimentem nos arrojos de síntese da sua pintura, depurada tanto de folclore e de anedota como de *ismos* subeuropeus e apoiada em estudo intenso e honesto dos homens, dos animais e das coisas de sua região – e um constante apego a essa mesma região, da qual nunca se desprendeu nem como pessoa nem como artista. Nessa contradição está uma das mais fortes características da arte de Lula; e só a compreenderá quem acompanhar o desenvolvimento do artista, por um lado, como uma aventura no tempo que o levou a formas de vigorosa modernidade, por outro lado, como uma rara fidelidade ao espaço brasileiro que sua arte interpreta.

Nenhum artista, nenhum poeta, nenhum pensador, ninguém a cuja obra se possa associar a ideia de criação ou de criatividade, é um só, do princípio ao fim de sua vida. Ao contrário: é múltiplo dentro do tempo através do qual se estende sua existência; e com a sua existência, sua experiência da qual em grande parte depende a obra que realiza.

Publicado no *Diário de Pernambuco* em 19 de julho de 1987

Manuel Bandeira

Com Manuel Bandeira desaparece um dos maiores poetas que já escreveram na língua portuguesa.

Poeta complexo e não daqueles que a bisantinice de certos críticos literários considera "poetas perfeitos" por serem só estéticos ou só literários ou só poemáticos nas suas produções. Poeta-homem é o que foi Manuel de Souza Bandeira. Poeta-político. Poeta cioso da sua pernambucanidade dentro do que nele foi brasileiro – "Manuel Bandeira Brasileira" chegou-se a dizer a seu respeito. Poeta sem o artifício, em que se requintou, no fim da vida, um Graça Aranha, de um modernismo e de um universalismo que abafasse seu brasileirismo.

Fomos amigos, tendo antes eu proclamado de sua poesia – "afinal, surge um poeta brasileiro com grandeza!" – e ele se sentindo atraído pelo que nos meus escritos e nas minhas atitudes de então – antes, note se bem, da fase "Casa-Grande & Senzala" – era regionalismo tradicionalista e modernista. Adotou a combinação a seu modo: nunca deixou de ser um individualista quase à espanhola. Concordou em escrever, a meu pedido e seguindo sugestão minha, para o livro comemorativo do 1º centenário do *Diário de Pernam-*

buco – todo um vasto e polifônico manifesto regionalista a preceder o que, assinado por mim, apareceria com esse título – a obra-prima que é a *Evocação do Recife*. E se concordou em fazê-lo foi por se ter deixado de fato sensibilizar pelo Regionalismo Tradicionalista e Modernista que, partindo do "seu" Recife, não era contrário ao "seu" modernismo carioca-paulista; e correspondia ao seu afã de re--pernambucanizar-se.

Nesse modernismo carioca-paulista sua posição foi sempre singular. Nunca seguiu ortodoxias literárias. O ânimo experimental foi nele tão forte quanto o apreço que, no íntimo, guardou sempre pelos valores clássicos, sem cair em excessos de purismo ou de classicismo. Nunca se fixou em fanatismos ou sectarismos de doutrina filosófica ou de seita literária.

Seus fanatismos – se teve alguns – foram por indivíduos a quem admirou intensamente. Um deles foi o pintor Portinari. Daí ter considerado "errada" minha crítica a Portinari: ao evidente arianismo e até involuntário antibrasileirismo do insigne pintor – sua obsessão de só pintar cristos, madonas, anjos, santos, brancos e louros. Entretanto, o melanismo que Manuel Bandeira encontrara em *Casa-Grande & Senzala*.

"jenipapo na bunda!"

o empolgara. Fora, aliás dos primeiros a ler *Casa-Grande & Senzala* nos originais. Encarregara-se da revisão no Rio.

Caiu, nesse difícil trabalho, num pequeno equívoco: o de emendar trechos de inglês do século XVI julgando-os erros de datilógrafo. Daí em diante, adquiriu um cuidado especial quanto ao que fosse citação de qualquer língua em originais de séculos passados. Era o que ele chamava o seu "aprendizado de *scholar*".

A verdade é que foi, no essencial, um poeta-"*scholar*". Um poeta culto que deliberadamente procurou na "língua errada do povo" energias rústicas que revigorassem a língua portuguesa do Brasil, desprendendo-a da "sintaxe lusíada".

Voltou ao Recife, depois de muitos anos no Rio, em São Paulo, na Europa, em 1924 e foi nosso hóspede: de Ulysses, meu irmão, e meu. Um solteirão hóspede de solteiros. Data daí uma amizade fraternal que nos uniu, aos três. Logo após esse seu contato com o Recife, eu é que seria seu hóspede em Santa Teresa. Dias inesquecíveis.

No governo Estácio Coimbra, por intervenção do Governador ilustre – e sempre nosso hóspede –, Manuel Bandeira esteve demoradamente no Recife. Tornou-se colaborador efetivo de *A Província*. Encontrou aqui quase uma Passárgada. Foi a reuniões do Centro Regionalista. Teve alegrias de menino a reencontrar-se com doces, bolos e quitutes regionais e tradicionais. Este era um ponto do programa – e do futuro Manifesto – Regionalista que particularmente o seduzia.

Ninguém mais cáustico, do que ele, em suas referências aos "modernistas" recifenses do tipo carioca-paulista que, com ares superiores, pretendiam levar ao ridículo o afã dos Regionalistas Tradicionalistas e Modernistas de valorizarem ao máximo a culinária tradicional e regional, as árvores, plantas, jardins e paisagens regionais, as artes populares, os jogos, os brinquedos de menino, tradicionais e regionais, a arquitetura antiga da região, considerando todo esse conjunto de valores inspirações para novos desenvolvimentos brasileiros em várias artes. Lembro-me de que não se conteve e foi direto ao Mário de Andrade: "Como é que V. tem imbecis como seus representantes no Recife?". Sei que Mário deu-lhe, muito mais rindo do que sorrindo, uma resposta homérica: "Não posso ser muito exigente tratando-se de recifenses que já não estavam ligados ao movimento Regionalista e Tradicionalista". Evidentemente referia se a simpatizantes e não apenas a participantes do Movimento.

Conto publicar um desses dias as cartas que guardo de Manuel Bandeira. Sei que dessas cartas, de amigos, que venho publicando depois de eles mortos – de Amy Lowell, de Henry Mencken, de José Lins do Rego, de Oliveira Lima – algumas têm desagradado certos leitores. Não contavam com umas tantas palavras desfavoráveis a interpretações de fatos a que vinham confortavelmente se apegando. Com as cartas, que guardo, de Manuel Bandeira, ocorrerá provavelmente o mesmo: algumas contêm talvez palavras desfavoráveis a tais interpretações. Mesmo assim, merecem ser publicadas pelo que nelas é característico de sua personalidade. Uma personalidade afirmativa. Incisiva. Por vezes até, quase como a de Oliveira Lima nos seus rompantes.

PUBLICADO NO *DIÁRIO DE PERNAMBUCO* EM 20 DE OUTUBRO DE 1968

Nel de Apipucos

Durante quase meio século quem esteve muito ligado a Apipucos, depois de ter sido quase a vida inteira, dos Freyres, foi Manuel Santana. Nascido quase escravo e de mãe escrava, vinha de Sirinhaém, reduto dos Rocha Wanderley. Daí sua grande devoção por Santo Amaro. Santo Amaro de Sirinhaém. Tinha suas saudades dos tempos patriarcais de Pernambuco e em Apipucos viveu – e conviveu – com os Freyres como se procurasse prolongar esses dias. Não lhe faltava dignidade nem ao porte nem às maneiras. Era um aristocrata. Um seu retrato, a óleo, por Baltazar da Câmara, está na casa dos Freyres, em Apipucos, como se fosse da família. Compreende-se que estranhos o procurassem, em Apipucos, como quando ainda vivo, *um senhor moreno já idoso*. A verdade é que o moreno era preto retinto e em idade o idoso chegaria aos noventa anos. Sobreviveu ao Dr. Alfredo Freyre, pelo lado da mãe, dos Wanderley, também de Sirinhaém com quem por vezes discutia como de igual para igual. Senhoril para com os para ele empregados. Tão bom como tão bom para os *brancos* que considerava dignos de seu apreço. Corajoso sem espalhafato. *Vovô negro* para os Freyres de Apipucos que viu nascer: *nenen feme e nenen macho*, Sonia Maria e Fernando Alfredo. Estando ausentes os Freyres de Apipucos, chegou à *Vivenda Santo Antônio*, para uma honrosa visita, o então Presidente da Câmara dos Deputados, Ulysses Guimarães. Nel limitou-se a mostrar-lhe com a maior gentileza jardim, árvores, ninhos de passáros nos lampiões da casa. Entrar, não. Na ausência dos doutores, que o Presidente da Câmara desculpasse; não era possível. Era quase um leão na defesa dos seus ioiôs, das suas iaiás, dos seus doutores, dos seus nenéns, dos jacarandás, dos quadros, dos livros da família de que se considerava – e era – parte. Morreu chorando por Apipucos e com o corpo coberto de flores de Apipucos. E os Freyres, chorando por ele.

PRESENTE NO LIVRO DE GILBERTO FREYRE INTITULADO *APICUCOS*: QUE HÁ NUM NOME? PUBLICADO EM 1983 PELA EDITORA MASSANGANA

Amizade com Oliveira Lima

Brito Broca: Deseja você que lhe conte a história da amizade que me ligou a Oliveira Lima. Vai a resposta ao seu pedido.

Já recordei no prefácio às **Memórias** de Oliveira Lima minha primeira visita ao historiador de **Dom João VI no Brasil**, que se tornaria um dos amigos e mestres mais queridos de minha adolescência. Tinha eu então uns quinze ou dezesseis anos e era simples colegial embora me tivesse anunciado à empregada da casa – um casarão que já não existe, à estrada de Parnamirim, pertencente à família de Dona Flora – como "estudante". Data daí meu conhecimento: minha amizade com Oliveira Lima e Dona Flora, dos quais ficaria uma espécie de sobrinho, e sobrinho predileto, tal o afeto com que os dois me trataram sempre. Essas relações se estreitaram nos Estados Unidos, sendo eu estudante de universidade e residindo os Oliveira Lima em Washington, numa casa que era um encanto de casa e, ao mesmo tempo, uma lição, um curso vivo de história da cultura brasileira, tantas eram as coisas ou os valores característicos do Brasil que reunia: móveis, quadros de interesse histórico ou de valor artístico, objetos de arte, fotografias, cartas, documentos, relíquias, tudo completado por uma cozinheira portuguesa, a Dejanira, perita também no preparo de quitutes tradicionalmente brasileiros.

O prolongamento dessa casa admirável – a verdadeira embaixada do Brasil em Washington depois da morte de Nabuco – era a biblioteca que o casal oferecera à Universidade Católica da mesma cidade. Biblioteca que conheci ainda na sua fase confusa de instalação, tendo dela me utilizado, ainda nessa fase, para escrever o meu **Social Life in Brazil in the Middle of the 19th Century**. Esse ensaio, escrito em inglês, mereceu a aprovação entusiástica de Oliveira Lima, que acompanhou com simpatia meus trabalhos de pesquisas, alegrando-se quando eu descobri entre seus livros raros, ainda dispersos, este ou aquele do seu particular agrado, mas que ele não me recomendava: queria que o próprio investigador o descobrisse. É que não orientava pesquisas ou estudos: apenas regozijava-se quando o pesquisador por si mesmo tomava o rumo que lhe parecia certo. E formidável trabalhador, regozijava-se também quando cuidava descobrir num brasileiro jovem a capacidade de estudo e de trabalho que considerava rara entre nós. Pois Oliveira Lima detestava as improvisações superficiais e aquilo que eu viria depois a chamar "brilho".

Passei na casa de Washington de Oliveira Lima várias das minhas férias de estudante da Universidade de Colúmbia – férias de Natal, de Páscoa, às vezes, fins de semana. Apresentei a ele e a D. Flora alguns dos meus colegas ou companheiros de estudos na Universidade de Colúmbia, que pelo contato comigo se haviam interessado no estudo da formação social e étnica do Brasil, entre os quais Rüdiger Bilden – tão tipicamente germânico – e Francis Butler Simkins – de uma velha gente da Carolina do Sul – que também realizaram pesquisas na "Brasiliana" de Oliveira Lima, depois desta instalada na Universidade Católica. Na casa de Oliveira Lima, conheci muito americano, brasileiro e europeu interessante como o velho Rodrigo Octávio, o exilado venezuelano Angel Cesar Rivas, o antigo general alemão Barão Hansvon Below, o historiador James Robertson, o bispo-reitor da Universidade, a viúva americana de Salvador de Mendonça, o ramo americano dos Guerra Duval. Ditou-me Oliveira Lima a quem na intimidade chamávamos Dom Manoel – vários dos seus trabalhos. Copiei para ele muita coisa em arquivos e bibliotecas, principalmente de Nova Iorque, onde o ilustre brasileiro não ia nunca: como que temia, ele que andava com um passo lento de homem imensamente gordo, o excessivo movimento das ruas de Manhattan. Mostrou-me grande parte de sua correspondência: cartas de Nabuco – algumas para D. Flora – de José Veríssimo, de Dom Luíz de Bragança, de Prestage, de Sabugosa. E nunca me esquecerei dos serões – das longas conversas até tarde, nas quais ora era ele, ora Dona Flora que discorria sobre assuntos fascinantes para um brasileiro jovem daquela época: a antiga Europa, a Europa vitoriana e eduardiana que eles haviam conhecido em alguns dos seus aspectos mais interessantes, o antigo Pernambuco, o antigo Rio, o Japão, a Venezuela de Castro e de Gomez, a Argentina, o Portugal de Eça e de Oliveira Martins.

Quando, terminados meus estudos na Universidade de Colúmbia, segui para a Europa, em viagem de estudos, ou, antes, para conhecer cidades, paisagens, teatros, catedrais, seguir cursos de conferências, ter contato com universidades, institutos e museus principalmente de antropologia – Oliveira Lima me encheu de cartas de apresentações para amigos franceses e portugueses. Ficamos de nos encontrar na Alemanha alguns meses depois, onde me apresentaria a outros amigos. Estava frio com os ingleses, menos com Prestage.

Graças às suas cartas, de tio recomendando sobrinho, conheci na França o velho Clement de Grandprey, cuja casa em Versailles era um verdadeiro museu cheio de coisas do Oriente. Também uma ponte de reunião da antiga aristocracia francesa e de russos da antiga nobreza refugiados em Paris e Versailles. Um verdadeiro ambiente proustiano que tive ainda a oportunidade de conhecer em toda a sua glória: a glória da decadência.

E conheci em Portugal, apresentado por Oliveira Lima, o velho Sabugosa, no seu casarão de Santo Amaro, cheio de reminiscências de outros Condes de Sabugosa, seus antepassados inclusive do que fora capitão-general de Pernambuco. Tive pelo contato com esse "vencido da vida" uma ideia, que não teria doutra maneira – ideia completada, mais tarde pelos conhecimentos de portugueses antigos que fiz através de ilustre senhora brasileira, residente em Lisboa. D. Silva Belfort Ramos – do Portugal de antes da República, do Portugal de Eça, de Martins, de Ramalho, do Conde de Ficalho. Também por apresentação de Oliveira Lima, conheci João Lúcio de Azevedo, o admirável historiador de Pombal, dos judeus e dos jesuítas. Fidelino, Sardinha, Merea, outros portugueses interessados no estudo sociológico de Portugal. Oliveira Lima contribuiu para aproximar-me com simpatia de Portugal, embora minha aproximação tomasse um caráter não só etnográfico como popular que faltava ao lusismo de Oliveira Lima; e inclusive um interesse também especial pela gente espanhola. Interesse que não havia no historiador brasileiro. Nessa época estava ele afastado do país europeu de sua predileção, a Grã--Bretanha, devido a incidente provocado por sua Independência de escritor, por seu desassombro de opinião durante a guerra de 14. Mas muito se interessou nas minhas experiências de Londres e de Oxford.

PUBLICADO NO *DIÁRIO DE PERNAMBUCO* EM 22 DE NOVEMBRO DE 1946

Um professor de Stanford

Em 1931 estava eu em Lisboa, aonde acompanhara meu querido amigo Estácio Coimbra, expulso do governo de Pernambuco pela chamada "Revolução de 30". Vivíamos os dois num quarto de pensão de terceira ou quarta ordem: um dos quartos mais úmidos, mais friorentos, mais tristes de toda Lisboa. Pois em Lisboa, durante o inverno, quem não habitar do lado do sol ou não tiver fogão dentro de casa nem outra espécie de aquecimento, pode ter ideia muito mais exata do que seja o horror do frio do que morando num quarto aquecido de Londres, de Berlim ou de Paris.

Da tristeza e do frio desse quarto de pensão barata eu me refugiava quase todas as manhãs indo visitar o velho João Lúcio de Azevedo no seu terceiro andar da Avenida de Berne. Aí passei manhãs inteiras. Com apresentação do mesmo João Lúcio, comecei depois a frequentar a Biblioteca Nacional. Também o Museu Etnográfico, onde regalou-me o interessantíssimo material português reunido pelo sábio Leite de Vasconcelos.

Nessas circunstâncias é que comecei a pensar em escrever o ensaio que depois se chamou *Casa-Grande & Senzala* e a tomar notas para esse trabalho. Só vim a escrevê-lo definitivamente no Brasil, é certo, e depois de uma viagem aos Estados Unidos e de outra a Alemanha, durante as quais continuei a colheita de material iniciada em Lisboa. Mas o plano do livro surgiu em Lisboa. Principalmente depois que me chegou dos Estados Unidos um convite para dirigir na Universidade de Stanford um curso de história brasileira. Era a sacudidela decisiva, tratando-se de um indeciso.

De Lisboa segui para os Estados Unidos em pleno inverno. Atravessei o Atlântico num vapor italiano, debaixo de tremenda tempestade. Ia a chamado urgente do então Reitor ou Deão daquela Universidade, que me convidara por cabograma para ser um dos *"visiting professors"* de Stanford durante a primavera de 1931.

Obra de Percy Alvin Martin. Ele é que tivera a ideia de estabelecer esse novo contato da Universidade de Stanford com o Brasil, representado desta vez não por outro Oliveira Lima, já consagrado e glorioso, nem por um Nabuco, embaixador magnífico em Washington, mas por um brasileiro que o grande público desconhecia inteiramente. Um brasileiro conhecido apenas por ele e por alguns raros professores de universidade dos Estados Unidos, da Inglaterra e de Portugal, por três ou quatro escritores brasileiros, por três ou quatro homens de letras portugueses, por um ou outro crítico como Mencken.

A primeira carta de Martin recebera-a eu logo depois de publicada a tese por mim apresentada à Universidade de Colúmbia em 1923. Era uma carta generosa de mestre a principiante. Nunca, porém, me encontrara com ele. Nunca nos avistáramos. Sua confiança em mim repousava na leitura daquele meu trabalho de adolescente e na correspondência que, dos dezoito aos dezenove anos eu mantivera com o antigo reitor da Universidade de Stanford, o velho Branner, amigo e creio que iniciador de Martin nos estudos brasileiros.

Branner terminara essa correspondência convidando-me a auxiliá-lo na tradução do seu último trabalho sobre a geologia do Brasil. E ele e Martin, sendo dois grandes amigos dos brasileiros –

os principais responsáveis pelo convite que em 1913 fora feito a Oliveira Lima para realizar conferências sobre o Brasil em Stanford e noutras universidades americanas – é provável que, ainda em vida de Branner, tivessem concordado em dar um continuador a Oliveira Lima: em chamar ao *campus* de Stanford outro brasileiro que voltasse a falar em inglês sobre o Brasil de uma das cátedras da universidade. E por um excesso de confiança do historiador Martin, o convite viria a ser feito a um brasileiro sem livros consagrados nem reputação firmada.

Mas era assim Martin: sua confiança nos moços não dependia de convenções. Baseava-se naquele espírito crítico que nele, como noutros americanos se encontra ao lado de uma generosidade às vezes, talvez, excessiva: ao lado de um como excesso de confiança em novos, em desconhecidos, em principiantes. Essa atitude pode resultar em enganos e em desapontamentos. Pode resultar em animação a simples aventureiros. Mas pode significar também estímulo, no momento em que o estímulo é mais necessário, ao indivíduo indeciso, tímido ou acanhado. Estímulo à vocação ainda incerta.

Hei de recordar-me sempre da boa hospitalidade dispensada pelo Professor Percy Alvin Martin e por sua família, por seus colegas e por toda a gente de Stanford ao brasileiro que a Universidade por sugestão dele, Martin, fizera vir de repente do escuro de um quarto de pensão friorento de Lisboa a um *campus* magnífico e cheio de sol como o daquela escola ilustre na primavera de 1931. Um *campus* com uma capela dourada – verdadeira igreja de cartão de Boas Festas ou de cromo de Ano Bom; com arcadas de convento espanhol; com palmeiras quase iguais as do Brasil. Um encanto de lugar, de paisagem, de ambiente.

Aí viveu Martin largos anos. Aí comunicou a centenas de moços o entusiasmo, a simpatia ou, pelo menos, o interesse pelo Brasil. Sem esse interesse ele não julgava completo o curso de nenhum universitário americano.

Era contagioso seu entusiasmo pelo Brasil, cuja história tinha para o erudito professor de Stanford um encanto especial. Que outra nação latino-americana podia gabar-se de um político tão eminentemente intelectual como José Bonifácio? Ou de um Pedro II? Ou de um conjunto de estadistas, de parlamentares, de políticos como os do Império?

Deixou Martin sobre a história brasileira estudos pacientes e bons, fixando acontecimentos ou figuras notáveis do passado imperial e republicano. Sem ser um historiador que se deixasse atrair pela filosofia da história fazia-se respeitar pela honestidade com que costumava se aproximar dos fatos.

Pelos brasileiros, Percy Alvin Martin será sempre recordado como um estrangeiro que procurou estudar a formação da nossa gente com simpatia e até com empatia; sentindo-se às vezes tão brasileiro como o mais brasileiro dos homens.

PUBLICADO NO *DIÁRIO DE PERNAMBUCO* EM 21 DE MARÇO DE 1947

Prudente

Já disse deste agora a findar 1977, que, com seus dois terríveis setes, foi o mais sinistro de todos os anos que já vivi. Terminou com a morte roubando-me, a 21 deste mês, o meu fraterno Prudente de Moraes, neto.

Não sei de amigo a quem mais tenha querido ao mesmo tempo que admirado: admirado seu caráter e sua inteligência. Tanto mais que foi comigo, no jornal *A Província*, do Recife, que teve início o que seria sua brilhante atividade de jornalista.

Desde o nosso primeiro encontro no Rio, em 1926, que surgiu de repente essa amizade, a base de uma quase mágica compreensão mútua. De tal modo que, quando nos encontrávamos, a troca de palavras alternava com os silêncios: silêncios durante os quais nos compreendíamos ainda mais completamente do que falando.

A última vez que estivemos juntos foi no *Pen Club* do Rio de Janeiro. O *Club*, na sua proustiana sede, promoveu uma reunião dedicada ao que considerou minha atividade de escritor. Falaram vários críticos literários sobre o assunto. O maior de todos, o mais perceptivo, o mais denso, o mais crítico em profundidade, esse grande

Prudente que, poderia ter sido o mais completo dos críticos literários em língua portuguesa. O crítico literário que nele madrugou no Modernista da revista *Estética* que ele, aos vinte anos, dirigiu com Sérgio Buarque de Holanda.

Ouvi-o, no *Pen Club*, sorvendo cada palavra. Já não era o Modernista que foi, lucidamente, na mocidade mas um pós-modernista magnífico de maturidade.

Nele, ao crítico literário de *Estética* sucedera o cronista de *turf*, e, principalmente, o cronista parlamentar sempre tão próximo de mim nos dias da Constituinte de 46, o jornalista político de memoráveis crônicas no *O Estado de São Paulo*. O colaborador de *A Província* do Recife. Tornou-se, porém, uma espécie de Rimbaud brasileiro. Um silencioso com relação à literatura.

Não sei como atendeu àquele pedido do presidente do *Pen Club* para que falasse a meu respeito: a respeito de um escritor que aliás não sabia separar do que considerasse pensador.

Pensador. Eis o que foi sempre Prudente: um pensador. Um analista de quanto se passava em torno dele ou dentro dele. Analista em profundidade. Dava-me às vezes a impressão de confessar-se num diário um tanto do feitio do de Amiel.

Entretanto a essa vocação de pensador, de analista, de introspectivo, nele se juntava paradoxalmente a de homem público. A de homem que, por vezes, estimasse continuar a ação do avô ou a do pai. Avô e pai tão presentes nele.

Os que o conheceram de perto sabem que alta figura humana ele foi. Que afetivo houve nele disfarçado pelo homem por vezes, na aparência e no sorriso, machadeanamente irônico. Que amigo, ele foi, de Rodrigo Mello Franco de Andrade, de Manuel Bandeira, de Sérgio Buarque! Por vezes, que sentimental. Que lírico. Que o diga o seu poema "A Cachorra". Um poema que consagra, sozinho, um poeta.

O irônico, em Prudente, era superado pelo supremo *sense of humour*. Nunca – suponho eu – num brasileiro houve tão profundo *sense of humour.* Esse *sense of humour* que talvez seja a expressão mais inconfundível de inteligência; e que, quando presente em jornalista, ou em cronista, como Prudente, no Brasil, e Chesterton, em língua inglesa, faz deles pensadores de cujo poder de reflexão nem todos se apercebem.

Publicado no Diário de Pernambuco em 25 de dezembro de 1977

Meu irmão Ulysses

Meu irmão Ulysses, que acaba de falecer neste seu velho Recife, era a modéstia em pessoa. Ele seria o primeiro a estranhar que eu lhe dedicasse um artigo a propósito do seu amor à cidade em que nascemos e crescemos juntos; e à qual, durante algum tempo, consagramos o melhor do nosso tempo, descobrindo nela valores que vinham sendo ignorados ou desprezados pelos recifenses convencionais.

Há dele fotografias notáveis do Recife. De igrejas antigas e de velhos sobrados que os estetas oficiais vinham querendo destruir de todos os modos, para substituí-los por imitações do Rio e de São Paulo. Também de janelas mouriscas, que já não existem. De azulejos que já desapareceram. De negras e de mulatas de Santo Antônio e de São José. E, ainda, de móveis: todo um numeroso grupo de móveis antigos que, em minha companhia, ele fotografou: fotografias que constam agora do arquivo da Diretoria do Patrimônio Histórico e Artístico Nacional.

Não são fotografias de fotógrafo de gabinete de identificação que em vez de identificar somente pessoas identificasse também casas, igrejas e móveis. São fotografias que primam sem dúvida, pela exatidão; mas que se destacam, também, pelo que nelas há de amor pelos assuntos e de compreensão dos seus característicos da parte do artista.

Quase todas as fotografias que nos deixou são do Recife e de Olinda. Representam manhãs inteiras de tabalho paciente e amoroso, em que se apurou o o afeto fraterno que nos uniu, na ternura filial dos dois pelo Recife. Pela materna cidade do Recife.

Mas esse trabalho em conjunto de dois irmãos tocados do mesmo amor pela sua velha cidade estendeu-se a Pernambuco e ao Nordeste. Mais de uma vez ele me acompanhou em excursões por engenhos antigos – excursões nas quais muito nos orientou o nosso querido Pedro Paranhos. Foi juntos que visitamos os engenhos que foram dos nossos avós Rocha Wanderley e dos seus parentes – em Palmares, em Rio Formoso, em Serinhaém, em Água Preta.

Ficou célebre sua fotografia da casa-grande do Engenho Megahype. É uma fotografia com qualquer coisa de água forte. Uma admirável paisagem pernambucana. E vários dos desenhos de Manuel Bandeira para o livro comemorativo do 1º centenário do *Diário de Pernambuco*, basearam-se em fotografias de Ulysses Freyre. Ele fora, aliás, quando menino, discípulo de desenho de Telles Junior.

Também são suas as fotografias de casa que ilustram meu livro *O velho Félix e suas memórias de um Cavalcanti*. As várias casas em que morou Félix Cavalcanti de Albuquerque no Recife e em Olinda. Foi um trabalho realizado por ele com particular amor. De Félix Cavalcanti de Albuquerque – o "Papai Outro", da nossa família – é bisneta sua mulher e nossa prima, Maria, com quem se casou por puro amor romântico; e são tataranetos seus filhos.

Repito que nos ligou um profundo afeto fraterno. Quando regressei a Pernambuco, depois de muitos anos de estudo nos Estados Unidos e na Europa, foi em Ulysses que encontrei a melhor compreensão para meus difíceis problemas de reajustamento a um meio que por vezes se encrespou contra mim com as suas piores mesquinharias. Ele próprio conhecia alguns desses problemas: antes de mim estudara no estrangeiro. Bacharelou-se – o que muita gente do Recife ignorou – em universidade dos Estados Unidos. Adquirira um conhecimento, raro entre brasileiros, das letras inglesas e americanas. E quando regressei da Europa, ele reavivou esse seu conhecimento lendo antes de quase toda gente mais culta do Brasil, Joyce e Yeats; participando da minha amizade com Amy Lowell e com Henry Mencken; deixando-se contagiar pelo meu entusiasmo por Lafcadio Hearn, Conrad, Hardy, James. Foi unicamente com ele que durante anos pude conversar, no Recife, sobre certas atualidades literárias mais sutis em língua inglesa, que nos vinham através de revistas e de jornais, que ninguém, além de nós dois, lia em Pernambuco; e raros, no Brasil. Foi dele que recebi as palavras de mais inteligente estímulo quando ainda desajustado ao meio brasileiro, escrevi trabalhos, alguns em inglês, para revistas ou jornais, como o pequeno ensaio sobre Augusto dos Anjos que *The Straford Monthly*, de Boston, publicou. De modo que não exagerou Frei Romeu Perea quando disse há pouco do seu retraído amigo: "Era um humanista com quem se podia conversar sobre assuntos intelectuais".

Esse homem, assim versado em letras inglesas, dissimulava seu saber por um excesso de modéstia que foi sempre um aspecto inconfudível do seu modo de ser bom e de ser simples. Foi autenticamente bom e franciscanamente simples. Bom para a família e bom para os amigos. Esqueceu-se quase sempre de si mesmo para cuidar da família e lembrar-se dos amigos.

Não foi feliz em suas atividades práticas. Vários foram os seus fracassos no mundo dos negócios em que infelizmente se meteu, sem nenhum pendor para negocista nem sequer vocação para Rotariano. Fracassos em consequência do seu excesso de confiança nos outros. Portou-se mal com ele o poderoso *National City Bank of New York*, cuja agência no Recife se organizara principalmente graças

à sua inteligência de jovem, tão superior à dos ianques de ordinário rasteiros então mandados para cá, por essa e outras instituições.
Explorou-lhe a inteligência outra casa ianque. Explorou-lhe ainda
mais que esses estrangeiros não só a inteligência como o próprio
nome certo grupo brasileiríssimo de uns Pernambucanos instalados
em Alagoas, que foi ele quem pôs econômicamente de pé; e que,
uma vez restaurados, comportaram-se com o benfeitor com a mais
deselegante das ingratidões.

Muitos foram assim os beneficiados pela sua bondade e pela
sua inteligência. E vários, dentre eles, os que deixaram de reconhecer
tais benefícios, sem que isso fizesse dele um homem amargo.

Quanto a mim, devo-lhe em grande parte os estudos no
estrangeiro. Foi quem auxiliou meu Pai com as despesas de tais
estudos. E foi quem me amparou a difícil reintegração no Brasil.
Minha vida esteve em certo tempo tão ligada à sua que foi como
se vivêssemos com o mesmo corpo e a mesma alma, as mesmas
aventuras de mocidade. Foi isto principalmente nos dias em que
moramos juntos na sua casa do Carrapicho, ainda solteiros: ele belo
e a seu modo elegante, talvez o solteiro mais cortejado pelos pais
ricos de moças bonitas de Pernambuco. Pelos pais e pelas moças;
até feitiço de fez para apanhá-lo. Nessa casa hospedamos o grande
Manuel Bandeira, poeta, desde então nosso amigo fraternal. Recebemos os Agache num jantar que o francês dizia ter sido o melhor
dos seus jantares no Brasil. Os Bilden. O Professor Francis Butler
Simkins. Aí demos a amigos almoços que ficaram memoráveis, pre-
parados, como os jantares e as ceias, pelo preto José Pedro, que
era um mestre-cuca admirável. Aí houve reuniões em que Alfredo
de Medeiros, fez vibrar seu violão, lírico, em noites de lua. Aí con-
fraternizaram conosco Odilon Nestor, Luís Cedro, Manuel Caetano
de Albuquerque Melo, Luís da Câmara Cascudo, José Lins do Rego,
Ulysses Pernambucano, Olívio Montenegro, Aníbal Fernandes, Sylvio Rabelo, Antiógenes Chaves, José Tasso, Luís Jardim, Cícero Dias,

Carlos Pery Lemos, Luís Seixas, vários outros. Uns mais velhos do que nós. Outros, da nossa idade.

Todo um período de vida no Recife. Ulysses sempre à vontade entre intectuais e artistas pela sua inteligência e pela sua cultura. Mas sempre de uma extrema modéstia: dissimulando sua inteligência e sua cultura. Dissimulando também a sua bondade que foi sempre imensa.

PUBLICADO NO *DIÁRIO DE PERNAMBUCO* EM 7 DE JANEIRO DE 1962

Biobibliografia
de Gilberto Freyre

1900 Nasce no Recife, em 15 de março, na antiga Estrada dos Aflitos (hoje Avenida Rosa e Silva), esquina de Rua Amélia (o portão da hoje residência da família Costa Azevedo está assinalado por uma placa), filho do dr. Alfredo Freyre – educador, juiz de direito e catedrático de Economia Política da Faculdade de Direito do Recife – e de Francisca de Mello Freyre.

1906 Tenta fugir de casa, abrigando-se na materna Olinda, desde então, cidade muito de seu amor e da qual escreveria, em 1939, o *2ª Guia prático, histórico e sentimental*.

1908 Entra no jardim de infância do Colégio Americano Gilreath. Lê as *Viagens de Gulliver* com entusiasmo. Não consegue aprender a escrever, fazendo-se notar pelos desenhos. Tem aulas particulares com o pintor Telles Júnior, que reclama contra sua insistência em deformar os modelos. Começa a aprender a ler e escrever em inglês com Mr. Williams, que elogia seus desenhos.

1909 Primeira experiência da morte: a da avó materna, que muito o mimava por supor que o neto tinha *deficit* de aprendizado, pela dificuldade em aprender a escrever. Temporada no engenho São Severino do Ramo, pertencente a parentes seus. Primeiras experiências rurais de menino de engenho. Mais tarde escreverá sobre essa temporada uma das suas melhores páginas, incluída em *Pessoas, coisas & animais*.

1911 Primeiro verão na Praia de Boa Viagem, onde escreve um soneto camoniano e enche muitos cadernos com desenhos e caricaturas.

1913 Dá as primeiras aulas no colégio. Lê José de Alencar, Machado de Assis, Gonçalves Dias, Castro Alves, Victor Hugo, Emerson, Longfellow, alguns dramas de Shakespeare, Milton, César, Virgílio, Camões e Goethe.

1914 Ensina latim, que aprendeu com o próprio pai, conhecido humanista recifense. Toma parte ativa nos trabalhos da sociedade literária do colégio. Torna-se redator-chefe do jornal impresso do colégio *O Lábaro*.

1915 Tem lições particulares de francês com Madame Meunieur. Lê La Fontaine, Pierre Loti, Molière, Racine, *Dom Quixote*, a Bíblia, Eça de Queirós, Antero de Quental, Alexandre Herculano, Oliveira Martins.

1916 Corresponde-se com o jornalista paraibano Carlos Dias Fernandes, que o convida a proferir palestra na capital do Estado vizinho. Como o dr. Freyre não apreciava Carlos Dias Fernandes, pela vida boêmia que levava, viaja autorizado pela mãe e lê no Cine-Teatro Pathé sua primeira conferência pública, dissertando sobre Spencer e o problema da educação no Brasil. O texto foi publicado no jornal *O*

Norte, com elogios de Carlos Dias Fernandes. Influenciado pelos mestres do colégio e pela leitura do *Peregrino* de Bunyan e de uma biografia do dr. Livingstone, toma parte em atividades evangélicas e visita a gente miserável dos mucambos recifenses. Interessa-se pelo socialismo cristão, mas lê, como espécie de antídoto a seu misticismo, autores como Spencer e Comte. É eleito presidente do Clube de Informações Mundiais, fundado pela Associação Cristã de Moços do Recife. Lê ainda, nesse período, Rui Barbosa, Joaquim Nabuco, Oliveira Lima, Nietzsche e Sainte-Beuve.

1917 Conclui o curso de Barechal em Ciências e Letras do Colégio Americano Gilreath, fazendo-se notar pelo discurso que profere como orador da turma, cujo paraninfo é o historiador Oliveira Lima, daí em diante seu amigo (ver referência ao primeiro encontro com Oliveira Lima no prefácio à edição de suas *Memórias*, escrito a convite da viúva e do editor José Olympio). Leitura de Taine, Renan, Darwin, Von Ihering, Anatole France, William James, Bergson, Santo Tomás de Aquino, Santo Agostinho, São João da Cruz, Santa Teresa, Padre Vieira, Padre Bernardes, Fernão Lopes, São Francisco de Assis, São Francisco de Sales e Tolstoi. Começa a estudar grego. Torna-se membro da Igreja Evangélica, desagradando a mãe e a família católica.

1918 Segue, no início do ano, para os Estados Unidos, fixando-se em Waco (Texas) para matricular-se na Universidade de Baylor. Começa a ler Stevenson, Pater, Newman, Steele e Addison, Lamb, Adam Smith, Marx, Ward, Giddings, Jane Austen, as irmãs Brönte, Carlyle, Mathew Arnold, Pascal, Montaigne, Euclides da Cunha e Monteiro Lobato. Inicia sua colaboração no *Diário de Pernambuco*, com a série de cartas intituladas "Da outra América".

1919 Ainda na Universidade de Baylor, auxilia o geólogo John Casper Branner no preparo do texto português da *Geologia do Brasil*. Ensina francês a jovens oficiais norte-americanos convocados para a guerra. Estuda Geologia com Pace, Biologia com Bradbury, Economia com Wright, Sociologia com Dow, Psicologia com Hall e Literatura com A. J. Armstrong, professor de Literatura e crítico literário especializado na filosofia e na poesia de Robert Browning. Escreve os primeiros artigos em inglês publicados por um jornal de Waco. Divulga suas primeiras caricaturas.

1920 Conhece pessoalmente, por intermédio do professor Armstrong, o poeta irlandês William Butler Yeats (ver, no livro *Artigos de jornal*, um capítulo sobre esse poeta), os "poetas novos" dos Estados Unidos: Vachel Lindsay, Amy Lowell e outros. Escreve em inglês sobre Amy Lowell. Como estudante de Sociologia, faz pesquisas sobre a vida dos negros de Waco e dos mexicanos marginais do Texas. Conclui, na Universidade de Baylor, o curso de Bacharel em Artes, mas não comparece à solenidade da formatura: contra as praxes acadêmicas, a Universidade envia-lhe o diploma por intermédio de um portador. Segue para Nova York e ingressa na Universidade de Colúmbia. Lê Freud, Westermarck, Santayana, Sorel, Dilthey, Hrdlicka, Keith, Rivet, Rivers, Hegel, Le Play, Brunhes e Croce. Segundo notícia publicada no *Diário de Pernambuco* de 5 de junho, a Academia Pernambucana de Letras, por proposta de França Pereira, elege-o sócio-correspondente.

1921 Segue, na Faculdade de Ciências Políticas (inclusive as Ciências Sociais Jurídicas) da Universidade de Colúmbia, cursos de graduação e pós-graduação dos professores Giddings, Seligman, Boas, Hayes, Carl van Doren, Fox, John Basset Moore e outros. Conhece pessoalmente Rabindranath Tagore e o príncipe de

Mônaco (depois reunidos no livro *Artigos de jornal*), Valle-Inclán e outros intelectuais e cientistas famosos que visitam a Universidade de Colúmbia e a cidade de Nova York. A convite de Amy Lowell, visita-a em Boston (ver, sobre essas visitas, artigos incluídos no livro *Vida, forma e cor*). Segue, na Universidade de Colúmbia, o curso do professor Zimmern, da Universidade de Oxford, sobre a escravidão na Grécia. Visita a Universidade de Harvard e o Canadá. É hóspede da Universidade de Princeton, como representante dos estudantes da América Latina que ali se reúnem em congresso. Lê Patrick Geddes, Ganivet, Max Weber, Maurras, Péguy, Pareto, Rickert, William Morris, Michelet, Barrès, Huysmans, Verlaine, Rimbaud, Baudelaire, Dostoievski, John Donne, Coleridge, Xenofonte, Homero, Ovídio, Ésquilo, Aristóteles e Ratzel. Torna-se editor associado da revista *El Estudiante Latinoamericano*, publicada mensalmente em Nova York pelo Comitê de Relações Fraternais entre Estudantes Estrangeiros. Publica diversos artigos no referido periódico.

1922   Defende tese para o grau de M. A. (*Magister Artium* ou *Master of Arts*) na Universidade de Colúmbia sobre *Social life in Brazil in the middle of the 19th Century*, publicada em Baltimore pela Hispanic American Historical Review (v. 5, n. 4, nov. 1922) e recebida com elogios pelos professores Haring, Shepherd, Robertson, Martin, Oliveira Lima e H. L. Mencken, que aconselha o autor a expandir o trabalho em livro. Deixa de comparecer à cerimônia de formatura, seguindo imediatamente para a Europa, onde recebe o diploma, enviado pelo reitor Nicholas Murray Butler. Vai para a França, a Alemanha, a Bélgica, tendo antes passado pela Inglaterra, estabelecendo-se em Oxford. Vai para a França, atravessa a Espanha e conhece Portugal, onde se fixa. Lê Simmel, Poincaré, Havelock Ellis, Psichari, Rémy de Gourmont, Ranke, Bertrand Russel, Swinburne, Ruskin, Blake, Oscar Wilde, Kant e Gracián. Tem o retrato pintado pelo modernista brasileiro Vicente do Rego Monteiro. Convive com ele e com outros artistas modernistas brasileiros, como Tarsila do Amaral e Brecheret. Na Alemanha conhece o Expressionismo; na Inglaterra, estabelece contato com o ramo inglês do Imagismo, já seu conhecido nos Estados Unidos. Na França, conhece o anarcossindicalismo de Sorel e o federalismo monárquico de Maurras. Convidado por Monteiro Lobato – a quem fora apresentado por carta de Oliveira Lima –, inicia sua colaboração na *Revista do Brasil* (nº 80, p. 363-371, agosto de 1922).

1923   Continua em Portugal, onde conhece João Lúcio de Azevedo, o Conde de Sabugosa, Fidelino de Figueiredo, Joaquim de Carvalho e Silva Gaio. Regressa ao Brasil e volta a colaborar no *Diário de Pernambuco*. Da Europa escreve artigos para a *Revista do Brasil* (São Paulo), a pedido de Monteiro Lobato.

1924   Reintegra-se no Recife, onde conhece José Lins do Rego, incentivando-o a escrever romances, em vez de artigos políticos (ver referências ao encontro e início da amizade entre o sociólogo e o futuro romancista do Ciclo da Cana de Açúcar no prefácio que este escreveu para o livro *Região e tradição*). Conhece José Américo de Almeida através de José Lins do Rego. Funda-se no Recife, a 28 de abril, o Centro Regionalista do Nordeste, com Odilon Nestor, Amaury de Medeiros, Alfredo Freyre, Antônio Inácio, Morais Coutinho, Carlos Lyra Filho, Pedro Paranhos, Júlio Bello e outros. Excursões pelo interior do Estado de Pernambuco e pelo Nordeste com Pedro Paranhos, Júlio Bello (que a seu pedido escreveria as *Memórias de um senhor de engenho*) e seu irmão, Ulysses Freyre. Lê, na capital do Estado da Paraíba, conferência publicada no mesmo ano: Apologia pro generatione sua (incluída no livro *Região e tradição*).

1925 Encarregado pela direção do *Diário de Pernambuco*, organiza o livro comemorativo do primeiro centenário de fundação do referido jornal, *Livro do Nordeste*, onde foi publicado pela primeira vez o poema modernista de Manuel Bandeira "Evocação do Recife", escrito a seu pedido (ver referências no capítulo sobre Manuel Bandeira no livro *Perfil de Euclydes e outros perfis*). O *Livro do Nordeste* consagra, também, o até então desconhecido pintor Manuel Bandeira e publica desenhos modernistas de Joaquim Cardoso e Joaquim do Rego Monteiro. Lê na Biblioteca Pública do Estado de Pernambuco uma conferência sobre D. Pedro II, publicada no ano seguinte.

1926 Conhece a Bahia e o Rio de Janeiro, onde faz amizade com o poeta Manuel Bandeira, os escritores Prudente de Morais, neto (Pedro Dantas), Rodrigo M. F. de Andrade, Sérgio Buarque de Holanda, o compositor Villas-Lobos e o mecenas Paulo Prado. Por intermédio de Prudente, conhece Pixinguinha, Donga e Patrício e se inicia na nova música popular brasileira em noitadas boêmias. Escreve um extenso poema, modernista ou imagista e ao mesmo tempo regionalista e tradicionalista, do qual Manuel Bandeira dirá depois que é um dos mais saborosos do ciclo das cidades brasileiras: "Bahia de todos os santos e de quase todos os pecados" (publicado no Recife, no mesmo ano, em edição da *Revista do Norte*, reeditado em 20 de junho de 1942, na revista *O Cruzeiro* e incluído no livro *Talvez poesia*). Segue para os Estados Unidos como delegado do *Diário de Pernambuco*, ao Congresso Pan-Americano de Jornalistas. Convidado para redator-chefe do mesmo jornal e para oficial de gabinete do governador eleito de Pernambuco, então vice-presidente da República. Colabora (artigos humorísticos) na *Revista do Brasil* com o pseudônimo de J. J. Gomes Sampaio. Publica-se no Recife a conferência lida, no ano anterior, na Biblioteca Pública do Estado de Pernambuco: A propósito de Dom Pedro II (edição da *Revista do Norte*, incluída, em 1944, no livro *Perfil de Euclydes e outros perfis*). Promove no Recife o 1º Congresso Brasileiro de Regionalismo.

1927 Assume o cargo de oficial de gabinete do novo governador de Pernambuco, Estácio de Albuquerque Coimbra, casado com a prima de Alfredo Freyre, Joana Castelo Branco de Albuquerque Coimbra. Conhece Mário de Andrade no Recife e proporciona-lhe um passeio de lancha no rio Capibaribe.

1928 Dirige, a pedido de Estácio Coimbra, o jornal *A Província*, onde passam a colaborar os novos escritores do Brasil. Publica no mesmo jornal artigos e caricaturas com diferentes pseudônimos: Esmeraldino Olímpio, Antônio Ricardo, Le Moine, J. Rialto e outros. Lê Proust e Gide. Nomeado pelo governador Estácio Coimbra, por indicação do diretor A. Carneiro Leão, torna-se professor da Escola Normal do Estado de Pernambuco: primeira cadeira de Sociologia que se estabelece no Brasil com moderna orientação antropológica e pesquisas de campo.

1930 Acompanhando Estácio Coimbra ao exílio, visita novamente a Bahia, conhece parte do continente africano (Dacar, Senegal) e inicia, em Lisboa, as pesquisas e os estudos em que se basearia *Casa-grande & senzala* ("Em outubro de 1930 ocorreu-me a aventura do exílio. Levou-me primeiro à Bahia; depois a Portugal, com escala pela África. O tipo de viagem ideal para os estudos e as preocupações que este ensaio reflete", como escreverá no prefácio do mesmo livro).

1931 A convite da Universidade de Stanford, segue para os Estados Unidos, como professor extraordinário daquela universidade. Volta, no fim do ano, para a Europa, permanecendo algum tempo na Alemanha, em novos contatos com seus museus de antropologia, de onde regressa ao Brasil.

1932 Continua, no Rio de Janeiro, as pesquisas para a elaboração de *Casa-grande & senzala* em bibliotecas e arquivos. Recusando convites para empregos feitos pelos membros do novo governo brasileiro – um deles José Américo de Almeida – vive, então, com grandes dificuldades financeiras, hospedando-se em casas de amigos e em pensões baratas do Distrito Federal. Estimulado pelo seu amigo Rodrigo M. F. de Andrade, contrata com o poeta Augusto Frederico Schmidt – então editor – a publicação do livro por 500 mil-réis mensais, que recebe com irregularidades constantes. Regressa ao Recife, onde continua a escrever *Casa--grande & senzala*, na casa do seu irmão, Ulysses Freyre.

1933 Conclui o livro, enviando os originais ao editor Schmidt, que o publica em dezembro.

1934 Aparecem em jornais do Rio de Janeiro os primeiros artigos sobre *Casa-grande & senzala,* escritos por Yan de Almeida Prado, Roquette-Pinto, João Ribeiro e Agrippino Grieco, todos elogiosos. Organiza no Recife o 1º Congresso de Estudos Afro-Brasileiros. Recebe o prêmio da Sociedade Felipe d'Oliveira pela publicação *Casa-grande & senzala*. Lê na mesma sociedade conferência sobre O escravo nos anúncios de jornal do tempo do Império, publicada na revista *Lanterna Verde* (v. 2, fev. 1935). Regressa ao Recife e lê, no dia 24 de maio, na Faculdade de Direito e a convite de seus estudantes, conferência publicada, no mesmo ano, pela Editora Momento: O estudo das ciências sociais nas universidades americanas. Publica-se no Recife (Oficinas Gráficas The Propagandist, edição de amigos do autor, tiragem de apenas 105 exemplares em papel especial e coloridos a mão por Luís Jardim) o *Guia prático, histórico e sentimental da cidade do Recife*, inaugurando, em todo o mundo, um novo estilo de guia de cidade, ao mesmo tempo lírico e informativo e um dos primeiros livros para bibliófilos publicados no Brasil. Nomeado em dezembro diretor do *Diário de Pernambuco*, cargo que exerceu por apenas quinze dias por causa da proibição, por Assis Chateaubriand, da publicação de uma entrevista de João Alberto Lins de Barros.

1935 A pedido dos alunos da Faculdade de Direito do Recife e por designação do ministro da Educação, inicia na referida escola superior um curso de Sociologia com orientação antropológica e ecológica. Segue, em setembro, para o Rio de Janeiro, onde, a convite de Anísio Teixeira, dirige na Universidade do Distrito Federal o primeiro Curso de Antropologia Social e Cultural da América Latina (ver texto das aulas no livro *Problemas brasileiros de antropologia*). Publica-se no Recife (Edições Mozart) o livro *Artigos de jornal*. Profere, a convite de estudantes paulistas de Direito, no Centro XI de Agosto, da Faculdade de Direito de São Paulo, a conferência Menos doutrina, mais análise, tendo sido saudado pelo estudante Osmar Pimentel.

1936 Publica-se no Rio de Janeiro (Companhia Editora Nacional, v. 64 da Coleção Brasiliana) o livro que é uma continuação da série iniciada com *Casa-grande & senzala*, *Sobrados e mucambos*. Viagem à Europa, permanecendo algum tempo na França e em Portugal.

1937 Viaja de novo à Europa, dessa vez como delegado do Brasil ao Congresso de Expansão Portuguesa no Mundo, reunido em Lisboa. Lê conferências nas Universidades de Lisboa, Coimbra e Porto e na de Londres (King's College), publicadas no Rio de Janeiro no ano seguinte. Regressa ao Recife e lê conferência política no Teatro Santa Isabel, a favor da candidatura de José Américo de Almeida à Presidência da República. A convite de Paulo Bittencourt inicia colaboração semanal no *Correio da Manhã*. Publica-se no Rio de Janeiro (José Olympio) o livro *Nordeste* (aspectos da influência da cana sobre a vida e a paisagem do Nordeste do Brasil).

1938   É nomeado membro da Academia Portuguesa de História pelo presidente Oliveira Salazar. Segue para os Estados Unidos como lente extraordinário da Universidade de Columbia, onde dirige seminário sobre sociologia e história da escravidão. Publica-se no Rio de Janeiro (Serviço Gráfico do Ministério da Educação e Saúde) o livro *Conferência na Europa*.

1939   Faz primeira viagem ao Rio Grande do Sul. Segue, depois, para os Estados Unidos, como professor extraordinário da Universidade de Michigan. Publica-se no Rio de Janeiro (José Olympio) a primeira edição do livro *Açúcar* e no Recife (edição do autor, para bibliófilos) *Olinda, 2º guia prático, histórico e sentimental de cidade brasileira*. Publica-se em Nova York (Instituto de las Españas en los Estados Unidos) a obra do historiador Lewis Hanke, *Gilberto Freyre, vida y obra*.

1940   A convite do governo português, lê no Gabinete Português de Leitura do Recife a conferência (publicada no Recife, no mesmo ano, em edição particular) Uma cultura ameaçada: a luso-brasileira. E, em Aracaju, na instalação da 2ª Reunião da Sociedade de Neurologia, Psiquiatria e Higiene Mental do Nordeste, lê conferência publicada no ano seguinte pela mesma sociedade; no dia 29 de outubro, na Biblioteca do Ministério das Relações Exteriores e a convite da Casa do Estudante do Brasil, profere conferência sobre Euclides da Cunha, publicada no ano seguinte; no dia 19 de novembro, na Biblioteca do Estado do Rio Grande do Sul, faz uma conferência por ocasião das comemorações do bicentenário da cidade de Porto Alegre, publicada em 1943. Participa do 3º Congresso Sul-Rio-grandense de História e Geografia, ao qual apresenta, a pedido do historiador Dante de Laytano, o trabalho Sugestões para o estudo histórico-social do sobrado no Rio Grande do Sul, publicado no mesmo ano pela Editora Globo e incluído, posteriormente, no livro *Problemas brasileiros de antropologia*. Publica-se em Nova York (Columbia University Press) o opúsculo Some aspects of the social development on Portuguese America, separata da obra coletiva *Concerning Latin American culture*. Publicam-se no Rio de Janeiro (José Olympio) os livros *Um engenheiro francês no Brasil* e *O mundo que o português criou*, com longos prefácios, respectivamente, de Paul Arbousse-Bastide e Antônio Sérgio. Prefacia e anota o *Diário íntimo do engenheiro Vauthier*, publicado no mesmo ano pelo Serviço do Patrimônio Histórico e Artístico Nacional.

1941   Casa-se no Mosteiro de São Bento do Rio de Janeiro com a senhorita Maria Magdalena Guedes Pereira. Viaja ao Uruguai, Argentina e Paraguai. Torna-se colaborador de *La Nación* (Buenos Aires), dos *Diários Associados*, do *Correio da Manhã* e de *A Manhã* (Rio de Janeiro). Prefacia e anota as *Memórias de um Cavalcanti*, do seu parente Félix Cavalcanti de Albuquerque Melo, publicadas pela Companhia Editora Nacional (volume 196 da Coleção Brasiliana). Publica-se no Recife (Sociedade de Neurologia, Psiquiatria e Higiene Mental do Nordeste) a conferência Sociologia, psicologia e psiquiatria, depois ampliada e incluída no livro *Problemas brasileiros de antropologia*, contribuição para uma psiquiatria social brasileira que seria destacada pela Sorbonne ao doutourá-lo H.C. Publica-se no Rio de Janeiro (Casa do Estudante do Brasil) e em Buenos Aires a conferência Atualidade de Euclydes da Cunha (incluída, em 1944, no livro

Perfil de Euclydes e outros perfis). Ao ensejo da publicação, no Rio de Janeiro (José Olympio), do livro *Região e tradição*, recebe homenagem de grande número de intelectuais brasileiros, com um almoço no Jóquei Clube, em 26 de junho, do qual foi orador o jornalista Dario de Almeida Magalhães.

1942 É preso no Recife, por ter denunciado, em artigo publicado no Rio de Janeiro, atividades nazistas e racistas no Brasil, inclusive as de um padre alemão a quem foi confiada, pelo governo do Estado de Pernambuco, a formação de jovens escoteiros. Com seu pai reage à prisão, quando levado para "a imunda Casa de Detenção do Recife", sendo solto, no dia seguinte, por interferência direta de seu amigo general Góes Monteiro. Recebe convite da Universidade de Yale para ser professor de Filosofia Social, que não pôde aceitar. Profere, no Rio de Janeiro, discurso como padrinho de batismo de avião oferecido pelo jornalista Assis Chateaubriand ao Aeroclube de Porto Alegre. É eleito para o Conselho Consultivo da American Philosophical Association. É designado pelo Conselho da Faculdade de Filosofia da Universidade de Buenos Aires Adscrito Honorário de Sociologia e eleito membro correspondente da Academia Nacional de História do Equador. Discursa no Rio de Janeiro, em nome do sr. Samuel Ribeiro, doador do avião Taylor à campanha de Assis Chateaubriand. Publica-se em Buenos Aires (Comisión Revisora de Textos de Historia y Geografía Americana) a 1ª edição de *Casa-grande & senzala* em espanhol, com introdução de Ricardo Saenz Hayes. Publicam-se no Rio de Janeiro (José Olympio) o livro *Ingleses* e a 2ª edição de *Guia prático, histórico e sentimental da cidade do Recife*. A Casa do Estudante do Brasil divulga, em 2ª edição, a conferência Uma cultura ameaçada: a luso-brasileira, proferida no Gabinete Português de Leitura do Recife (1940).

1943 Visita a Bahia, a convite dos estudantes de todas as escolas superiores do Estado, que lhe prestam excepcionais homenagens, às quais se associa quase toda a população de Salvador. Lê na Faculdade de Medicina da Bahia, a convite da União dos Estudantes Baianos, a conferência Em torno de uma classificação sociológica e no Instituto Histórico da Bahia, por iniciativa da Faculdade de Filosofia do mesmo Estado, a conferência A propósito da filosofia social e suas relações com a sociologia histórica (ambas incluídas, com os discursos proferidos nas homenagens recebidas na Bahia, no livro *Na Bahia em 1943*, que teve quase toda a sua tiragem apreendida, nas livrarias do Recife, pela Polícia do Estado de Pernambuco). Recusa, em carta altiva, o convite para ser catedrático de Sociologia da Universidade do Brasil. Inicia colaboração no *O Estado de S.Paulo* em 30 de setembro. Por intermédio do Itamaraty, recebe convite da Universidade de Harvard para ser seu professor, que também recusa. Publicam-se em Buenos Aires (Espasa-Calpe Argentina) as 1ªs edições, em espanhol, de *Nordeste* e de *Uma cultura ameaçada* e a 2ª, na mesma língua, de *Casa-grande & senzala*. Publicam-se no Rio de Janeiro (Casa do Estudante do Brasil) o livro *Problemas brasileiros de antropologia* e o opúsculo Continente e ilha (conferência lida, em Porto Alegre, no ano de 1940 e incluída na 2ª edição de *Problemas brasileiros de antropologia*). Publica-se também, no Rio de Janeiro (Livros de Portugal), uma edição de *As farpas*, de Ramalho Ortigão e Eça de Queirós, selecionadas e prefaciados por ele, bem como a 4ª edição de *Casa-grande & senzala*, livro publicado a partir desse ano pelo editor José Olympio.

1944 Visita Alagoas e Paraíba, a convite de estudantes desses Estados. Lê na Faculdade de Direito de Alagoas conferência sobre Ulysses Pernambucano, publicada no ano seguinte. Deixa de colaborar nos *Diários*

Associados e em *La Nación*, em virtude da violação e do extravio constantes de sua correspondência. Em 9 de junho de 1944, comparece à Faculdade de Direito do Recife, a convite dos alunos dessa escola, para uma manifestação de regozijo em face da invasão da Europa pelos Exércitos Aliados. Lê em Fortaleza a conferência Precisa-se do Ceará. Segue para os Estados Unidos, onde profere, na Universidade do Estado de Indiana, seis conferências promovidas pela Fundação Patten e publicadas no ano seguinte, em Nova York, no livro *Brazil:* an interpretation. Publicam-se no Rio de Janeiro os livros *Perfil de Euclydes e outros perfis* (José Olympio), *Na Bahia em 1943* (edição particular) e a 2ª edição do guia *Olinda.* A Casa do Estudante do Brasil publica, no Rio de Janeiro, o livro *Gilberto Freyre*, de Diogo Melo Menezes, com prefácio consagrador de Monteiro Lobato.

1945 Toma parte ativa, ao lado dos estudantes do Recife, na campanha pela candidatura do brigadeiro Eduardo Gomes à Presidência da República. Fala em comícios, escreve artigos, anima os estudantes na luta contra a ditadura. No dia 3 de março, por ocasião do primeiro comício daquela campanha no Recife, começa a discursar, na sacada da redação do *Diário de Pernambuco*, quando tomba a seu lado, assassinado pela Polícia Civil do Estado, o estudante de Direito Demócrito de Sousa Filho. A UDN oferece, em sua representação na futura Assembleia Nacional Constituinte, um lugar aos estudantes do Recife, que preferem que seu representante seja o bravo escritor. A Polícia Civil do Estado de Pernambuco empastela e proíbe a circulação do *Diário de Pernambuco*, impedindo-o de noticiar a chacina em que morreram o estudante Demócrito e um popular. Com o jornal fechado, o retrato de Demócrito é inaugurado na redação, com memorável discurso de Gilberto Freyre: Quiseram matar o dia seguinte (cf. *Diário de Pernambuco*, 10 de abril de 1945). Em 9 de junho, comparece à Faculdade de Direito do Recife, como orador oficial da sessão contra a ditadura. Publicam-se no Recife (União dos Estudantes de Pernambuco) o opúsculo de sua autoria em apoio à candidatura de Eduardo Gomes: *Uma campanha maior do que a da abolição* e a conferência lida, no ano anterior, em Maceió: Ulysses. Publica-se em Fortaleza (edição do autor) a obra *Gilberto Freyre e alguns aspectos da antropossociologia no Brasil*, de autoria do médico Aderbal Sales. Publica-se em Nova York (Knopf) o livro *Brazil:* an interpretation. A Editora mexicana Fondo de Cultura Económica publica *Interpretación del Brasil*, com orelhas escritas por Alfonso Reyes.

1946 Eleito deputado federal, segue para o Rio de Janeiro, a fim de participar nos trabalhos da Assembleia Constituinte. Em 17 de junho, profere discurso de críticas e sugestões ao projeto da Constituição, publicado em opúsculo: Discurso pronunciado na Assembleia Nacional Constituinte (incluído na 2ª edição do livro *Quase política*). Em 22 de junho lê no Teatro Municipal de São Paulo, a convite do Centro Acadêmico XI de Agosto, conferência publicada no mesmo ano pela referida organização estudantil Modernidade e modernismo na arte política (incluída, em 1965, no livro *6 conferências em busca de um leitor*). Em 16 de julho, na Faculdade de Direito de Belo Horizonte, a convite de seus alunos, apresenta conferência publicada no mesmo ano: Ordem, liberdade, mineralidade (incluída em 1965, no livro *6 conferências em busca de um leitor*). Em agosto inicia colaboração no *Diário Carioca*. Em 29 de agosto profere na Assembleia Constituinte outro discurso de crítica ao projeto da Constituição (incluído na 2ª edição do livro *Quase política*). Em novembro, a Comissão de Educação e Cultura da Câmara dos Deputados indica, com aplauso do escritor Jorge Amado, membro da Comissão, o nome de Gilberto Freyre para o Prêmio Nobel de Literatura de 1947, com o apoio de numerosos intelectuais brasileiros. Publica-se no

Rio de Janeiro a 5ª edição de *Casa-grande & senzala* e em Nova York (Knopf), a edição do mesmo livro em inglês, *The masters and the slaves*.

1947   Apresenta à Mesa da Câmara dos Deputados, para ser dado como lido, discurso sobre o centenário de nascimento de Joaquim Nabuco, publicado no ano seguinte. Em 22 de maio, lê no auditório da Associação Brasileira de Imprensa, a convite da Sociedade dos Amigos da América, conferência sobre Walt Whitman, publicada no ano seguinte. Trabalha ativamente na Comissão de Educação e Cultura da Câmara dos Deputados. É convidado para representar o Brasil no 19º Congresso dos Pen Clubes Mundiais, reunido em Zurique. Publica-se em Londres a edição inglesa de *The masters and the slaves*, em Nova York, a 2ª impressão de *Brazil: an interpretation* e no Rio de Janeiro, a edição brasileira deste livro, em tradução de Olívio Montenegro: *Interpretação do Brasil* (José Olympio). Publica-se em Montevidéu a obra *Gilberto Freyre y la sociología brasileña*, de Eduardo J. Couture.

1948   A convite da Unesco, toma parte, em Paris, no conclave de oito notáveis cientistas e pensadores sociais (Gurvitch, Allport e Sullivan, entre eles), reunidos pela referida Organização das Nações Unidas por iniciativa do então diretor Julian Huxley para estudar as Tensões que afetam a compreensão internacional, trabalho em conjunto depois publicado em inglês e francês. Lê, no Ministério das Relações Exteriores, a convite do Instituto Brasileiro de Educação, Ciência e Cultura (Comissão Nacional da Unesco), conferência sobre o conclave de Paris. Repete na Escola de Comando do Estado-Maior do Exército a conferência lida no Ministério das Relações Exteriores. Inicia em 18 de setembro sua colaboração em *O Cruzeiro*. Em dezembro, profere na Câmara dos Deputados discurso justificando a criação do Instituto Joaquim Nabuco de Pesquisas Sociais, com sede no Recife (incluído na 2ª edição do livro *Quase política*). Lê no Museu de Arte de São Paulo duas conferências: uma sobre Emílio Cardoso Ayres e outra sobre d. Veridiana Prado. Apresenta mais uma conferência na Escola de Comando do Estado-Maior do Exército. Publicam-se no Rio de Janeiro (José Olympio) o livro *Ingleses no Brasil* e os opúsculos *O camarada Whitman* (incluído, em 1965, no livro *6 conferências em busca de um leitor*), *Joaquim Nabuco* (incluído, em 1966, na 2ª edição do livro *Quase política*) e *Guerra, paz e ciência* (este editado pelo Ministério das Relações Exteriores). Inicia sua colaboração no *Diário de Notícias*.

1949   Segue para os Estados Unidos, a fim de participar, na categoria de ministro, como delegado parlamentar do Brasil, na 4ª Conferência Internacional da Organização das Nações Unidas. Lê conferências na Universidade Católica da América (Washington, D.C.) e na Universidade de Virgínia. Profere, em 12 de abril, na Associação de Cultura Franco-Brasileira do Recife, conferência sobre Emílio Cardoso Ayres (apenas pequeno trecho foi publicado no *Bulletin* da Associação). Em 18 de agosto, apresenta na Faculdade de Direito do Recife conferência sobre Joaquim Nabuco, na sessão comemorativa do centenário de nascimento do estadista pernambucano (incluída no livro *Quase política*). Em 30 de agosto, profere na Câmara dos Deputados discurso de saudação ao Visconde Jowitt, presidente da Câmara dos Lordes do Reino Unido da Grã-Bretanha e Irlanda do Norte (incluído em *Quase política*). No mesmo dia, lê, no Instituto Histórico e Geográfico Brasileiro, conferência sobre Joaquim Nabuco. Publica-se, no Rio de Janeiro (José Olympio), a conferência apresentada no ano anterior, na Escola de Comando do Estado-Maior do Exército: *Nação e Exército* (incluída, em 1965, no livro *6 conferências em busca de um leitor*).

1950 Profere na Câmara dos Deputados, em 17 de janeiro, discurso sobre o pernambucano Joaquim Arcoverde, primeiro cardeal da América Latina, por ocasião da passagem do primeiro centenário de seu nascimento (incluído em *Quase política*). Apresenta na Câmara dos Deputados, em 5 de abril, discurso sobre o centenário de nascimento de José Vicente Meira de Vasconcelos, constituinte de 1891 (incluído em *Quase política*). Profere na Câmara dos Deputados, em 28 de abril, discurso de definição de atitude na vida pública (incluído em *Quase política*). Discursa na Câmara dos Deputados, em 2 de maio, sobre o centenário da morte de Bernardo Pereira de Vasconcelos (incluído em *Quase política*). Profere na Câmara dos Deputados, em 2 de junho, discurso contrário à emenda parlamentarista (incluído em *Quase política*). Apresenta na Câmara dos Deputados, em 26 de junho, discurso no qual transmite apelo que recebeu de três parlamentares ingleses, em favor de um governo supranacional (incluído em *Quase política*). Discursa na Câmara dos Deputados, em 8 de agosto, sobre o centenário de nascimento de José Mariano (incluído em *Quase política*). Profere no Parque 13 de Maio, do Recife, discurso em favor da candidatura do deputado João Cleofas de Oliveira ao governo do Estado de Pernambuco (incluído na 2ª edição de *Quase política)*. Em 11 de setembro inicia colaboração diária no *Jornal Pequeno*, do Recife, sob o título Linha de fogo, em prol da candidatura João Cleofas ao governo do Estado de Pernambuco. Profere, em 8 de novembro, na Câmara dos Deputados, discurso de despedida por não ter sido reeleito para o período seguinte (incluído na 2ª edição de *Quase política*). Publica-se em Urbana (University of Illinois Press) a obra coletiva *Tensions that cause wars*, em Paris, em 1948. Contribuição de Gilberto Freyre: Internationalizing social sciences. Publicam-se no Rio de Janeiro (José Olympio) a 1ª edição do livro *Quase política* e a 6ª de *Casa-grande & senzala*.

1951 Publicam-se no Rio de Janeiro (José Olympio) a seguinte edição de *Nordeste* e de *Sobrados e mucambos* (esta refundida e acrescida de cinco novos capítulos). A convite da Universidade de Londres, escreve, em inglês, estudo sobre a situação do professor no Brasil, publicado, no mesmo ano, pelo *Year book of education*. Publica-se em Lisboa (livros do Brasil) a edição portuguesa de *Interpretação do Brasil*.

1952 Lê, na sala dos capelos da Universidade de Coimbra, em 24 de janeiro, conferência publicada, no mesmo ano, pela Coimbra Editora: Em torno de um novo conceito de tropicalismo. Publica-se em Ipswich (Inglaterra) o opúsculo editado pela revista *Progress* de Londres com o ensaio: Human factors behind Brazilian development. Publica-se no Recife (Edições Região) o *Manifesto regionalista de 1926*. Publicam-se no Rio de Janeiro (Serviço de Documentação do Ministério da Educação e Cultura) o opúsculo *José de Alencar* (José Olympio) e a 7ª edição de *Casa-grande & senzala* em francês, organizada pelo professor Roger Bastide, com prefácio de Lucien Fèbvre: *Maîtres et esclaves* (volume 4 da Coleção La Croix du Sud, dirigida por Roger Caillois). Viaja a Portugal e às províncias ultramarinas. Em 16 de abril, inicia colaboração no *Diário Popular* de Lisboa e no *Jornal do Commercio* do Recife.

1953 Publicam-se no Rio de Janeiro (José Olympio) os livros *Aventura e rotina* (escritos durante a viagem a Portugal e às províncias luso-asiáticas, "à procura das constantes portuguesas de caráter e ação") e *Um brasileiro em terras portuguesas* (contendo conferências e discursos proferidos em Portugal e nas províncias ultramarinas, com extensa "Introdução a uma possível luso-tropicologia").

1954 Escolhido pela Comissão das Nações Unidas para o estudo da situação racial na união sul-africana, como o antropólogo estrangeiro mais capacitado a opinar sobre essa situação, visita o referido país e apresenta à Assembleia Geral da ONU um estudo publicado pela organização nessa nação em: *Elimination des conflits et tensions entre les races*. Publica-se no Rio de Janeiro a 8ª edição de *Casa-grande & senzala*; no Recife (Edições Nordeste), o opúsculo *Um estudo do prof. Aderbal Jurema* e, em Milão (Fratelli Bocca), a 1ª edição, em italiano, de *Interpretazione del Brasile*. Em agosto é encenada no Teatro Santa Isabel a dramatização de *Casa-grande & senzala*, feita por José Carlos Cavalcanti Borges. O professor Moacir Borges de Albuquerque defende, em concurso para provimento efetivo de uma das cadeiras de português do Instituto de Educação de Pernambuco, tese sobre *Linguagem de Gilberto Freyre*.

1955 Lê, na sessão inaugural do 4º Congresso Brasileiro de Neurologia, Psiquiatria e Higiene Mental, conferência sobre Aspectos da moderna convergência médico-social e antropocultural (incluída na 2ª edição de *Problemas brasileiros de antropologia*). Em 15 de maio profere no encerramento do curso de treinamento de professores rurais de Pernambuco discurso publicado no ano seguinte. Comparece, como um dos quatro conferencistas principais (os outros foram o alemão Von Wreie, o inglês Ginsberg e o francês Davy) e na alta categoria de convidado especial, ao 3º Congresso Mundial de Sociologia, realizado em Amsterdã, no qual apresenta a comunicação, publicada em Louvain, no mesmo ano, pela Associação Internacional de Sociologia: *Morals and social change*. Para discutir *Casa-grande & senzala* e outras obras, ideias e métodos de Gilberto Freyre, reúnem-se em Cerisy-LaSalle os escritores e professores M. Simon, R. Bastide, G. Gurvitch, Leon Bourdon, Henri Gouhier, Jean Duvignaud, Tavares Bastos, Clara Mauraux, Nicolas Sombart e Mário Pinto de Andrade: talvez a maior homenagem já prestada na Europa a um intelectual brasileiro; os demais seminários de Cerisy foram dedicados a filósofos da história, como Toynbee e Heidegger. Publicam-se no Recife (Secretaria de Educação e Cultura) os opúsculos Sugestões para uma nova política no Brasil: a rurbana (incluído, em 1966, na 2ª edição de *Quase política*) e *Em torno da situação do professor no Brasil*; em Nova York (Knopf) a 2ª edição de *Casa-grande & senzala*, em inglês: *The masters and the slaves*, e em Paris (Gallimard) a 1ª edição de *Nordeste* em francês: *Terres du sucre* (volume 14 da Coleção La Croix du Sud, dirigida por Roger Caillois).

1957 Lê, em 4 de agosto, na Escola de Belas Artes da Universidade Federal de Pernambuco, em solenidade comemorativa do 25º aniversário de fundação daquela instituição, conferência publicada no mesmo ano: Arte, ciência social e sociedade. Dirige, em outubro, curso sobre Sociologia da Arte na mesma escola. Colabora novamente no *Diário Popular* de Lisboa, atendendo a insistentes convites do seu diretor, Francisco da Cunha Leão. Publicam-se no Recife os opúsculos *Palavras às professoras rurais do Nordeste* (Secretaria de Educação e Cultura do Estado de Pernambuco) e *Importância para o Brasil dos institutos de pesquisa científica* (Instituto Joaquim Nabuco de Pesquisas Sociais); no Rio de Janeiro (José Olympio), a 2ª edição de *Sociologia*; no México (Editorial Cultural), o opúsculo *A experiência portuguesa no trópico americano*; em Lisboa (Livros do Brasil), a 1ª edição portuguesa de *Casa-grande & senzala* e a obra *Gilberto Freyre's "luso-tropicalism"*, de autoria de Paul V. Shaw (Centro de Estudos Políticos Sociais da Junta de Investigações do Ultramar).

1958 Lê, no Fórum Roberto Simonsen, conferência publicada no mesmo ano pelo Centro e Federação das Indústrias do Estado de São Paulo: Sugestões em torno de uma nova orientação para as relações intranacionais no Brasil. Publicam-se em Lisboa (Centro de Estudos Políticos e Sociais da Junta de Investigações do Ultramar) o livro, com texto em português e inglês, *Integração portuguesa nos trópicos/Portuguese integration in the tropics*, e no Rio de Janeiro (José Olympio), a 9ª edição brasileira de *Casa-grande & senzala*.

1959 Lê, em abril, conferências no Instituto Joaquim Nabuco de Pesquisas Sociais, iniciando e concluindo cursos de Ciências Sociais promovidos pelo referido órgão. Em julho, apresenta na Faculdade de Direito da Universidade Federal de Minas Gerais conferência publicada pela mesma universidade, no ano seguinte. Publicam-se em Nova York (Knopf) *New world in the tropics*, cujo texto contém, grandemente expandido e praticamente reescrito, o livro (publicado em 1945 pelo mesmo editor) *Brazil:* an interpretation; na Guatemala (Editorial de Ministério de Educación Pública José de Pineda Ibarra), o opúsculo *Em torno a algunas tendencias actuales de la antropología*; no Recife (Arquivo Público do Estado de Pernambuco), o opúsculo *A propósito de Mourão, Rosa e Pimenta:* sugestões em torno de uma possível hispanotropicologia; no Rio de Janeiro (José Olympio), a 1ª edição do livro *Ordem e progresso* (terceiro volume da Série Introdução à história patriarcal no Brasil, iniciada com *Casa-grande & senzala*, continuada com *Sobrados e mucambos* e finalizada com *Jazigos e covas rasas*, livro nunca concluído) e *O velho Félix e suas memórias de um Cavalcanti* (2ª edição, ampliada, da introdução ao livro *Memórias de um Cavalcanti*, publicado em 1940); em Salvador (Universidade da Bahia), o livro *A propósito de frades* e o opúsculo *Em torno de alguns túmulos afrocristãos de uma área africana contagiada pela cultura brasileira*; e em São Paulo (Instituto Brasileiro de Filosofia), o ensaio A filosofia da história do Brasil na obra de Gilberto Freyre, de autoria de Miguel Reale.

1960 Viaja pela Europa, nos meses de agosto e setembro, lendo conferências em universidades francesas, alemãs, italianas e portuguesas. Publicam-se em Lisboa (Livros do Brasil) o livro *Brasis, Brasil e Brasília*; em Belo Horizonte (edições da *Revista Brasileira de Estudos Políticos*), a conferência Uma política transnacional de cultura para o Brasil de hoje; no Recife (Imprensa Universitária), o opúsculo *Sugestões em torno do Museu de Antropologia do Instituto Joaquim Nabuco de Pesquisas Sociais*, e no Rio de Janeiro (José Olympio), a 3ª edição do livro *Olinda*.

1961 Em 24 de fevereiro recebe em sua casa de Apipucos a visita do escritor norte-americano Arthur Schlesinger Junior, assessor e enviado especial do presidente John F. Kennedy. Em 20 de abril profere na Faculdade de Medicina da Universidade Federal de Pernambuco uma conferência sobre Homem, cultura e trópico, iniciando as atividades do Instituto de Antropologia Tropical, criado naquela faculdade por sugestão sua. Em 25 de abril é filmado e entrevistado em sua residência pela equipe de televisão e cinema do Columbia Broadcasting System. Em junho viaja aos Estados Unidos, onde faz conferência no Conselho Americano de Sociedades Científicas, no Centro de Corning, no Centro de Estudos de Santa Bárbara e nas Universidades de Princeton e Colúmbia. De volta ao Brasil, recebe, em agosto, a pedido da Comissão Educacional dos Estados Unidos da América no Brasil (Comissão Fulbright), para uma palestra informal sobre problemas brasileiros, os professores norte-americanos que participam do II Seminário de Verão promovido pela referida comissão. Em outubro, lê, no Instituto Joaquim Nabuco de Pesquisas Sociais, quatro conferências sobre sociologia da vida rural. Ainda em outubro e a convite dos corpos docente e discente da Escola de Engenharia da Universidade

Federal de Pernambuco, lê na mesma escola três conferências sobre Três engenharias inter-relacionadas: a física, a social e a chamada humana. Viaja a São Paulo e lê, em 27 de outubro, no auditório da Academia Paulista de Letras, sob os auspícios do Instituto Hans Staden, conferência intitulada Como e porque sou sociólogo. Em 1º de novembro, apresenta no auditório da ABI e sob os auspícios do Instituto Cultural Brasil--Alemanha, conferências sobre Harmonias e desarmonias na formação brasileira. Em dezembro, segue para a Europa, permanecendo três semanas na Alemanha Ocidental, para participar, como representante do Brasil, no encontro germano-hispânico de sociólogos. Publicam-se em Tóquio (Ministério da Agricultura do Japão, série de Guias para os emigrantes em países estrangeiros), a edição japonesa de *New world in the tropics*: *Atsuitai no sin sekai*; em Lisboa (Comissão Executiva das Comemorações do V Centenário da Morte do Infante D. Henrique) – em português, francês e inglês –, o livro *O luso e trópico*: *les Portugais et les tropiques* e *The portuguese and the tropics* (edições separadas); no Recife (Imprensa Universitária), a obra *Sugestões de um novo contato com universidades europeias*; no Rio de Janeiro (José Olympio), a 3ª edição brasileira de *Sobrados e mucambos* e a 10ª edição brasileira (11ª em língua portuguesa) de *Casa-grande & senzala*.

1962   Em fevereiro, a Escola de Samba de Mangueira desfila, no Carnaval do Rio de Janeiro, com enredo inspirado em *Casa-grande & senzala*. Em março é eleito presidente do Comitê de Pernambuco do Congresso Internacional para a Liberdade da Cultura. Em 10 de junho, lê, no Gabinete Português de Leitura do Rio de Janeiro, a convite da Federação das Associações Portuguesas do Brasil, conferência publicada, no mesmo ano, pela referida entidade: *O Brasil em face das Áfricas negras e mestiças*. Em agosto reúne-se em Porto Alegre o 1º Colóquio de Estudos Teuto-brasileiros, organizado por sugestão sua. Ainda em agosto é admitido pelo Presidente da República como Comandante do Corpo de Graduação da Ordem do Mérito Militar. Por iniciativa do Banco Interamericano de Desenvolvimento, o professor Leopoldo Castedo profere em Washington, D.C., no curso Panorama da Civilização Ibero-Americana, conferência sobre La valorización del tropicalismo en Freyre. Em outubro, torna-se editor-associado do *Journal of Interamerican Studies*. Em novembro, dirige na Faculdade de Letras da Universidade de Coimbra um curso de seis lições sobre Sociologia da História. Ainda na Europa, lê conferências em universidades da França, da Alemanha Ocidental e da Espanha. Em 19 de novembro recebe o grau de doutor *honoris causa* pela Faculdade de Letras de Coimbra. Publicam-se no Rio de Janeiro (José Olympio) os livros *Talvez poesia* e *Vida, forma e cor*, a 2ª edição de *Ordem e progresso* e a 3ª de *Sociologia*; em São Paulo (Livraria Martins Editora), o livro *Arte, ciência e trópico*; em Lisboa (Livros do Brasil), as edições portuguesas de *Aventura e rotina* e de *Um brasileiro em terras portuguesas*; no Rio de Janeiro (José Olympio), a obra coletiva *Gilberto Freyre:* sua ciência, sua filosofia, sua arte (ensaios sobre o autor de *Casa grande & senzala* e sua influência na moderna cultura do Brasil, comemorativos do vigésimo quinto aniversário de publicação desse livro).

1963   Em 10 de junho, inaugura-se no Teatro Santa Isabel do Recife uma exposição sobre *Casa-grande & senzala*, organizada pelo colecionador Abelardo Rodrigues. Em 20 de agosto, o governo de Pernambuco promulga a Lei Estadual nº 4.666, de iniciativa do deputado Paulo Rangel Moreira, que autoriza a edição popular, pelo mesmo Estado, de *Casa-grande & senzala*. Publicam-se em *The American Scholar*, Chapel Hill (United Chapters of Phi Beta Kappa e University of North Caroline) o ensaio On the Iberian concept of time; em Nova York (Knopf), a edição de *Sobrados e mucambos* em inglês, com introdução de Frank Tannenbaum: *The mansions and the shanties (the making of modern Brazil)*; em Washington, D.C. (Pan American Union), o livro *Brazil*; em Lisboa, a 2ª edição do opúsculo *Americanism and latinity Americal* (em inglês e francês); em Brasília (Editora Universidade de Brasília), a 12ª edição brasileira de *Casa-grande & senzala* (13ª edição em língua portuguesa) e no Recife (Imprensa Universitária), o livro *O escravo nos anúncios de jornais brasileiros do século XIX* (reedição muito ampliada da conferência lida, em 1935, na Sociedade Felipe d'Oliveira). O professor Thomas John O'Halloran apresenta à Graduate School of Arts and Science, da New York University, dissertação sobre *The life and master writings of Gilberto Freyre*. As Editoras A. A. Knopf e Random House publicam em Nova York a 2ª edição (como livro de bolso) de *New world in the tropics*.

1964   A convite do governo do Estado de Pernambuco, lê na Escola Normal do mesmo Estado, em 13 de maio, conferência como orador oficial da solenidade comemorativa do centenário de fundação daquela Escola. Recebe em Natal, em julho, as homenagens da Fundação José Augusto pelo trigésimo aniversário da publicação de *Casa-grande & senzala*. Recebe, em setembro, o Prêmio Moinho Santista para Ciências Sociais. Viaja aos Estados Unidos e participa, em dezembro, como conferencista convidado, do seminário latino-americano promovido pela Universidade de Colúmbia. Publicam-se em Nova York (Knopf) uma edição abreviada (*paperback*) de *The masters and the slaves*; em Madri (separata da *Revista de la Universidad de Madrid*) o opúsculo De lo regional a lo universal en la interpretación de los complejos socioculturales; no Recife (Instituto Joaquim Nabuco de Pesquisas Sociais), em tradução de Waldemar Valente, a tese universitária de 1922, *Vida social no Brasil nos meados do século XIX* e o opúsculo (Imprensa Universitária) *O Estado de Pernambuco e expressão no poder nacional:* aspectos de um assunto complexo; no Rio de Janeiro (José Olympio), a seminovela *Dona Sinhá e o filho padre*, o livro *Retalhos de jornais velhos* (2ª edição, consideravelmente ampliada, de *Artigos de jornal*), o opúsculo *A Amazônia brasileira e uma possível-luso tropicologia* (Superintendência do Plano de Valorização Econômica da Amazônia) e a 11ª edição brasileira de *Casa-grande & senzala*. Recusa convite do presidente Castelo Branco para ser ministro da Educação e Cultura.

1965   Viaja a Campina Grande, onde lê, em 15 de março, na Faculdade de Ciências Econômicas, a conferência (publicada no mesmo ano pela Universidade Federal da Paraíba) *Como e porque sou escritor*. Participa no Simpósio sobre Problemática da Universidade Federal de Pernambuco (março/abril), com uma conferência sobre a conveniência da introdução na mesma universidade, de "Um novo tipo de seminário (Tannenbaum)". Viaja ao Rio de Janeiro, onde recebe, em cerimônia realizada no auditório de *O Globo*, diploma com o qual o referido jornal homenageou, no seu quadragésimo aniversário, a vida e a obra dos Notáveis do Brasil: brasileiros vivos que, "por seu talento e capacidade de trabalho de todas as formas invulgares, tenham tido uma decisiva participação nos rumos da vida brasileira, ao longo dos quarenta anos conjuntamente vividos". Em 9 de novembro, gradua-se, *in absentia*, doutor pela Universidade de Paris (Sorbonne), em solenidade na qual também foram homenageados outros sábios de categoria internacional, em diferentes campos do saber, sendo a consagração por obra que vinha abrindo "novos caminhos à filosofia e às ciências do homem". A consagração cultural pela Sorbonne juntou-se à recebida das Universidades da Colúmbia e de Coimbra e às quais se somaram as de Sussex (Inglaterra) e Münster (Alemanha), em solenidade prestigiada por nove magníficos reitores alemães. Publicam-se em Berlim (Kiepenheur & Witsch) a 1ª edição de *Casa-grande*

& senzala em alemão: *Herrenhaus und Sklavenhütte* (*Ein Bild der Brasilianischen Gesellschaft*); no Recife (Imprensa Oficial do Estado de Pernambuco), o opúsculo *Forças Armadas e outras forças*, e no Rio de Janeiro (José Olympio), o livro *6 conferências em busca de um leitor.*

1966   Viaja ao Distrito Federal, a convite da Universidade de Brasília, onde lê, em agosto, seis conferências sobre Futurologia, assunto que foi o primeiro a desenvolver no Brasil. Por solicitação das Nações Unidas, apresenta ao United Nations Human Rights Seminar on Apartheid (realizado em Brasília, de 23 de agosto a 5 de setembro) um trabalho de base sobre Race mixture and cultural interpenetration: the Brazilian example, distribuído na mesma ocasião em inglês, francês, espanhol e russo. Por sugestão sua, inicia--se na Universidade Federal de Pernambuco o Seminário de Tropicologia, de caráter interdisciplinar e inspirado pelo seminário do mesmo tipo, iniciado na Universidade de Colúmbia pelo professor Frank Tannenbaum. Publicam-se em Barnet, Inglaterra, *The racial factor in contemporary politics*; no Recife (governo do Estado de Pernambuco), o primeiro tomo da 14ª edição brasileira (15ª em língua portuguesa) de *Casa-grande & senzala* (edição popular, para ser comercializada a preços acessíveis, de acordo com a Lei Estadual nº 4.666, de 20 de agosto de 1963); e no Rio de Janeiro (José Olympio), a 13ª edição do mesmo livro.

1967   Em 30 de janeiro, lançamento solene, no Palácio do Governo do Estado de Pernambuco, do primeiro volume da edição popular de *Casa-grande & senzala*. Em julho, viaja aos Estados Unidos, para receber, no Instituto Aspen de Estudos Humanísticos, o Prêmio Aspen do ano (30 mil dólares e isento de imposto sobre a renda) "pelo que há de original, excepcional e de valor permanente em sua obra ao mesmo tempo de filósofo, escritor literário e antropólogo." Recebe o Nobel dos Estados Unidos na presença de embaixador, enviado especial do presidente Lyndon B. Johnson, que se congratula com Gilberto Freyre pela honraria na qual o autor foi precedido por apenas três notabilidades internacionais: o compositor Benjamin Britten, a dançarina Martha Graham e o urbanista Constantino Doxiadis por obras reveladoras de "criatividade genial". Em dezembro, lê na Academia Brasileira de Letras, no Instituto Histórico e Geográfico Brasileiro e no Instituto Joaquim Nabuco de Pesquisas Sociais, conferências sobre Oliveira Lima, em sessões solenes comemorativas do centenário de nascimento daquele historiador (ampliadas no livro *Oliveira Lima, Dom Quixote gordo*). Publicam-se em Lisboa (Fundação Calouste Gulbenkian) o livro *Sociologia da medicina*; em Nova York (Knopf), a tradução da "seminovela" *Dona Sinhá e o filho padre: Mother and son, a Brazilian tale*; no Recife (Instituto Joaquim Nabuco de Pesquisas Sociais), a 2ª edição de *Mucambos do Nordeste* e a 3ª edição do *Manifesto Regionalista de 1926*; em São Paulo (Arquimedes Edições), o livro *O Recife, sim! Recife não!*, e no Rio de Janeiro (José Olympio), a 4ª edição de *Sociologia.*

1968   Em 9 de janeiro, lê, no Palácio do Governo do Estado de Pernambuco, a primeira da série de conferências promovidas pelo governador do Estado para comemorar o centenário de nascimento de Oliveira Lima (incluída no livro *Oliveira Lima, Dom Quixote gordo*, publicado no mesmo ano pela Imprensa da Universidade de Recife). Viaja à Argentina onde faz conferência sobre Oliveira Lima na Universidade do Rosário, e à Alemanha Ocidental, onde recebe o título de Doutor *Honoris Causa* pela Universidade de Münster por sua obra comparada à de Balzac. Publicam-se em Lisboa (Academia Internacional da Cultura Portuguesa) o livro em dois volumes, *Contribuição para uma sociologia da biografia* (o

205

exemplo de Luís de Albuquerque, governador de Mato Grosso no fim do século XVII); no Distrito Federal (Editora Universidade de Brasília), o livro *Como e porque sou e não sou sociólogo*, e no Rio de Janeiro (Record), as 2ᵃˢ edições dos livros *Região e tradição e Brasis, Brasil e Brasília*. Ainda no Rio de Janeiro, publicam-se (José Olympio) as 4ᵃˢ edições dos livros *Guia prático, histórico e sentimental da cidade do Recife e Olinda, 2º Guia prático, histórico e sentimental de cidade brasileira*.

1969 Recebe o Prêmio Internacional de Literatura La Madonnina por "incomparável agudeza na descrição de problemas sociais, conferindo-lhes calor humano e otimismo, bondade e sabedoria", através de uma obra de "fulgurações geniais". Lê conferência, no Conselho Federal de Cultura, em sessão dedicada à memória de Rodrigo M. F. de Andrade. A Universidade Federal de Pernambuco lança os dois primeiros volumes do seminário de Tropicologia, relativos ao ano de 1966: *Trópico & colonização, nutrição, homem, religião, desenvolvimento, educação e cultura, trabalho e lazer, culinária, população*. Lê no Instituto Joaquim Nabuco de Pesquisas Sociais quatro conferências sobre Tipos antropológicos no romance brasileiro. Publicam-se no Recife (Instituto Joaquim Nabuco de Pesquisas Sociais) o ensaio Sugestões em torno da ciência e da arte da pesquisa social, e no Rio de Janeiro (José Olympio), a 15ª edição brasileira de *Casa-grande & senzala*.

1970 Completa setenta anos de idade residindo na província e trabalhando como se fosse um intelectual ainda jovem: escrevendo livros, colaborando em jornais e revistas nacionais e estrangeiros, dirigindo cursos, proferindo conferências, presidindo o conselho diretor e incentivando as atividades do Instituto Joaquim Nabuco de Pesquisas Sociais, presidindo o Conselho Estadual de Cultura, dirigindo o Centro Regional de Pesquisas Educacionais e o Seminário de Tropicologia da Universidade Federal de Pernambuco, comparecendo às reuniões mensais do Conselho Federal de Cultura e atendendo a convites de universidades europeias e norte-americanas, onde é sempre recebido como o embaixador intelectual do Brasil. A Editora A. A. Knopf publica em Nova York *Order and progress*, com texto traduzido e refundido por Rod W. Horton.

1971 Recebe a 26 de novembro, em solenidade no Gabinete Português de Leitura, do Recife, e tendo como paraninfo o ministro Mário Gibson Barbosa, o título de Doutor *Honoris Causa* pela Universidade Federal de Pernambuco. Discursa como orador oficial da solenidade de inauguração, pelo presidente Emílio Garrastazu Médici, do Parque Nacional dos Guararapes, no Recife. A rainha Elizabeth lhe confere o título de *Sir* (Cavaleiro Comandante do Império Britânico) e a Universidade Federal do Rio de Janeiro, o grau de Doutor *Honoris Causa* em filosofia. Publicam-se a primeira edição da *Seleta para jovens* (José Olympio) e a obra *Nós e a Europa germânica* (Grifo Edições). Continua a receber visitas de estrangeiros ilustres na sua casa de Apipucos, devendo-se destacar as de embaixadores do Reino Unido, França, Estados Unidos, Bélgica e as de Aldous Huxley, George Gurvitch, Shelesky, John dos Passos, Jean Duvignaud, Lincoln Gordon e Roberto Kennedy, a quem oferece jantar a pedido desse visitante. A Companhia Editora Nacional publica em São Paulo, como volume 348 de sua coleção Brasiliana, a 1ª edição brasileira de *Novo mundo nos trópicos*.

1972 Preside o Primeiro Encontro Inter-regional de Cientistas Sociais do Brasil, realizado em Fazenda Nova, Pernambuco, de 17 a 20 de janeiro, sob os auspícios do Instituto Joaquim Nabuco de Pesquisas Sociais. Recebe o título de Cidadão de Olinda, conferido por Lei Municipal nº 3.774, de 8 de março de 1972, e em sessão solene da Assembleia Legislativa do Estado de Pernambuco, a Medalha Joaquim Nabuco, conferida pela Resolução nº 871, de 28 de abril de 1972. Em 14 de junho profere no Instituto Joaquim Nabuco de Pesquisas Sociais palestra sobre José Bonifácio e no Instituto Joaquim Nabuco de Pesquisas Sociais as duas primeiras conferências da série comemorativa do centenário de Estácio Coimbra. Em 15 de dezembro, inaugura-se na Praia de Boa Viagem, no Recife, o Hotel Casa-grande & senzala. A Editora Giulio Einaudi publica em Turim a edição italiana de *Casa-grande & senzala* (*Case e catatecchie*).

1973 Recebe em São Paulo o Troféu Novo Mundo, "por obras notáveis em sociologia e história", e o Troféu Diários Associados, pela "maior distinção anual em artes plásticas". Realizam-se exposições de telas de sua autoria, uma no Recife, outra no Rio, esta na residência do casal José Maria do Carmo Nabuco, com apresentação de Alfredo Arinos de Mello Franco. Por decreto do presidente Médici, é reconduzido ao Conselho Federal de Cultura. Viaja a Angola, em fevereiro. A 10 de maio, a convite da Assembleia Legislativa do Estado de Pernambuco, profere discurso no Cemitério de Santo Amaro, diante do túmulo de Joaquim Nabuco, em comemoração ao Sesquicentenário do Poder Legislativo no Brasil. Recebe em setembro, em João Pessoa, o título de Doutor *Honoris Causa* pela Universidade Federal da Paraíba. Profere na Câmara dos Deputados, em 29 de novembro, conferência sobre Atuação do Parlamento no Império e na República, na série comemorativa do Sesquicentenário do Poder Legislativo no Brasil e na Universidade de Brasília, palestra em inglês para o corpo diplomático, sob o título de Some remarks on how and why Brazil is different. Em 13 de dezembro é operado pelo professor Euríclides de Jesus Zerbini, no Hospital da Beneficência Portuguesa de São Paulo.

1974 Recebe em São Paulo o Troféu Novo Mundo, conferido pelo Centro de Artes Novo Mundo. Faz sua primeira exposição de pintura em São Paulo, com quarenta telas adquiridas imediatamente. A 15 de março, o Instituto Joaquim Nabuco de Pesquisas Sociais comemora com exposição e sessão solene, os quarenta anos da publicação de *Casa-grande & senzala*. Em 20 de julho profere no Instituto Joaquim Nabuco de Pesquisas Sociais conferência sobre a Importância dos retratos para os estudantes biográficos: o caso de Joaquim Nabuco. A 29 de agosto, a Universidade Federal de Pernambuco inaugura no saguão da Reitoria uma placa comemorativa dos quarenta anos de *Casa-grande & senzala*. A 12 de outubro recebe a Medalha de Ouro José Vasconcelos, outorgada pela Frente de Afirmación Hispanista do México, para distinguir, a cada ano, uma personalidade dos meios culturais hispano-americanos. O cineasta Geraldo Sarno realiza documentário de cinco minutos intitulado *Casa-grande & senzala*, de acordo com uma ideia de Aldous Huxley. O editor Alfred A. Knopf publica em Nova York a obra *The Gilberto Freyre Reader*.

1975 Diante da violência de uma enchente do rio Capibaribe, em 17 e 18 de julho, lidera com Fernando de Mello Freyre, diretor do Instituto Joaquim Nabuco, um movimento de estudo interdisciplinar sobre as enchentes em Pernambuco. Profere, em 10 de outubro, conferência no Clube Atlético Paulistano sobre O Brasil como nação hispano-tropical. Recebe em 15 de outubro, do Sindicato dos Professores do Ensino Primário e Secundário de Pernambuco e da Associação dos Professores do Ensino Oficial, o título de Educador do Ano, por relevantes serviços prestados à comunidade nordestina no campo da educação e da pesquisa social. Profere em 7 de novembro, no Teatro Santa Isabel, do Recife, conferência sobre o Sesquicentenário do *Diário de Pernambuco*. O Instituto do Açúcar e do Álcool lança, em 15 de novembro, o Prêmio de Criatividade Gilberto Freyre, para os melhores ensaios sobre aspectos socioeconômicos da zona canavieira do Nordeste. Publicam-se no Rio de Janeiro suas obras *Tempo morto e outros tempos,* e *O brasileiro entre os outros hispanos* (José Olympio) e *Presença do açúcar na formação brasileira* (IAA).

1976 Viaja à Europa em setembro, fazendo conferências em Madri (Instituto de Cultura Hispânica) e em Londres (Conselho Britânico). É homenageado com a esposa, em Londres, com banquete pelo embaixador Roberto Campos e esposa (presentes vários dos seus amigos ingleses, como Lord Asa Briggs). Em Paris, como hóspede do governo francês, é entrevistado pelo sociólogo Jean Duvignaud, na rádio e na televisão francesas, sobre Tendências atuais da cultura brasileira. É homenageado com banquete pelo diretor de *Le Figaro,* seu amigo, escritor e membro da Academia Francesa, Jean d'Ormesson, presentes Roger Caillois e outros intelectuais franceses. Em Viena, identifica mapas inéditos do Brasil no período holandês, existentes na Biblioteca Nacional da Áustria. Na Espanha, como hóspede do governo, realiza palestra no Instituto de Cultura Hispânica, presidido pelo Duque de Cadis. Em Lisboa é homenageado com banquete pelo secretário de Estado de Cultura, com a presença de intelectuais, ministros e diplomatas. Em 7 de outubro, lê em Brasília, a convite do ministro da Previdência Social, conferência de encerramento do Seminário sobre Problemas de Idosos. A Livraria José Olympio Editora publica as 16ª e 17ª edições de *Casa-grande & senzala,* e o IJNPS, a 6ª edição do *Manifesto regionalista.* É lançada 2ª edição portuguesa de Lisboa de *Casa-grande & senzala.*

1977 Estreia em janeiro no Nosso Teatro (Recife) a peça *Sobrados e mucambos,* adaptada por Hermilo Borba Filho e encenada pelo Grupo Teatral Vivencial. Recebe em fevereiro, do embaixador Michel Legendre, a faixa e as insígnias de Comendador das Artes e Letras da França. Profere em março, no Seminário de Tropicologia, conferência sobre O Recife eurotropical, e na Câmara dos Deputados, em Brasília, conferência de encerramento do ciclo comemorativo do Bicentenário da Independência dos Estados Unidos. Exibição, na Biblioteca Municipal Mário de Andrade, em São Paulo, de um documentário cinematográfico sobre sua vida e obra, *Da palavra ao desenho da palavra,* com debates dos quais participam Freitas Marcondes, Leo Gilson Ribeiro, Osmar Pimentel e Egon Schaden. Profere conferências na Câmara dos Deputados, em Brasília, em 19 de agosto, sobre A terra, o homem e a educação, no Seminário sobre Ensino Superior, promovido pela Comissão de Educação e Cultura, e no Teatro José de Alencar de Fortaleza, em 24 de setembro, sobre O Nordeste visto através do tempo. Lançamento em São Paulo, em 10 de novembro, do álbum *Casas-grandes & senzalas,* com guaches de Cícero Dias. Apresenta, no Arquivo Público Estadual de Pernambuco, conferência de encerramento do Curso sobre o Sesquicentenário da Elevação do Recife à condição de Capital, sobre O Recife e a sua autobiografia coletiva. É acolhido como sócio honorário do Pen Clube do Brasil. Inicia em outubro colaboração semanal na *Folha de S. Paulo.* A Livraria José Olympio Editora publica *O outro amor do dr. Paulo,* seminovela, continuação de *Dona Sinhá e o filho padre.* A Editora Nova Aguilar publica, em dezembro, a *Obra escolhida,* volume em papel-bíblia que inclui *Casa-grande & senzala, Nordeste* e *Novo mundo nos trópicos,* com introdução de Antônio Carlos Villaça, cronologia da vida e da obra e bibliografia ativa e passiva, por Edson Nery da Fonseca. A Editora Ayacucho lança em Caracas a 3ª edição em espanhol de *Casa-grande & senzala,* com introdução de Darcy Ribeiro. As Ediciones Cultura Hispánica publicam em Madri a edição espanhola da *Seleta para* *jovens*, com o título de *Antología*. A Editora Espasa-Calpe publica, em Madri, *Más allá de lo moderno*, com prefácio de Julián Marías. A Livraria José Olympio Editora lança a 5ª edição de *Sobrados e mucambos* e a 18ª edição brasileira de *Casa-grande & senzala*.

1978   Viaja a Caracas para proferir três conferências no Instituto de Assuntos Internacionais do Ministério das Relações Exteriores da Venezuela. Abre no Arquivo Público Estadual, em 30 de março, ciclo de conferências sobre escravidão e abolição em Pernambuco, fazendo Novas considerações sobre escravos em anúncios de jornal em Pernambuco. Profere conferência sobre O Recife e sua ligação com estudos antropológicos no Brasil, na instalação da XI Reunião Brasileira de Antropologia, no auditório da Universidade Federal de Pernambuco, em 7 de maio. Em 22 de maio, abre em Natal a I Semana de Cultura do Nordeste. Profere em Curitiba, em 9 de junho, conferência sobre O Brasil em nova perspectiva antropossocial, numa promoção da Associação dos Professores Universitários do Paraná; em Cuiabá, em 16 de setembro, conferência sobre A dimensão ecológica do caráter nacional; na Academia Paulista de Letras, em 4 de dezembro, conferência sobre Tropicologia e realidade social, abrindo o 1º Seminário Internacional de Estudos Tropicais da Fundação Escola de Sociologia e Política. Publica-se *Recife & Olinda*, com desenhos de Tom Maia e Thereza Regina. Publicam-se as seguintes obras: *Alhos e bugalhos* (Nova Fronteira); *Prefácios desgarrados* (Cátedra); *Arte e ferro* (Ranulpho Editora de Arte), com pranchas de Lula Cardoso Ayres. O Conselho Federal de Cultura lança *Cartas do próprio punho sobre pessoas e coisas do Brasil e do estrangeiro*. A Editora Gallimard publica a 14ª edição de *Maîtres et Esclaves*, na Coleção TEL. A Livraria Editora José Olympio publica a 19ª edição brasileira de *Casa-grande & senzala*, e a Fundação Cultural do Mato Grosso, a 2ª edição de *Introdução a uma sociologia da biografia*.

1979   O Arquivo Estadual de Pernambuco publica, em março, a edição fac-similar do *Livro do Nordeste*. Participa, no auditório da Biblioteca Municipal de São Paulo, em 30 de março, da Semana do Escritor Brasileiro. Recebe em Aracaju, em 17 de abril, o título de Cidadão Sergipano, outorgado pela Assembleia Legislativa de Sergipe. É homenageado pelo 44º Congresso Mundial de Escritores do Pen Clube Internacional, reunido no Rio de Janeiro, quando recebe a medalha Euclides da Cunha, sendo saudado pelo escritor Mário Vargas Llosa. Recebe o grau de Doutor *Honoris Causa* pela Faculdade de Ciências Médicas da Fundação do Ensino Superior de Pernambuco – Universidade de Pernambuco, em setembro. Viaja à Europa em outubro. Profere conferência na Fundação Calouste Gulbenkian, em 22 de outubro, sobre Onde o Brasil começou a ser o que é. Abre o ciclo de conferências comemorativo do 20º aniversário da Sudene, em dezembro, falando sobre Aspectos sociais do desenvolvimento regional. Recebe nesse mês o Prêmio Caixa Econômica Federal, da Fundação Cultural do Distrito Federal, pela obra *Oh de Casa!* Profere na Universidade de Brasília conferência sobre Joaquim Nabuco: um novo tipo de político. A Editora Artenova publica *Oh de Casa!* A Editora Cultrix publica *Heróis e vilões no romance brasileiro*. A MPM Propaganda publica *Pessoas, coisas & animais*, em edição não comercial. A Editora Ibrasa publica *Tempo de aprendiz*.

1980   Em 24 de janeiro, a Academia Pernambucana de Letras inicia as comemorações do octogésimo aniversário do autor, com uma conferência de Gilberto Osório de Andrade sobre Gilberto Freyre e o trópico. Em 25 de janeiro, a Codepe inicia seu Seminário Permanente de Desenvolvimento, dedicando-o ao estudo da obra de Gilberto Freyre. O Arquivo Público Estadual comemora a efeméride, em 26 e 27 de fevereiro, com duas conferências de Edson Nery da Fonseca. Recebe em São Paulo, em 7 de março, a medalha de Ordem do Ipiranga, maior condecoração do Estado. Em 26 de março, recebe a medalha José Mariano, da Câmara Municipal do Recife. Por decreto de 15 de abril, o governador do Estado de Sergipe lhe confere o galardão de Comendador da Ordem do Mérito Aperipê. Em homenagem ao autor, são realizados diversos eventos, como: Missa cantada na Catedral de São Pedro dos Clérigos, do Recife, mandada celebrar pelo governo do Estado de Pernambuco, sendo oficiante monsenhor Severino Nogueira e regente o padre Jayme Diniz. Inauguração, na redação do *Diário de Pernambuco*, de placa comemorativa da colaboração de Gilberto Freyre, iniciada em 1918. Almoço na residência de Fernando Freyre. *Open house* na vivenda Santo Antônio. Sorteio de bilhete da Loteria Federal da Praça de Apipucos. Desfile de clubes e blocos carnavalescos e concentração popular em Apipucos. Sessão solene do Congresso Nacional, em 15 de abril, às 15 horas, para homenagear o escritor Gilberto Freyre pelo transcurso do seu octogésimo aniversário. Discursos do presidente, senador Luís Viana Filho, dos senadores Aderbal Jurema e Marcos Freire e do deputado Thales Ramalho. Viaja a Portugal em junho, a convite da Câmara Municipal de Lisboa, para participar nas comemorações do Quarto Centenário da Morte de Camões. Profere conferência A tradição camoniana ante insurgências e ressurgências atuais. É homenageado, em 6 de julho, durante a 32ª Reunião Anual da Sociedade Brasileira para o Progresso da Ciência, realizada no Rio de Janeiro, e em 25 de julho, pelo XII Congresso Brasileiro de Língua e Literatura, promovido pelas universidades estaduais do Rio de Janeiro e Universidade Federal do Rio de Janeiro. Em 11 de agosto, recebe do embaixador Hansjorg Kastl a Grã-Cruz do Mérito da República Federativa da Alemanha. Ainda em agosto, é homenageado pelo IV Seminário Paraibano de Cultura Brasileira. Recebe o título de Cidadão Benemérito de João Pessoa, outorgado pela Câmara Municipal da capital paraibana. Recebe o título do sócio honorário do Instituto Histórico e Geográfico da Paraíba. Em 2 de setembro, é homenageado pelo Pen Clube do Brasil com um painel sobre suas ideias, no auditório do Palácio da Cultura, no Rio de Janeiro. Encenação, no Teatro São Pedro de São Paulo, da peça de José Carlos Cavalcanti Borges *Casa-grande & senzala*, sob a direção de Miroel Silveira, pelo grupo teatral da Escola de Comunicação e Artes da USP. Em 10 de outubro, apresenta conferência da Fundação Luisa e Oscar Americano, de São Paulo, sobre Imperialismo cultural do Conde Maurício. De 13 a 17 de outubro, profere simpósio internacional promovido pela Universidade de Brasília e pelo Ministério da Educação e Cultura, com a participação, como conferencistas, do historiador social inglês Lord Asa Briggs, do filósofo espanhol Julián Marías, do poeta e ensaísta português David Mourão-Ferreira, do antropólogo francês Jean Duvignaud e do historiador mexicano Silvio Zavala. Recebe o Prêmio Jabuti, de São Paulo, em 28 de outubro. Recebe, em 11 de dezembro, o grau de Doutor *Honoris Causa* pela Universidade Católica de Pernambuco. Em 12 de dezembro, recebe o Prêmio Moinho Recife. São publicadas diversas obras do autor, como: o álbum *Gilberto poeta: algumas confissões*, com serigrafias de Aldemir Martins, Jenner Augusto, Lula Cardoso Ayres, Reynaldo Fonseca e Wellington Virgolino e posfácio de José Paulo Moreira da Fonseca (Ranulpho Editora de Arte); *Poesia reunida* (Edições Pirata, Recife); 20ª edição brasileira de *Casa-Grande & Senzala*, com prefácio do ministro Eduardo Portella; 5ª edição de *Olinda*; 3ª edição da *Seleta para jovens*; 2ª edição brasileira de *Aventura e rotina* (todas pela Editora José Olympio); e a 2ª edição de *O escravo nos anúncios de jornais brasileiros do século XIX* (Companhia Editora Nacional). A Editora Greenwood Press, de Westport, Conn., publica, sem autorização do autor, a reimpressão de *New world in the tropics*.

1981 A Classe de Letras da Academia de Ciências de Lisboa reúne-se, em fevereiro, para a comunicação do escritor David Mourão-Ferreira sobre Gilberto Freyre, criador literário. Encenação, em março, no Teatro Santa Isabel, da peça-balé de Rubens Rocha Filho *Tempos perdidos, nossos tempos*. Em 25 de março, o autor recebe do embaixador Jean Beliard a *rosette* de Oficial da Légion d'Honneur. Inauguração de seu retrato, em 21 de abril, no Museu do Trem da Superintendência Regional da Rede Ferroviária Federal. Em 29 de abril, o Conselho Municipal de Cultura lança, no Palácio do Governo, um álbum de desenhos de sua autoria. Inauguração, em 7 de maio, no Museu Nacional da Quinta da Boa Vista, da edição quadrinizada de *Casa-grande & senzala*, numa promoção da Universidade Federal do Rio de Janeiro, Museu Nacional e Editora Brasil-América. Profere conferência, em 15 de maio, no auditório Benício Dias da Fundação Joaquim Nabuco, sobre Atualidade de Lima Barreto. Viaja à Espanha, em outubro, para tomar posse no Conselho Superior do Instituto de Cooperação Ibero-Americana, nomeado pelo rei João Carlos I.

1982 Recebe em janeiro a medalha comemorativa dos trinta anos do Conselho Nacional de Desenvolvimento Científico e Tecnológico (CNPq). Profere na Academia Pernambucana de Letras conferência sobre Luís Jardim autodidata?, comemorativa do octogésimo aniversário do pintor e escritor pernambucano. Na abertura do III Congresso Afro-Brasileiro, em 20 de setembro, apresenta conferência no teatro Santa Isabel. Em setembro, é entrevistado pela Rede Bandeirantes de Televisão, no programa *Canal Livre*. Recebe do embaixador Javier Vallaure, na Embaixada da Espanha em Brasília, a Grã-Cruz de Alfonso, El Sabio (outubro), e no auditório do Palácio da Cultura, em 9 de novembro, conferência sobre Villa-Lobos revisitado. Profere no Nacional Club de São Paulo, em 11 de novembro, conferência sobre Brasil: entre passados úteis e futuros renovados. A Editora Massangana publica *Rurbanização: o que é?* A Editora Klett-Cotta, de Stuttgart, publica a primeira edição alemã de *Das Land in der Stadt. Die Entwicklung der urbanem Gesellschaft Brasiliens* (*Sobrados e mucambos*) e a segunda de *Herrenhaus und Sklavenhütte* (*Casa-grande & senzala*).

1983 Iniciam-se em 21 de março – Dia Internacional das Nações Unidas Contra a Discriminação Racial – as comemorações do cinquentenário da publicação de *Casa-grande & senzala*, com sessão solene no auditório Benício Dias, presidida pelo governador Roberto Magalhães e com a presença da ministra da Educação, Esther de Figueiredo Ferraz, e do diretor-geral da Unesco, Amadou M'Bow, que lhe entrega a medalha Homenagem da Unesco. Recebe em 15 de abril, da Associação Brasileira de Relações Públicas, Seção de Pernambuco, o Troféu Integração por destaque cultural de 1982. Em abril, expõe seus últimos desenhos e pinturas na Galeria Aloísio Magalhães. Viaja a Lisboa, em 25 de outubro, para receber, do ministro dos Negócios Estrangeiros, a Grã-Cruz de Santiago da Espada. Em 27 de outubro, participa de sessão solene da Academia de Ciências de Lisboa e da Academia Portuguesa de História, comemorativa do cinquentenário da publicação de *Casa-grande & senzala*. A Fundação Calouste Gulbenkian promove em Lisboa um ciclo de conferências sobre *Casa-grande & senzala* (2 de novembro a 4 de dezembro). É homenageado pela Feira Internacional do Livro do Rio de Janeiro, em 9 de novembro. O Seminário de Tropicologia reúne-se, em 29 de novembro, para a conferência de Edson Nery da Fonseca, intitulada Gilberto Freyre, cultura e trópico. Recebe em 7 de dezembro, no Liceu Literário Português do Rio de Janeiro, a Grã-Cruz da

211

Ordem Camoniana. A Editora Massangana publica *Apipucos: que há num nome?*, Editora Globo lança *Insurgências e ressurgências atuais* e *Médicos, doentes e contextos sociais* (2ª edição de *Sociologia da medicina*). Realiza-se na Fundação Joaquim Nabuco, de 19 a 30 de setembro, um ciclo de conferências comemorativo dos 50 anos de *Casa-grande & senzala*, promovido com apoio do governo do Estado e de outras entidades pernambucanas (anais editados por Edson Nery da Fonseca e publicados em 1985 pela Editora Massangana: *Novas perspectivas em Casa-grande & senzala*). A José Olympio Editora publica no Rio de Janeiro o livro de Edilberto Coutinho *A imaginação do real: uma leitura da ficção de Gilberto Freyre*, tese de doutoramento defendida na Universidade Federal do Rio de Janeiro. A Editora Record lança no Rio de Janeiro *Homens, engenharias e rumos sociais*.

1984 Lançamento, em 20 de janeiro, de selo postal comemorativo do cinquentenário de *Casa-grande & senzala*. Viaja a Salvador, em 14 de março, para receber homenagem do governo do Estado pelo cinquentenário de *Casa-grande & senzala*. Inauguração, no Museu de Arte Moderna da Bahia, da exposição itinerante sobre a obra. Conferência de Edson Nery da Fonseca sobre Gilberto Freyre, *Casa-grande & senzala e a Bahia*. Convidado pelo governador Tancredo Neves, profere em Ouro Preto, em 21 de abril, o discurso oficial da Semana da Inconfidência. Profere em 8 de maio, na antiga Reitoria da UFRJ, conferência sobre Alfonso X, o sábio, ponte de culturas. Recebe da União Cultural Brasil-Estados Unidos, em 7 de junho, a medalha de merecimento por serviços relevantes prestados à aproximação entre o Brasil e os Estados Unidos. Em 8 de junho, profere conferência no Clube Atlético Paulistano sobre Camões: vocação de antropólogo moderno?, promovida pelo Conselho da Comunidade Portuguesa de São Paulo. Em setembro de 1984, o Balé Studio Um realiza no Recife o espetáculo de dança *Casa-grande & senzala*, sob a direção de Eduardo Gomes e com música de Egberto Gismonti. Recebe a Medalha Picasso da Unesco, desenhada por Juan Miró em comemoração do centenário do pintor espanhol. Em setembro, homenageado por Richard Civita no Hotel 4 Rodas de Olinda, com banquete presidido pelo governador Roberto Magalhães e entrega de passaportes para o casal se hospedar em qualquer hotel da rede. Participa, na Arquidiocese do Rio de Janeiro, em outubro, do Congresso Internacional de Antropologia e Práxis, debatedor do tema *Cultura e redenção*, desenvolvido por D. Paul Poupard. É homenageado no Teatro Santa Isabel do Recife, em 31 de novembro, pelo cinquentenário do 1º Congresso Afro-Brasileiro, ali realizado em 1934. Lê no Museu de Arte Sacra de Pernambuco (Olinda) a conferência Cultura e museus, publicada no ano seguinte pela Fundarpe. Convidado pelo Conselho da Comunidade Portuguesa do Estado de São Paulo, lê no Clube Atlético Paulistano, em 8 de junho (Dia de Portugal) a conferência Camões: vocação de antropólogo moderno?, publicada no mesmo ano pelo conselho.

1985 Recebe da Fundação do Patrimônio Histórico e Artístico de Pernambuco (Fundarpe) a Homenagem à Cultura Viva de Pernambuco, em 18 de março. Viaja em maio aos Estados Unidos, para receber, na Baylor University, o prêmio consagrador de notáveis triunfos (Distinguished Achievement Award). Profere em 21 de maio, na Harvard University, conferência sobre My first contacts with american intellectual life, promovida pelo Departamento de Línguas e Literaturas Românicas e pela Comissão de Estudos Latino-Americanos e Ibéricos. Realiza exposição na Galeria Metropolitana Aloísio Magalhães do Recife: Desenhos a cor: figuras humanas e paisagens. Recebe, em agosto, o grau de Doutor *Honoris Causa* em Direito e em Letras pela Universidade Clássica de Lisboa. É nomeado em setembro, pelo presidente da República, para compor a Comissão de Estudos Constitucionais. Recebe o título de Cidadão de Manaus, em 6 de setembro. Profere, em 29 de outubro, conferência na inauguração do Instituto Brasileiro de Altos Estudos (Ibrae) de São Paulo, subordinada ao título À beira do século XX. Em 20 de novembro, é apresentado, no Cine Bajado, de Olinda, o filme de Kátia Mesel *Oh de Casa!* Em dezembro viaja a São Paulo, sendo hospitalizado no Incor para cirurgia de um divertículo de Zenkel (hérnia de esôfago). A José Olympio Editora publica a 7ª edição de *Sobrados e mucambos* e a 5ª edição de *Nordeste*. Por iniciativa do Centro de Estudos Latino-Americanos da Universidade da Califórnia em Los Angeles, a editora da universidade publica em Berkeley reedições em brochuras do mesmo formato *The masters and the slaves, The mansions and the shanties* e *Order and progress*, com introduções de David H. E. Mayburt-Lewis e Ludwig Lauerhass Jr, respectivamente.

1986   Em janeiro, submete-se a uma cirurgia do esôfago para retirada de um divertículo de Zenkel, no Incor. Regressa ao Recife em 16 de janeiro, dizendo: "agora estou em casa, meu Apipucos". Em 22 de fevereiro, retorna a São Paulo para uma cirurgia de próstata no Incor, realizada em 24 de fevereiro. Recebe em 24 de abril, em sua residência de Apipucos, do embaixador Bernard Dorin, a comenda de Grande Oficial da Legião de Honra, no grau de Cavaleiro. Em maio, é agraciado com o Prêmio Cavalo-Marinho, da Empitur. Em agosto, recebe o título de Cidadão de Aracaju. Em 24 de outubro, reencontra-se no Recife com a dança-rina Katherine Dunhm. Em 28 de outubro é eleito para ocupar a cadeira 23 da Academia Pernambucana de Letras, vaga com a morte de Gilberto Osório de Andrade. Toma posse em 11 de dezembro na Academia Pernambucana de Letras. Recebe, em 16 de dezembro, o título de Pesquisador Emérito do Instituto de Pesquisas Sociais da Fundação Joaquim Nabuco. Publica-se em Budapeste a edição húngara de *Casa--grande & senzala: Udvarház es szolgaszállás*. A professora Élide Rugai Bastos defende na Pontifícia Universidade Católica de São Paulo (PUC) a tese de doutoramento *Gilberto Freyre e a formação da sociedade brasileira*, orientada pelo professor Octavio Ianni. A Áries Editora publica em São Paulo o livro de Pietro Maria Bardi, *Ex-votos de Mário Cravo*, e a Editora Creficullo lança o livro do mesmo autor *40 anos de Masp*, ambos prefaciados por Gilberto Freyre.

1987   Instituição, em 11 de março, da Fundação Gilberto Freyre. Em 30 de março, recebe em Apipucos a visita do presidente Mário Soares. Em 7 de abril, submete-se a uma cirurgia para implantação de marcapasso no Incor do Hospital Português. Em 18 de abril, Sábado Santo, recebe de d. Basílio Penido, OSB, os sacramentos da Reconciliação, da Eucaristia e da Unção dos Enfermos. Morre no Hospital Português, às 4 horas de 18 de julho, aniversário de Magdalena. Sepultamento no Cemitério de Santo Amaro, às 18 horas, com discurso do ministro Marcos Freire. Em 20 de julho, o senador Afonso Arinos ocupa a tribuna da Assembleia Nacional Constituinte para homenagear sua memória. Em 19 de julho o jornal *ABC de Madri* publica um artigo de Julián Marías: Adiós a um brasileno universal. Em 24 de julho, missas concelebradas, no Recife, por d. José Cardoso Sobrinho e d. Heber Vieira da Costa, OSB, e em Brasília, por d. Hildebrando de Melo e pelos vigários da catedral e do Palácio da Alvorada com coral da Universidade de Brasília. Missa celebrada no seminário, com canto gregoriano a cargo das Beneditinas de Santa Gertrudes, de Olinda. A Editora Record publica *Modos de homem e modas de mulher* e a 2ª edição de *Vida, forma e cor*; *Assombrações do Recife Velho* e *Perfil de Euclydes e outros perfis*; a José Olympio Editora, a 25ª edição brasileira de *Casa-grande & senzala*. O Círculo do Livro lança nova edição de *Dona Sinhá e o filho padre*, e a Editora Massangana

213

publica *Pernambucanidade consagrada* (discursos de Gilberto Freyre e Waldemar Lopes na Academia Pernambucana de Letras). Ciclo de conferências promovido pela Fundação Joaquim Nabuco em memória de Gilberto Freyre, tendo como conferencistas Julián Marías, Adriano Moreira, Maria do Carmo Tavares de Miranda e José Antônio Gonsalves de Mello (convidado, deixou de vir, por motivo de doença, o antropólogo Jean Duvignaud). Ciclo de conferências promovido em Maceió pelo governo do Estado de Alagoas, a cargo de Maria do Carmo Tavares de Miranda, Odilon Ribeiro Coutinho e José Antônio Gonsalves de Mello. Homenagem do Conselho Latino-Americano de Ciências Sociais, na abertura de sua XIV Assembleia Geral, realizada no Recife, de 16 a 21 de novembro. A Editora mexicana Fondo de Cultura Económica publica a 2ª edição, como livro de bolso, de *Interpretación del Brasil*. A revista *Ciência e Cultura* publica em seu número de setembro o necrológio de Gilberto Freyre, solicitado por Maria Isaura Pereira de Queiroz a Edson Nery da Fonseca.

1988 Em convênio com a Fundação Gilberto Freyre e sob os auspícios do Grupo Gerdau, a Editora Record publica no Rio de Janeiro a obra póstuma *Ferro e civilização no Brasil*.

1989 Em sua 26ª edição, *Casa-grande & senzala* passa a ser publicada pela Editora Record, até a 46ª edição, em 2002.

1990 A Fundação das Artes e a Empresa Gráfica da Bahia publicam em Salvador *Bahia e baianos*, obra póstuma organizada e prefaciada por Edson Nery da Fonseca. A Editora Klett-Cotta lança em Stuttgart a 2ª edição alemã de *Sobrados e mucambos* (*Das land in der Sdadt*). Realiza-se na Fundação Joaquim Nabuco o seminário O cotidiano em Gilberto Freyre, organizado por Fátima Quintas (anais publicados no mesmo ano pela Editora Massangana).

1994 A Câmara dos Deputados publica, como volume 39 de sua Coleção Perfis Parlamentares, *Discursos parlamentares*, de Gilberto Freyre, texto organizado, anotado e prefaciado por Vamireh Chacon. A Editora Agir publica no Rio de Janeiro a antologia *Gilberto Freyre*, organizada por Edilberto Coutinho como volume 117 da Coleção Nossos Clássicos, dirigida por Pedro Lyra. A Editora 34 publica no Rio de Janeiro a tese de doutoramento de Ricardo Benzaquen de Araújo *Guerra e paz:* Casa-grande & senzala e a obra de Gilberto Freyre nos anos 30.

1995 Realiza-se na Fundação Joaquim Nabuco a semana de estudos comemorativos dos 95 anos de Gilberto Freyre, com conferências reunidas e apresentadas por Fátima Quintas na obra coletiva *A obra em tempos vários*, publicada em 1999 pela Editora Massangana. A Fundação de Cultura da Cidade do Recife e a Imprensa Universitária da Universidade Federal de Pernambuco publicam no Recife *Novas conferências em busca de leitores*, obra póstuma organizada e prefaciada por Edson Nery da Fonseca. A Editora Massangana publica o livro de Sebastião Vila Nova, *Sociologias e pós-sociologia em Gilberto Freyre*.

1996 Realiza-se na Fundação Joaquim Nabuco o simpósio Que somos nós?, organizado por Maria do Carmo Tavares de Miranda em comemoração aos sessenta anos de *Sobrados e mucambos* (anais publicados pela Editora Massangana em 2000).

1997 Comemorando seu septuagésimo quinto aniversário, a revista norte-americana *Foreign Affairs* publica o resultado de um inquérito destinado à escolha de 62 obras "que fizeram a cabeça do mundo a partir de 1922".

Casa-grande & senzala é apontada como uma delas pelo professor Kenneth Maxwell. A Companhia das Letras publica em São Paulo a 4ª edição de *Açúcar*, livro reimpresso em 2002 por iniciativa da Usina Petribu.

1999 Por iniciativa da Fundação Oriente, da Universidade da Beira Interior e da Sociedade de Geografia de Lisboa, iniciam-se em Portugal as comemorações do centenário de nascimento de Gilberto Freyre, com o colóquio realizado na Sociedade de Geografia de Lisboa, de 11 e 12 de fevereiro, Lusotropicalismo revisitado, sob a direção dos professores Adriano Moreira e José Carlos Venâncio. A Fundação Oriente institui um prêmio anual de um milhão de escudos para "galardoar trabalhos de investigação na área da perspectiva gilbertiana sobre o Oriente". As comemorações pernambucanas são iniciadas em 14 de março, com missa solene concelebrada na Basílica do Mosteiro de São Bento de Olinda, com canto gregoriano pelas Beneditinas Missionárias da Academia Santa Gertrudes. Pelo Decreto nº 21.403, de 7 de maio, o governador de Pernambuco declara, no âmbito estadual, Ano Gilberto Freyre 2000. Pelo Decreto de 13 de julho, o presidente da República institui o ano 2000 como Ano Gilberto Freyre. A UniverCidade do Rio de Janeiro institui, por sugestão da Editora Topbooks, o prêmio de 20 mil dólares para o melhor ensaio sobre Gilberto Freyre.

2000 Por iniciativa da TV Cultura de São Paulo, são elaborados os filmes *Gilbertianas I* e *II*, dirigidos pelo cineasta Ricardo Miranda com a colaboração do antropólogo Raul Lody. Em 13 de março, ocorre o lançamento nacional da produção, numa promoção do Shopping Center Recife/UCI Cinemas/Weston Táxi Aéreo. Em 21 de março é lançada, na sala Calouste Gulbenkian da Fundação Joaquim Nabuco, no Núcleo de Estudos Freyrianos, no governo do Estado de Pernambuco, na Sudene e no Ministério da Cultura. Por iniciativa do Canal GNT, VideoFilmes e Regina Filmes, o cineasta Nelson Pereira dos Santos dirige quatro documentários intitulados genéricos de *Casa-grande & senzala*, tendo Edson Nery da Fonseca como corroteirista e narrador. Filmados no Brasil, em Portugal e na Universidade de Columbia em Nova York, o primeiro, *O Cabral moderno*, exibido pelo canal GNT a partir de 21 de abril. Os demais: *A cunhã, mãe da família brasileira, O português: colonizador dos trópicos* e *O escravo na vida sexual e de família do brasileiro*, são exibidos pelo mesmo canal, a partir de 2001. As Editoras Letras e Expressões e Abregraph publicam a 2ª edição de *Casa-grande & senzala em quadrinhos*, com ilustrações de Ivan Wasth Rodrigues colorizadas por Noguchi. A Editora Topbooks lança a 2ª edição brasileira de *Novo mundo nos trópicos*, prefaciada por Wilson Martins. A revista *Novos Estudos Cebrap*, nº 56, publica o dossiê Leituras de Gilberto Freyre, com apresentação de Ricardo Benzaquen de Araújo, incluindo as introduções de Fernand Braudel à edição italiana de *Casa-grande & senzala*, de Lucien Febvre à edição francesa, de Antonio Sérgio a *O mundo que o português criou* e de Frank Tannembaum à edição norte-americana de *Sobrados e mucambos*. Em 15 de março, realiza-se na Maison de Sciences de l'Homme et de la Science o colóquio Gilberto Freyre e a França, organizado pela professora Ria Lemaire, da Universidade de Poitiers. Em 15 de março o arcebispo de Olinda e Recife, José Cardoso, celebra missa solene na Igreja de São Pedro dos Clérigos, com cantos do coral da Academia Pernambucana de Música. Na tarde de 15 de março, é apresentada, na sala Calouste Gulbenkian, em projeção de VHF, a Biblioteca Virtual Gilberto, disponível imediatamente na Internet: <http://prossiga.bvgf.fgf.org.br>. De 21 a 24 de março realiza-se na Fundação Gilberto Freyre o Seminário Internacional Novo Mundo nos Trópicos (anais publicados com título homônimo). De 28 a 31 de março é apresentado no Centro Cultural Banco do Brasil do Rio de Janeiro o ciclo de palestras A propósito de Gilberto Freyre (não reunidas em livro). De 14 a 16 de agosto realiza-se o seminário Gilberto Freyre: patrimônio brasileiro, promovido conjuntamente pela Fundação Roberto Marinho, pela UniverCidade do Rio de Janeiro, pelo Colégio do Brasil, pela Academia Brasileira de Letras, pela *Folha de S. Paulo* e pelo Instituto de Estudos Avançados da USP. Iniciado no auditório da Academia Brasileira de Letras e num dos *campi* da Universidade, é concluído no auditório da *Folha de S. Paulo* e na cidade universitária da USP. Em 18 de outubro, realiza-se no anfiteatro da História da USP o seminário multidisciplinar Relendo Gilberto Freyre, organizado pelo Centro Angel Rama da Faculdade de Filosofia, Letras e Ciências Humanas na mesma universidade. Em 20 de outubro realiza-se na embaixada do Brasil em Paris o seminário Gilberto Freyre e as ciências sociais no Brasil, promovido pelo Ministério das Relações Exteriores e Fundação Gilberto Freyre. Em 30 de outubro realiza-se em Buenos Aires o seminário À la busqueda de la identidad: el ensayo de interpretación nacional en Brasil y Argentina. De 6 a 9 de novembro é realizada no Sun Valley Park Hotel, em Marília (SP), a Jornada de Estudos Gilberto Freyre, organizada pela Faculdade de Filosofia e Ciências da Unesp. Em 21 de novembro, na Universidade de Essex, ocorre o seminário *The english in Brazil:* a study in cultural encounters, dirigido pela professora Maria Lúcia Pallares-Burke. Em 27 de novembro, realiza-se na Universidade de Cambridge o seminário Gilberto Freyre & história social do Brasil, dirigido pelos professores Peter Burke e Maria Lúcia Pallares-Burke. De 27 a 30 de novembro, acontece no Centro de Ciências Humanas, Letras e Artes da Universidade Federal da Paraíba o simpósio Gilberto Freyre: interpenetração do Brasil, organizado pela professora Elisalva Madruga Dantas e pelo poeta e multiartista Jomard Muniz de Brito (anais com título homônimo publicados pela editora Universitária em 2002). De 28 a 30 de novembro, ocorre na sala Calouste Gulbenkian da Fundação Joaquim Nabuco o seminário internacional Além do apenas moderno. De 5 a 7 de dezembro é apresentado no auditório João Alfredo da Universidade Federal de Pernambuco o seminário Outros Gilbertos, organizado pelo Laboratório de Estudos Avançados de Cultura Contemporânea do Departamento de Antropologia da mesma universidade. Publica-se em São Paulo, pelo Grupo Editorial Cone Sul, o ensaio de Gustavo Henrique Tuna: Gilberto Freyre – entre tradição & ruptura, premiado na categoria "ensaio" do $3^{\underline{0}}$ Festival Universitário de Literatura, organizado pela Xerox do Brasil e pela revista *Livro Aberto*. Por iniciativa do deputado Aldo Rebelo a Câmara dos Deputados reúne no opúsculo *Gilberto Freyre e a formação do Brasil*, prefaciado por Luís Fernandes, ensaios do próprio deputado, de Otto Maria Carpeaux e de Regina Maria A. F. Gadelha. A Editora Comunigraf publica no Recife o livro de Mário Hélio *O Brasil de Gilberto Freyre:* uma introdução à leitura de sua obra, com ilustrações de José Cláudio e prefácio de Edson Nery da Fonseca. A Editora Casa Amarela publica em São Paulo a segunda edição do ensaio de Gilberto Felisberto Vasconcellos O xará de Apipucos. A Embaixada do Brasil em Bogotá publica o opúsculo *Imagenes*, com texto e ilustrações selecionadas por Nora Ronderos.

2001 A Companhia das Letras publica em São Paulo a $2^{\underline{a}}$ edição de *Interpretação do Brasil*, organizada e prefaciada por Omar Ribeiro Thomaz ($n^{\underline{o}}$ 19 da Coleção Retratos do Brasil). A Editora Topbooks publica no Rio de Janeiro a obra coletiva *O imperador das ideias*: Gilberto Freyre em questão, organizada pelos professores Joaquim Falcão e Rosa Maria Barboza de Araújo, reunindo conferências do seminário realizado no Rio de Janeiro e em São Paulo de 14 a 17 de agosto de 2000. A Editora Topbooks e UniverCidade publicam no Rio de Janeiro a $2^{\underline{a}}$ edição de *Além do apenas moderno*, prefaciada por José Guilherme Merquior e as $3^{\underline{as}}$ edições de *Aventura e rotina*, prefaciada por Alberto da Costa e Silva, e de *Ingleses no Brasil*, prefaciada por Evaldo Cabral de Melo. A Editora da Universidade do Estado de Pernambuco publica, como $n^{\underline{o}}$ 18 de sua

Coleção Nordestina, o livro póstumo *Antecipações*, organizado e prefaciado por Edson Nery da Fonseca. A Editora Garamond publica no Rio de Janeiro o livro de Helena Bocayuva *Erotismo à brasileira:* o excesso sexual na obra de Gilberto Freyre, prefaciado pelo professor Luis Antonio de Castro Santos. O *Diário Oficial da União* de 28 de dezembro de 2001 publica, à página 6, a Lei nº 10.361, de 27 de dezembro de 2001, que confere o nome de Aeroporto Internacional Gilberto Freyre ao Aeroporto Internacional dos Guararapes do Recife. O Projeto de Lei é de autoria do deputado José Chaves (PMDB-PE).

2002   Publica-se no Rio de Janeiro, em coedição da Fundação Biblioteca Nacional e Zé Mário Editor, o livro de Edson Nery da Fonseca *Gilberto Freyre de A a Z*. É lançada em Paris, sob os auspícios da ONG da Unesco Allca XX e como volume nº 55 da Coleção Archives, a edição crítica de *Casa-grande & senzala*, organizada por Guillermo Giucci, Enrique Rodríguez Larreta e Edson Nery da Fonseca.

2003   O governo instalado no Brasil em 1º de janeiro extingue, sem nenhuma explicação, o Seminário de Tropicologia criado em 1966 pela Universidade Federal de Pernambuco, por sugestão de Gilberto Freyre e incorporado em 1980 à estrutura da Fundação Joaquim Nabuco. Gustavo Henrique Tuna defende, no Departamento de História do Instituto de Filosofia e Ciências Humanas da Unicamp, a dissertação de mestrado *Viagens e viajantes em Gilberto Freyre*. A Editora da Universidade de Brasília publica, em coedição com a Imprensa Oficial do Estado de São Paulo, as seguintes obras póstumas, organizadas por Edson Nery da Fonseca: *Palavras repatriadas* (prefácio e notas do organizador); *Americanidade e latinidade da América Latina e outros textos afins, Três histórias mais ou menos inventadas* (com prefácio e posfácio de César Leal) e *China tropical*. A Global Editora publica a 47ª edição de *Casa-grande & senzala* (com apresentação de Fernando Henrique Cardoso). No mesmo ano, lança a 48ª edição da obra-mestra de Freyre. A mesma editora publica a 14ª edição de *Sobrados e mucambos* (com apresentação de Roberto DaMatta). Publica-se pela Edusc, Editora da Unesp e Fapesp o livro *Gilberto Freyre em quatro tempos* (organização de Ethel Volfzon Kosminsky, Claude Lépine e Fernanda Arêas Peixoto), reunindo comunicações apresentadas na Jornada de Estudos Gilberto Freyre, realizada em Marília (SP), em 2000. É lançada pela Edusc, Editora Sumaré e Anpocs o livro de Élide Rugai Bastos *Gilberto Freyre e o pensamento hispânico:* entre Dom Quixote e Alonso El Bueno.

2004   A Global Editora publica a 6ª edição de *Ordem e progresso* (apresentação de Nicolau Sevcenko), a 7ª edição de *Nordeste* (com apresentação de Manoel Correia de Oliveira Andrade), a 15ª edição de *Sobrados e mucambos* e a 49ª edição de *Casa-grande & senzala*. Em conjunto com a Fundação Gilberto Freyre, a editora lança o Concurso Nacional de Ensaios – Prêmio Gilberto Freyre 2004/2005, destinado a premiar e a publicar ensaio que aborde "qualquer dos aspectos relevantes da obra do escritor Gilberto Freyre".

2005   Em 15 de março é premiado o trabalho de Élide Rugai Bastos intitulado *As criaturas de Prometeu: Gilberto Freyre e a formação da sociedade brasileira*, vencedor do Concurso Nacional de Ensaios – Prêmio Gilberto Freyre 2004/2005, promovido pela Fundação Gilberto Freyre e pela Global Editora. Esta publica a 50ª edição (edição comemorativa) de *Casa-grande & senzala*, em capadura. Em agosto, o grupo de teatro Os Fofos Encenam, sob a direção de Newton Moreno, estreia a peça *Assombrações do Recife velho*, adaptação da obra homônima de Gilberto Freyre, no Casarão do Belvedere, situado no Bairro Bela Vista, em São Paulo. Em 18 de outubro, na Livraria Cultura do Shopping Villa-Lobos, em São Paulo, é lançado

Gilberto Freyre: um vitoriano dos trópicos, de Maria Lúcia Pallares-Burke, pela Editora da Unesp, em mesa-redonda com a participação dos professores Antonio Dimas, José de Souza Martins, Élide Rugai Bastos e a autora do livro. A Global Editora publica a 3ª edição de *Casa-grande & senzala em quadrinhos*, com ilustrações de Ivan Wasth Rodrigues colorizadas por Noguchi.

2006 Realiza-se em 15 de março na 19ª Bienal Internacional do Livro de São Paulo, sediada no Pavilhão de Exposições do Anhembi, no salão A-Mezanino, a mesa de debate 70 anos de *Sobrados e mucambos*, de Gilberto Freyre, com a presença dos professores Roberto DaMatta, Élide Rugai Bastos, Enrique Rodríguez Larreta e mediação de Gustavo Henrique Tuna. No evento, é lançado o 2º Concurso Nacional de Ensaios – Prêmio Gilberto Freyre 2006/2007, organizado pela Global Editora e pela Fundação Gilberto Freyre que aborda qualquer aspecto referente à obra *Sobrados e mucambos*. A Global Editora publica a 2ª edição, revista, de *Tempo morto e outros tempos*, prefaciada por Maria Lúcia Garcia Pallares-Burke. Realiza-se no auditório do Instituto de Filosofia e Ciências Humanas da Unicamp, nos dias 25 e 26 de abril, o Simpósio Gilberto Freyre: produção, circulação e efeitos sociais de suas ideias, com a presença de inúmeros estudiosos do Brasil e do exterior da obra do sociólogo pernambucano.

2007 Publicam-se em São Paulo, pela Global Editora: a 5ª edição do livro *Açúcar*, apresentada por Maria Lecticia Monteiro Cavalcanti; a 5ª edição revista, atualizada e aumentada por Antonio Paulo Rezende do livro *Guia prático, histórico e sentimental da cidade do Recife*; a 6ª edição revista e atualizada por Edson Nery da Fonseca do livro *Olinda: 2º guia prático, histórico e sentimental de* atualizada por Edson Nery da Fonseca do livro Olinda: *2º guia prático, histórico e sentimental de cidade brasileira*. Publica-se no Rio de Janeiro, pela Civilização Brasileira, o primeiro volume da obra *Gilberto Freyre uma biografia cultural*, dos pesquisadores uruguaios Enrique Rodrigues Larreta e Guillermo Giucci, em tradução de Josely Vianna Baptista. Publica-se no Recife, pela Editora Massangana, o livro de Edson Nery da Fonseca *Em torno de Gilberto Freyre*.

2008 O Museu da Língua Portuguesa de São Paulo encerra em 4 de maio a exposição, iniciada em 27 de novembro de 2007, *Gilberto Freyre intérprete do Brasil*, sob a curadoria de Elide Rugai Bastos, Júlia Peregrino e Pedro Karp Vasquez. Publicam-se em São Paulo, pela Global Editora: a 4ª edição revista do livro *Vida social no Brasil nos meados do século XIX*, com apresentação e índices de Gustavo Henrique Tuna; e a 6ª edição do livro *Assombrações do Recife Velho*, com apresentação de Newton Moreno, autor da adaptação teatral representada com sucesso em São Paulo. O editor Peter Lang de Oxford publica o livro de Peter Burke e Maria Lúcia G. Pallares-Burke *Gilberto Freyre: social theory in the Tropics*, versão de *Gilberto Freyre, um vitoriano nos Trópicos*, publicado em 2005 pela Editora UNESP, que em 2006 recebeu os prêmios Senador José Ermírio de Morais da ABL (Academia Brasileira de letras) e Jabuti, na categoria Ciências Humanas.

2009 A Global Editora publica a 2ª edição de *Modos de homem & modas de mulher* com texto de apresentação de Mary Del Priore. A É Realizações Editora publica em São Paulo a 6ª edição do livro *Sociologia: introdução ao estudo dos seus princípios*, com prefácio de Simone Meucci e posfácio de Vamireh Chacon. A Editora UNESP publica, em tradução de Fernanda Veríssimo, o livro de Peter Burke e Maria Lúcia G. Pallares-Burke *Repensando os trópicos: um retrato intelectual de Gilberto Freyre*, com prefácio à edição brasileira.

Índice onomástico

A

ABREU, Décio de, 112
ABREU, João Capistrano de, 87
AGACHE, 188
AGOSTINHO, Santo, 80, 139
ALBERTINI, Eugène, 124
ALBUQUERQUE, Félix Cavalcanti de, 186
ALMEIDA, Cândido Antônio Mendes de, 121
ALMEIDA, José Américo de, 50, 86, 159
ALMEIDA, Luiz Fernando Mendes de, 121
ALMEIDA, Miguel Osório de, 125
ALTINO, Edgar, 75
ALVES, Francisco, 112
ALVES, Rodrigues, 70
AMADO, Gilberto, 65, 152
AMADO, Jorge, 57, 102, 112
ANDRADE, Carlos Drummond de, 67, 112
ANDRADE, Gomes Freire de, 115
ANDRADE, Mário de, 169
ANDRADE, Rodrigo Mello Franco de, 53, 57, 58, 60, 78, 86, 182
ANJOS, Augusto dos, 187
ANJOS, Ciro dos, 112
APOLO, 45
AQUINO, São Tomás de, 80
ARANHA, Graça, 167
ARANHA, Osvaldo, 117
ARAÚJO, José Tomás Nabuco de, 70
ARAÚJO, Rosa Maria Barboza de, 123
ARBOUSSE-BASTIDE, Paul, 124
ARMSTRONG, A. J., 36, 42, 147, 148, 149
ARRAES, Miguel, 61
ASSIS, Joaquim Maria Machado de, 121, 124
ATHAYDE, Austregésilo de, 48, 49, 50, 100
ÁVILA, Santa Tereza d', 80
AYRES, João Cardoso, 164
AYRES, Lula Cardoso, 163, 164, 165, 166
AZEVEDO, João Lúcio de, 41, 176, 177

B

BANDEIRA, Manuel, 57, 60, 67, 78, 112, 148, 167, 168, 169, 170, 182, 186, 188
BARBOSA, Rui, 70, 118
BARRAL, condessa de, 144
BARRETO, Anita Paes, 61

BARRETO, João de Deus Menna, 54
BARRETO, Tobias, 87
BARROSO, Gustavo, 57
BARTHES, Roland, 42, 65, 110
BASTIDE, Roger, 111, 124, 131
BASTOS, Elide Rugai, 94
BEARD, Charles, 109
BEAUVOIR, Simone de, 109
BELL, Daniel, 66
BELOW, barão Hansvon, 175
BELTRÃO, Hélio, 125, 126
BENEDICT, Ruth, 44, 109, 120
BERR, Henri, 110
BESSA, Gumercindo, 87
BEVILÁQUA, Clóvis, 87
BILAC, Olavo, 112
BILDEN, Jane, 47, 50, 51
BILDEN, Rüdiger, 47, 50, 51, 174, 188
BITTENCOURT, Edmundo, 113, 114
BITTENCOURT, Paulo, 114
BIVAR, dr. Caldas, 81
BLOCH, Marc, 110
BOAS, Franz, 44, 47, 51, 119, 120
BOBADELLA, conde de, 115
BONIFÁCIO, José, 180
BRANCA, visconde de Pedra, 144
BRANCO, barão do Rio, 70, 117, 119
BRANNER, John Casper, 32, 36, 37, 40, 178, 179
BRAUDEL, Fernand, 124
BRÉHIER, Émile, 124
BRIGGS, Asa, 65
BRITO, Dulce Ribeiro de, 90, 91
BRITO, Edgar Ribeiro de, 90
BROCA, Brito, 173
BROWNING, Elizabeth Barrett, 147
BROWNING, Robert, 147

C

CALMON, Pedro, 116
CÂMARA, Baltazar da, 171
CÂMARA, Faelante da, 87
CANDIDO, Antonio, 160
CARDOSO, Ana Cecília Pimentel, 140

CARDOSO, Fernando Henrique, 126
CARDOZO, Manoel da Silveira Soares, 39
CARNEIRO, conde Pereira, 76
CARVALHO, Alfredo de, 55, 90
CARVALHO, Alice de, 90
CARVALHO, Joaquim de, 120
CARVALHO, Tomaz de, 81, 90
CASCUDO, Luís da Câmara, 188
CASTRO, Cipriano, 175
CAVALCANTI, Amaro, 96
CAVALCANTI, Carlos de Lima, 33
CAVALCANTI, Clóvis, 122
CAVALCANTI, Valdemar, 159
CEDRO, Luís, 188
CERQUEIRA, Manoel Tertuliano, 89
CHACON, Vamireh, 131
CHATEAUBRIAND, Assis, 48, 50, 116, 151, 152, 153
CHAVES, Antiógenes, 75, 159, 188
CHAVES, Lia, 75
CHESTERTON, Gilbert Keith, 183
CHURCHILL, Winston, 118
CÍCERO, Marco Túlio, 138
COCTEAU, Jean, 52, 110
COIMBRA, Estácio, 28, 31, 32, 33, 169, 177
COMTE, Augusto, 87
CONDÉ, João, 159
CONRAD, Joseph, 109, 148, 187
CONSELHEIRO, Antônio, 70
CONTY, Alexandre, 54
COSTA, Lúcio, 64
COSTA, Olimpio, 56
COTEGIPE, barão de, 142
COUTINHO, Odilon Ribeiro, 122, 159
CRISTINA, Teresa, 143
CROMWELL, Oliver, 138
CRULS, Gastão, 57, 82, 125, 159
CUNHA, Euclides da, 70, 112, 143
CUNHA, José Antônio Flores da, 117

D

DAMATTA, Roberto, 97, 122
DAVY, George, 129
DEFFONTAINES, Pierre, 124
DEJANIRA, 174
DEWEY, John, 96, 97, 98
DIAS, Antonio Gonçalves, 36, 124
DIAS, Cícero, 77, 159, 188
DIAS, Manoel, 89
DICKENS, Charles, 135
DIEGUES JÚNIOR, Manuel, 56
DILTHEY, Wilhelm, 131
DIONÍSIO, 45

DIOR, Christian, 107
DUMONT, Alberto Santos, 70, 155
DUNCAN, Isadora, 43
DURKHEIM, Émile, 110
DUTRA, Eurico Gaspar, 103, 116
DUVAL, Guerra, 175
DUVIGNAUD, Jean, 131

E

EDIMBURGO, duque de, 132
EINSTEIN, Albert, 98
ELIZABETH II, rainha, 132
ESTRELA, baronesa de, 143

F

FALCÃO, Joaquim, 123
FAORO, Raymundo, 121
FARIA, Manuel Figueirôa de, 28
FEBVRE, Lucien, 110, 111, 120
FERNANDES, Aníbal, 160, 188
FERNANDES, Florestan, 111, 126, 131
FICALHO, conde de, 176
FIGUEIREDO, Fidelino de, 176
FIGUEIREDO, Jackson de, 57
FIGUEIREDO, João Baptista de Oliveira, 121, 125
FINOT, Jean, 88
FONSECA, Edson Nery da, 32, 61, 122, 123
FRAGOSO, Augusto Tasso, 54, 55
FRANCO, Afonso Arinos de Mello, 57, 62, 100, 117, 121, 164
FRANK, Waldo, 65
FREUD, Sigmund, 101, 135
FREYRE, Alfredo Alves da Silva, 28, 36, 52, 55, 59, 73, 74, 78, 171
FREYRE, Fernando Alfredo Guedes Pereira de Mello, 140, 171
FREYRE, Francisca de Mello, 59, 100
FREYRE, Francisca Suassuna de Mello, 140
FREYRE, Gilberto, 27, 28, 29, 31, 32, 33, 36, 37, 38, 39, 41, 42, 43, 44, 46, 47, 48, 51, 53, 56, 57, 59, 60, 64, 65, 66, 67, 70, 75, 77, 81, 82, 83, 86, 88, 89, 94, 96, 97, 99, 100, 101, 102, 103, 107, 109, 110, 111, 112, 113, 114, 118, 119, 120, 121, 122, 123, 124, 126, 130, 131, 132, 139, 140, 143
FREYRE, Maria Cristina Suassuna, 140
FREYRE, Ulysses, 56, 59, 74, 82, 83, 86, 89, 90, 93, 94, 95, 148, 169, 185, 186, 189
FREYRE FILHO, Fernando de Mello, 140
FREYRE NETO, Gilberto de Mello, 140
FURTADO, Celso, 131

G

GARCIA, Rodolfo, 54, 55
GASPARINA, 83, 90
GEORGE, Lloyd, 164
GIBBON, Edward, 138
GIDDINGS, Franklin, 119, 120
GIDE, André, 110
GILLIGAN, Carol, 64
GINSBERG, Morris, 129
GISSING, George, 135, 138, 139
GOMEZ, Juan Vicente, 175
GORBACHEV, Mikhail, 141
GOULART, João, 89, 123
GRANDPREY, Clement de, 175
GREGÓRIO XV, papa, 80
GUIMARÃES, Ulysses, 172

H

HARDY, Thomas, 187
HARTT, Charles F., 32
HAUSER, Henri, 124
HAYES, Ricardo Saenz, 128
HEARN, Lafcadio, 187
HEIDEGGER, Martin, 131
HEINE, Heinrich, 153
HERSKOVITS, Melville J., 97
HOLANDA, Sérgio Buarque de, 57, 182
HOMERO, 138
HOUAISS, Antônio, 122
HUSSERL, Edmund, 131

I

IONESCO, Eugène, 143
ISABEL, princesa, 144

J

JAMES, Henry, 88
JAMES, William, 88, 187
JARDIM, Alice, 60, 75
JARDIM, Luís, 60, 75, 77, 188
JOÃO IV, D., 72
JOHNSON, Lyndon B., 131
JORGE VI, rei, 132
JOYCE, James, 134, 187
JUJUÇA, 100

K

KAFKA, Franz, 109
KANT, Immanuel, 131
KIERKEGAARD, Soren, 131
KNOPF, Alfred, 48, 107, 109
KNOPF, Blanche, 107
KUBITSCHEK, Juscelino, 64

L

LACERDA, Carlos, 112, 113, 117, 125, 130
LACERDA, Maurício de, 117
LE CORBUSIER, 64
LEÃO, Carneiro, 33
LEÃO, Lourdes Souza, 75
LEMOS, Carlos Pery, 189
LÉVI-STRAUSS, Claude, 124
LEY, Gaspar Van der, 142
LIMA, Alceu Amoroso, 163
LIMA, Flora de Oliveira, 173, 174, 175
LIMA, Hermes de, 123
LIMA, Manuel de Oliveira 37, 39, 70, 88, 113,
    169, 170, 173, 174, 175, 176, 178, 179
LINDSAY, Vachel, 149
LODY, Raul, 122
LOWELL, Amy, 149, 169, 187
LUÍS, Washington, 117
LUTERO, Martinho, 72
LYRA FILHO, Carlos 160

M

MACHADO, Alfredo, 112
MANGABEIRA, Octavio, 117, 118
MANN, Thomas, 109
MARÍAS, Julián, 110, 121
MARTIN, Percy Alvin, 32, 40, 42, 178,
    179, 180
MARTINS, J. P. Oliveira, 176
MARTINS JÚNIOR, José Isidoro de, 87
MEDEIROS, Alfredo de, 188
MELLO, Antônio da Silva, 53, 82, 83
MELLO, Arminda de, 81
MELLO, Emilia Candida de, 86
MELLO, Evaldo Cabral de, 86
MELLO, Francisca da Cunha Barradas
    Teixeira de, 86
MELLO, Francisco Teixeira de, 86
MELLO, Jarbas Pernambucano de, 56, 86
MELLO, José Antônio Gonsalves de, 56, 86
MELLO, Maria Olindina de, 86
MELLO, Teresinha de, 86
MELLO, Violeta Silva, 82
MELLO SOBRINHO, Ulysses Pernambucano
    de, 56, 61, 75, 86, 188
MELO, Manuel Caetano de
    Albuquerque, 188
MELO NETO, João Cabral de, 86
MENCKEN, Henry L., 48, 49, 50, 169, 178,
    187
MENDONÇA, Salvador de, 175
MENESES, Diogo de Melo, 122
MEREA, Paulo, 176
MESQUITA, Antonio Neves, 89

MESQUITA, Ruy,   113
MESQUITA FILHO, Júlio de,   113
MESQUITA NETO, Júlio de,   113
MEYROWITZ, Joshua,   64
MILLS, Alyna Berth,   89
MILTON, John,   138
MIRANDA, Lourival,   122
MIRANDA, Maria do Carmo Tavares de,   122
MONTEIRO, Joaquim do Rego,   52
MONTEIRO, Vicente do Rego,   52
MONTELLO, Josué,   116, 121
MONTENEGRO, Olívio,   75, 159, 160, 188
MONTEZUMA, Nicolau,   113
MONTFERRATAOS, conde Eugene de Barral,   144
MOORE, John Bassett,   118
MOORE, Paul Elmer,   135
MORAES, José Ermírio de,   89, 95
MORAES NETO, Prudente de,   57, 78, 181, 182, 183
MOTTA, Roberto,   97
MUIRHEAD, Harvey Harold,   89
MUNRO, William Bennett,   118
MURRAY, Gilbert,   120

N

NABUCO, Joaquim,   70, 75, 103, 107, 174, 175, 178
NASSAU, Maurício de,   141, 142
NASSER, David,   152, 153
NATHAN, George Jean,   49
NESTOR, Odilon,   65, 160, 188
NIEMEYER, Oscar,   64
NIETZSCHE, Friedrich,   44, 45
NOBLAT, Ricardo,   94, 132
NOGUEIRA, Severino,   123
NORONHA, José Isaías de,   54

O

OCTAVIO, Rodrigo,   174
OLIVEIRA, Armando Sales de,   124
OLYMPIO, José,   27, 112
ORLANDO, Artur,   87
ORTEGA Y GASSET, José,   110
ORTIGÃO, Ramalho,   176

P

PADILHA, Tarcísio,   121
PARANHOS, Pedro,   160, 186
PASSOS, John Dos,   109
PEÇANHA, Nilo,   130
PEDRO I, D.,   143
PEDRO II, D.,   143, 144, 180
PEDRO, José,   188

PEIXOTO, Júlio Afrânio,   54, 55, 116, 125
PENA, Afonso,   70, 125, 130
PENA JÚNIOR, Afonso,   125
PEREA, Romeu,   187
PEREIRA, Daniel,   27
PEREIRA, Lúcia Miguel,   100, 124
PEREIRA, Maria Magdalena S. Guedes,   96, 99, 100, 101, 127, 139
PEREIRA, Nilo,   123
PERNAMBUCANO, Albertina,   75
PESSOA, João,   28, 31, 117
PICASSO, Pablo,   98
PIMENTA, Marcos,   113
PIMENTEL, Sonia Maria Freyre,   140, 171
PIMENTEL FILHO, Antônio,   140
PIMENTEL NETO, Antônio Alves,   140
PINTO, Adélia,   75, 76, 77
PINTO, Edmundo da Luz,   115
POMBAL, marquês de,   176
POMPÉIA, Raul,   112
PORTINARI, Cândido,   168
PRESTES, Luís Carlos,   102, 118
PROUST, Marcel,   110, 111, 134, 138, 139
PUTNAM, Samuel,   109

Q

QUADROS, Jânio,   62
QUEIROZ, Eça de,   175, 176
QUEIROZ, Rachel de,   57
QUINTAS, Amaro,   56

R

RABELO, Sylvio,   188
RADWAY, Janice,   64
RAMOS, Graciliano,   160
RAMOS, Silva Belfort,   176
REAGAN, Ronald,   141
REALE, Miguel,   57, 121
REGO, José Lins do,   60, 67, 75, 112, 159, 160, 169, 188
RIBEIRO, Darcy,   112
RIBEIRO, João,   61
RIBEIRO, René,   97
RIBEIRO, Silvio,   159
RICKERT, Heinrich,   131
RIMBAUD, Arthur,   182
RIVAS, Angel Cesar,   174
ROBERTSON, James,   175
ROBINSON, James Harvey,   109
RODRIGUES, José Bonifácio Martins,   126
RODRIGUES, Nelson,   46, 67
ROMERO, Sílvio,   87
ROQUETTE-PINTO, Edgar,   61, 125

ROSA, João Guimarães, 67, 112
ROUSSEAU, André, 110
RUBINSTEIN, Artur, 107

S

SÁ, Artur de, 75
SAAVEDRA, Miguel de Cervantes, 109
SABUGOSA, conde de, 175, 176
SALGADO, Plínio, 57
SANTANA, Manuel, 59, 76, 77, 171
SANTOS, Nelson Pereira dos, 122
SARDINHA, António, 176
SARTRE, Jean-Paul, 109
SCHMIDT, Augusto Frederico, 57, 58, 60, 78
SCHMOLLER, Gustav, 129
SEIXAS, Bebé, 75
SEIXAS, Ivan, 56, 75
SEIXAS, Luís, 75, 76, 77, 189
SENGHOR, Léopold, 130
SHAKESPEARE, William, 138
SHÖNFELDT, Ludwig Von, 112
SILVA, João da, 113
SIMKINS, Francis Butler, 47, 48, 174, 188
SODRÉ, Alcindo, 57
SOMBART, Nicolas, 131
SOROKIN, Pitirim, 43
SOUZA, Octávio Tarquínio de, 100, 114
SOUZA, Paulo Inglês de, 114, 115
STEAD, William, 119

T

TANNENBAUM, Frank, 66
TASSO, José, 160, 188
TAVARES, Júlio, 113
TÁVORA, Virgílio, 125
TEIXEIRA, Anísio, 96, 119, 123

TELLES JÚNIOR, 186
TERMAN, Lewis Madison, 41, 42, 44, 151
THOMAS, William, 38
TIRSO, visconde de Santo, 152
TORRES, Heloísa Alberto, 125
TOYNBEE, Arnold, 98, 129, 131
TRONCHON, Henri, 124
TUPY, Antônio, 27

V

VALADARES, Clarival do Prado, 56
VALADARES, José Antônio do Prado, 56
VALENTE, Waldemar, 31
VALÉRY, Paul Ambroise, 110
VARGAS, Getúlio, 33, 83, 86, 117, 130, 144
VARNHAGEN, Francisco Adolfo de, 54
VASCONCELOS, José Leite de, 41, 177
VEBLEN, Thorstein Bunde, 43, 44, 45
VELHO, Gilberto, 123
VERÍSSIMO, José, 175
VIEIRA, padre Antônio, 72, 73
VILANOVA, Lourival, 121
VILLA-LOBOS, Heitor, 69, 130, 155, 156, 157
VIRGÍLIO, 138

W

WANDERLEY, Fernando, 89
WANDERLEY, Rocha, 171, 186
WEBER, Max, 38
WEINSTOCK, Herbert, 109
WIESE, Leopold Von, 128
WOODY, Robert Hilliard, 47

Y

YEATS, William Butler, 149, 187

Leia também outras obras de
Gilberto Freyre pela Global Editora

Açúcar – Uma Sociologia do Doce, com Receitas de Bolos e Doces do Nordeste do Brasil

Assombrações do Recife Velho

Casa-grande & Senzala

Casa-grande & Senzala em Quadrinhos

Guia Prático, Histórico e Sentimental da Cidade do Recife

Insurgências e Ressurgências Atuais – Cruzamentos de Sins e Nãos num Mundo em Transição

Modos de Homem & Modas de Mulher

Nordeste

O Escravo nos Anúncios de Jornais Brasileiros do Século XIX

Olinda – 2º Guia Prático, Histórico e Sentimental de Cidade Brasileira

Ordem e Progresso

Sobrados e Mucambos

Tempo Morto e Outros Tempos – Trechos de um Diário de Adolescência e Primeira Mocidade 1915-1930

Vida Social no Brasil nos Meados do Século XIX